中道

실천 수행자 도법 스님과
중관학자 신상환 박사의
중도에 대한 대화

中道

중도, 세상 밖으로 나오다

어의운하

yaḥ pratītyasamutpādaḥ śūnyatāṁ tāṁ pracakṣmahe/
sā prajñaptirupādāya pratipatsaiva madhyamā//

연기인 것 그것을 공성空性이라고 말한다.
그와 같은 가르침에 따른 실천행이 바로 그 중中이다.

다시 펴내며

'삶 따로, 불교 따로'가 되지 않기 위해

이미 출판한 책을 다른 출판사에서 다시 내는 일은 흔치 않다. 개정증보판도 아니고 그저 내용을 좀 더 가다듬는 수준에서 제목을 바꾸고 가독성을 높이기 위해 새롭게 편집한 재발간본의 경우는 더욱 흔치 않다. 그런데도 이렇게 새로운 얼굴로 독자들을 찾아뵙게 된 데에는 나름의 사연이 있다.

이 책을 처음 출판한 후 도법 스님께서 '재가 불자가 역경불사를 하고 있는데 출가자가 보고만 있을 수 없다' 하여 생긴 게 필자가 원장으로 있는 실상사 부설기관인 「티벳불전번역원」이다. 여기의 운영위원장을 맡고 계신 원명 스님께서 출판편집자 박석동 씨에게 이 책을 전한 게 재발간의 직접적인 계기가 되었다. 대담자인 도법 스님이나 필자는 여기에 실린 내용에 이어지는 주제로 계속 공부 모임을 하고 있어, 굳이 새롭게 단장할 필요를 느끼지 못하고 있었다. 그렇지만 편집자는 불자들이 새겨들었으면 좋을 핵심 내용이 묻혀버려 안타깝다는 의견을 주었다. 대담자들은 하얀 것은 종이고 검은 것이 글자면 되었지 하며 그 견해를 무시하고 있었는데, 공부 모임을 함께하는 분들도 편집자의 의견에 동의하고 있었다.

그래서 글을 다듬고 추가하는 등 새롭게 정리해 좋은 불서를 출판하는 어의운하에서 다시 책을 내기로 하였다. 이 과정에서 몇 가지 지적을 받기도 했다.

첫 번째는 '글이 어렵다'는 것이다. 여기에 대한 답변은 '원래 어려운 것은 어려운 것'이었다. 불교 교학의 최고봉이라는 공사상空思想을 다루면서, 중中과 중도中道의 역사적인 맥락을 짚어 오는 게 어렵지 않다면 그게 더 이상한 일이기 때문이다.

두 번째는 '결론이 없다'는 것이다. 여기에 대한 답변은 '열린 결론'이었다. 몇몇은 책을 두어 번 정독하다 자신만의 답을 '열린 결론'에서 찾은 듯했다.

세 번째는 필자가 '도법 스님을 가르치려 든다'는 것이다. 여기에 대한 답변은 '가르치려 드는 게 아니라 가르친다'는 것이다. 도법 스님을 자신의 스승으로 모시는 분들은 스승의 그림자도 밟지 않으려 한다. 필자의 스승이신 빠탁(S. K. Pathak) 교수님은 항상 의문을 품고 질문하고 또 질문하라고 가르쳤다. 인도에서 불교 교학을 배워 스스로 의문을 품고 그것을 해결하는 것이 몸에 밴 필자와 달리, 스승을 절대적으로 존경하는 분들은 이 글을 읽으며 불편하게 여길 수도 있으리라. 그렇지만 존경의 마음이 다르지 않음을 헤아려주길 바란다.

도법 스님의 말씀을 깊게 알지 못해도 스님의 사는 모습을 보고 지지를 보내는 이들의 반대편에는 스님께서 강조하는 중도의 실천행을 비난하는 이들이 있다. 그분들은 스님의 견해를 반대하면서도 그 이유를 제대로 설명하지 못한다. 세간에서 오가는 비난에 편승하기는 쉬워도 경론의 확인을 통해 비판의 근거를 찾기란 어려운 법이다.

'추앙과 비난', 이 둘 사이에서 도법 스님께서 무한 반복하며 강조하는 '중도의 실천행'에 '그렇지 않다'라고 비판하는 필자는 스님과 같은 곳을 바라보고 있다. 그것은 대담에 참석했던 이들에게 향한 말이고 이 글을 읽는 독자들을 향한 말이고 글이다. 자신의 괴로운 삶에서 벗어나기 위한 실천행이다. 각각 다른 조건이기 때문에 생긴 차이가 실천행의 차이에 강조의 방점을 달리 찍게 했을 뿐이다.

이 책은 어렵다. 똑 부러지게 '이것이다!' 하며 끝을 맺지 않고, '열린 결론'으로 두어 스스로 생각해서 답을 찾아야 하기 때문이다. 그럼에도 어려운 글을 다시 내는 이유는 경론에 근거를 두고 스스로 자기 자리를 확인해야만 '삶 따로, 불교 따로'

가 되지 않는다는 점을 강조하기 위해서다. 자신의 힘으로 스스로 길을 찾고자 하는 마음을 조금이나마 품는 독자라면 이런 뜻을 이해하리라 본다.

「티벳불전번역원」의 지도법사를 맡고 계신 법인 스님께서는 필자의 서문이 평소 모습과 너무 다르게 '말랑말랑'하니 책을 새로 내는 김에 다시 쓰든가 고치라고 하셨다. 역경을 업으로 삼는 평소 모습이 어떻게 보였는지 모르겠으나 그 말랑말랑한 글도 평소에 필자가 품고 있는 생각이다.

더할 이야기도 없고 뺄 이야기도 없는 재발간을 하면서 필자가 머리글을, 도법 스님이 후기를 쓰면서 각자 자신이 한 말을 중심으로 한 번 더 읽어보기로 했다. 설명이 부족한 내용 등을 각주로 처리한 필자와 달리 도법 스님께서는 후기뿐만 아니라, 본문 가운데 크게 두 꼭지 분량으로 글을 따로 써주셨다.

가독성을 높이기 위해 책을 새로 내는 만큼 몇 가지 점을 손봤다. 그 첫 번째는 각주를 제외하고 필자를 제일 낮은 곳에 두고 '나' 대신 '저'로 쓰고, '이다'체가 아닌 '입니다'체로 고쳤다. 고친 만큼 글이 좀 말랑말랑하게 읽혔으면 좋겠다.

두 번째는 도법 스님이나 법인 스님께서 쓰는 한역 중심의 불교 용어와 필자의 불교 용어를 날 것 그대로 두었다. 예를 들어, 산스끄리뜨어 음가를 그대로 쓰는 필자의 경우에는 '사리뿌뜨라'라고 부르는 게 편한데 스님들은 '사리자'나 '사리불'이

편하다. 충분히 이해할 수 있는 내용이라 여기서는 이 둘의 차이를 굳이 고치려 하지 않았다.

세 번째는 필자가 『불교평론』에 썼던 졸고 「왜 중도 철학을 말해야 하는가」를 실었다. 어쩌면 이것이 이 책에서 제일 말랑말랑한 글일지 모르겠다.

흔히 경론의 의미를 우리말로 정확하게 옮겨야 한다고 강조한다. 이 책에서는 그뿐만 아니라 나와 세계를 해석하는 데도 게을리하지 않았다. 이 점을 확인하고 빠진 부분이 있다면 질책해주기 바란다.

다시금 강조하는 바는 보인普仁 김법영 선생님께서 정리해 주신 「부록1: 중과 중도에 관하여」의 중요성이다. '그릇됨을 고치는 것'을 뜻하는 중中과 팔정도를 줄여 말하는 중도中道의 차이를, 둘을 섞어 쓰고 있다는 점을 원문을 통해서 확인할 수 있기를 바란다. 이 하나만 제대로 해도 남는 장사다.

이 글의 가치를 알아봐준 편집자와 선뜻 마음을 내주신 어의운하 김성동 대표 덕분에 새롭게 단장한 책이니 감사함을 전한다. 큰 스승님들의 뒤를 좇아만 왔는데 이제 그 앞줄에 서는 처지가 되다보니 두렵기 그지없다. 그 두려움을 힘으로 부족함을 채우며 밀고 나갈 뿐이다.

뜻이 길을 열기를!

담정覃程 신상환 합장

서문 1

친구 따라 강남 간다

"어떻게 살아왔느냐?"

가끔 사람들이 묻는다. 분위기 살피다 어떨 때는 "시절 인연 따라 살아왔노라" 어떨 때는 "친구 따라 강남 가듯 살아왔노라" 한다. 마음에 들 때도 있었고, 마음에 들지 않았을 때도 있었지만 주어진 인연에 맞추어 '친구 따라 강남 가듯' 지금 여기까지 흘러왔다. 우연인지 인연인지 어느 지나가는 바람결에 티벳불교를 전공한 중관학자인 신상환 박사가 곡성 어디쯤 살고 있다는 소문이 들려왔다. 그렇게 시작된 인연이 지산재止山齋에서 신상환 박사를 만나 불법을 논하다 지금 공저의 책에 서문을 쓰는 인연까지 이어졌다.

돌아보면 인생을 고스란히 바쳐 나름의 불교 공부와 수행을 해왔다. 그 과정에서 끊임없이 좌충우돌하며 묻고 배웠지만, 여전히 가슴 한구석에 아쉬움과 망설임이 남아 있다. 이렇게 봐도 마땅치 않고 저렇게 봐도 마땅치 않고 고개를 갸웃갸웃하며 지금도 서성거리고 있다.

'이게 맞는가, 앞뒤가 모순되지 않는가, 과연 불교 수행이 이런 것인가, 붓다가 우리에게 알려주려고 한 진짜 불교 수행 즉 일상적으로 나에게도 너에게도 우리 모두에게도 의미 있고 유익하고 가슴이 시원해지는 진짜 불교와 수행은 과연 어떤 것인가?'라는 물음에 답을 찾으며 그날그날을 살아왔다. 그야말로 '인연 따라 살아왔다'라고 답하는 것 말고는 나도 모르겠다. 말 그대로 시절 인연이다.

인연 따라 어머님의 아들로 태어나 인연 따라 살았다. 까닭을 알 수는 없었지만, 어느 날 나에게 또 하나의 인연이 만들어졌다. 나이 열일곱 때이다. 별생각 없이 자의 반 타의 반 어머님의 안내에 따라 금산사로 출가했다. 그리고 오롯하게 집중하여 절집살이를 한 지 2년쯤 되었을 무렵 어머님이 위독하다는 소식이 들려왔다. 어머님이 나에게 보내준 소식은 '인간은 때가 되면 누구도 예외 없이 반드시 죽게 되어 있다'라는 무시무시하고 인정사정없고 그 누구도 어찌할 도리가 없는 엄연한 현실이었다. 그때부터 오는 곳도, 가는 곳도 알 수 없는 안개 자욱한 내 인생의 사막길이 시작되었다. 묻고 또 물었다. 끊임없이 묻고 또 물었다. 나 자신에게, 그리고 세상 그 누군가에게.

나는 누구인가?

인생이란 무엇인가?

왜 태어났는가?

인생이 왜 허무한가?

허무한 인생을 살아야 할 이유가 무엇인가?

인생 화두가 주어진 사막길은 참으로 아득했다. 삶의 의미도 이유도 모르면서 맹목적으로 삶을 산다는 것은 죽음보다도 더 고통스러운 일이었다. 허무의 심연은 깊고도 깊었다. 날카로운 면도칼에 갈기갈기 찢긴 생살의 가슴처럼 몹시 쓰리고 아팠다. 끝을 알 수 없는 천 길 나락으로 떨어져 내리는 듯한 아찔함은 무어라 말로 표현할 수 없는 슬픔이고 아픔이었다.

인생 화두에 대한 해답을 찾으려는 절실함으로 가도 가도 끝이 없는 짙은 안개에 묻혀 있는 인생 사막길을 묻고 또 물으며 걸었다. 결론은 '화두 참선해서 깨닫는 길 말고는 다른 길이 없다'라는 이야기였다. 거두절미하고 선방에 들어가 십수 년 동안 화두를 붙잡고 씨름했다. 하지만 깨달음의 파랑새는 보이지 않았다. 찾을 수 없었다. 여전히 안개 속의 사막길이었다. 그야말로 낙심 참담이었다. 부정할 수 없는 엄연하고 냉정한 현실이었다.

선방에서 뛰쳐나왔다. 전혀 예상하지 못한 결코 만나고 싶지 않은 인연을 만났다. 그 길은 실망과 좌절, 회의와 방황, 불안과 공포의 짐을 짊어진 채 갈팡질팡 우왕좌왕 좌충우돌하며 걸어야 하는 거칠고 험한 사막길이었다. 화두를 들었다 놨다, 경전을 펼쳤다 덮었다, 인생에 대한 답을 묻고 또 물으며 걷고 또 걸었다. 그 과정에서 『나의 진리 실험 이야기』라는 간디 자서전을 만났다. 울림이 컸다. 길이 열리는 듯했다. 안개가 걷히는 기분이었다.

'세상의 지혜로운 사람이 그렇다고 하면 나도 그렇다고 한다. 그 반대도 마찬가지다'라는 붓다의 말씀이 떠오르며 자연스럽게 깊이 공감하고 받아들여졌다. 그때부터 그 누구 그 무엇에도 의지하지 않고 맨살의 내 눈으로 붓다와 불교를 다시 보기 시작했다. 신화의 붓다, 설화의 불교 수행이 아니고 인간 붓다, 역사 속의 불교 수행을 찾아 스스로 화두도 들고 스스로 묻기도 하고, 현실 경험에 연결하기도 하고, 경전에서 찾기도 하고, 오가며 만난 이 스승, 저 스승께 묻고 배우며 걷고 또 걸었다.

'지금 여기 내가 좀 더 인간다워지려면, 좀 더 출가수행자, 불교 수행자다워지려면 어떻게 해야 하는가?'라는 물음에 답이 되는 붓다와 불교 수행을 찾아 걷고 걸어 여기까지 왔다. 지금까지의 결과물로 세상에 내놓은 것이 『붓다, 중도로 살다』이다. 이 책은 내가 천착한 붓다, 그리고 불교 수행 이야기다. 살아서도 죽어서도 세세생생토록 내가 본받고 삶으로 살아야 할 붓다와 불교 수행, 내가 사람들에게 권하고 싶은 붓다와 불교 수행이다. 어느 지인으로부터 "야, 도법이는 이제 죽어도 되겠다"라는 격려 전화를 받기도 했다.

묻고 배우는 삶은 계속되는 것이 바람직하다. 특히 '내가 파악한 불교가 과연 더 인간다워지고, 더 불교 수행자다워지도록 하는 데 바람직한가?'라는 물음에 응답하는 작업은 계속해야 할 일이다. 너와 나, 우리 모두에게 더 도움이 되고, 지금 여기 직면한 삶의 문제를 잘 풀어내고 더 좋은 길을 만들어내는 데 바람직한 불교인지를 교학적으로, 선학적으로 검증받으며 더 다듬고 보완하여 완성도를 높이는 것이야말로 내가 마지막 순간까지 붙잡고 가야 할 화두라는 마음으로 살고 있다. 이것이 나의 현주소이다. 그러므로 여전히 화두를 들었다 내려놨다, 경전을 펼쳤다 덮었다, 이 사람 저 사람에게 묻고 배우고 대화하고 토론하면서 지금 여기 삶의 문제를 잘 풀어내고 더 좋은 결과를 만들어내고자 애쓰고 있다.

나는 기본적으로 선禪이든 교敎든, 대승이든 초기불교든 지금 여기 실제 삶의 문제를 잘 풀어내고 더 좋은 내일을 만들어내는 데 실효성이 없으면, 즉 '나의 진리, 나의 가르침은 바로 이해, 실현, 증명된다'라는 붓다의 말씀처럼 되지 않는다면, 그 불교는 이미 불교라기보다는 전시용 골동품처럼 취급받아 마땅하다고 본다. 명심할 것은 이쪽과 저쪽이 만나고 함께할 수 없다면 과거도 미래도, 초기불교도 대승불교도, 교학불교도 선학불교도 이름만 불교이지 참 불교가 아니라는 점이다. 우리를 갈라놓고 가두어놓는 벽을 넘어서 허심탄회하게 함께할 수 있는 곳은 지금 여기 있는 그대로의 실상, 현장뿐이다.

현장을 떠난 불교는 관념화된 전시용 '박물관 불교'이지, 살아 숨 쉬는 불교일 수 없다. 현실적으로 지금 고통스럽고 불행한데, 중론이니 유식이니 초기불교니 대승불교니 하고 논하는 게 '무슨 소용이냐!'라고 하며 지금 여기 삶의 문제에 답이 되는 불교와 불교 수행을 찾고 만들기 위해 묻고 배우고 대화하고 토론하는 작업을 계속하고 있다.

어느 날 또 하나의 시절 인연으로 소문으로만 알고 있던 신상환 박사를 실상사에서 만났다. 지산재에서 조그마한 공부자리를 마련하고 있는데 함께하면 어떻겠느냐고 묻길래 별생각 없이 좋다고 했다. 마침 잘됐다 싶었다. 중론 전문가이니 이것도 물어보고, 저것도 물어보며 내가 하는 불교와 수행이 바람직한지 확인하고, 나아가 더 다듬고 보완해서 완성도를 높이면 좋겠다는 마음이 들었다. 마침내 신 박사와 그 동학들이 마련해놓은 밥상머리에 엉뚱한 사람이 불쑥 끼어들어 같이 밥을 먹는 모양새가 만들어졌다.

좌충우돌하며 내 식의 불교를 해온 사람이 중론 공부하는 사람들의 모임에 끼어 강의를 듣고 이야기를 나누었다. 대부분은 아는 내용이었으나 어떤 내용은 새로웠다. 혼미했던 것들이 '아, 그렇구나!'라고 명료해지기도 했다. 어떤 내용은 '삶의 문제와 직접 연결되어 바로 경험이 되는 불교 또는 중론 공부를 하고 있지는 않구나'라고 아쉽기도 했고 실망스럽기도 했다. 그러면서도 불쑥 묻고 따지기도 하면서 함께했다. 아는 것은 아는 대로, 새로운 것은 새로운 대로, 모르는 것은 모르는 대로, 동의하는 것은 동의하는 대로, 동의 안 되는 것은 안 되는 대로, 실망스러운 것은 실망스러운 대로 함께했다. 가끔은 동문서답하듯이 물어보기도 하고 따져보기도 하고 주장해보기도 했다. 학문적으로 이야기하고 있는데 현장 경험으로 하지 않는다고 불평하고, 현장 경험이 가능해야 한다고 강조해도 끝내 학문적으로 설명하는 일이 되풀이되기도 했다.

학자로서는 당황스럽기도 했을 것이다. 그런데도 신 박사는 신 박사대로 자기 이야기를 열심히 펼쳐놓았다. 맥락과 관계없이 불쑥 물을 때에도 온 정성을 다해 설명하는 일을 마다하지 않았다. 물론 그 설명이 나에게 도움될 때도 있고, 그렇지 않을 때도 있었지만, 그 모든 것들이 인생 살림의 튼튼한 밑거름, 든든한 뿌리가 되었다. 귀찮아하거나 짜증내거나 불편해하거나 부담스러워하지 않고 활발하게 보따리를 펼쳐놓으니 나도 눈치보지 않고 아무 때나 불쑥불쑥 이야기할 수 있었다. 어떨 때는

'아 그렇구나' 하고 공감하며 받아들이기도 하고, '저건 아니잖아' 하며 내 방식으로 정리하기도 했다. 그렇게 하고 보니 내 살림살이 내용이 더 풍부해지고 탄탄해지고 명료해졌다.

어느 날 점심 공양할 때 '불교학을 불교학으로 받아먹으라!'라는 신 박사에게 나는 그렇게 하면 불교가 관념화된 그림의 떡밖에 안 된다, 불교학도 현장에서 실제 밥 먹는 것과 연결되어 직접 경험할 수 있도록 한 걸음 더 나아가야 한다며 생떼를 부리기도 했다. 누가 옆에서 보면 '이 사람들이 뭐 하는 거야' 하고 의아하기도 했을 것이다.

어느덧 세월과 함께 시절 인연이 다 되었다. 또 다른 인연을 기약하며 이 정도에서 1차 지산법석 자리는 정리하는 것으로 마음을 모았다. 어찌 보면 웃음이 나오는 풍경이었다. 여러 형태의 물음과 토론이 오갔지만 동문서답, 횡설수설하는 경우가 적지 않았다. 그런데 지산법석에서 나누었던 말들을 정리하여 책으로 만든다며 그동안 본인이 내놓은 내용을 좀 더 다듬고 보충해서 말이 되도록 만들라고 한다.

'역시 글쟁이들은 다르구나.'

그냥 동문서답이든 횡설수설이든 편안하게 하고 싶은 이야기 마음껏 해보자고 한 것을 책으로 만든다고 하니 참으로 재주가 놀랍다. 친구 따라 강남 가듯이 시키는 대로 기꺼이 하겠다고 했다. 어설퍼 보이겠지만 그것은 그것대로 의미도 흥미도 있을 법하다. 좋은 뜻으로 하는 일이니 기대와 믿음으로 인연 따라, 친구 따라 강남 가듯이 가자, 분명 좋은 일이 될 터이다. 좋은 인연으로 씨앗이 뿌려지고 싹이 나오고 잘 자라고 꽃을 피워 열매 맺기까지 잘 가꾸어지길 손 모은다.

있는 그대로 반갑고 고맙고 좋다.
함께한 모든 도반들에게 회향한다.
신 박사 수고하셨네, 또 보시게.

실상사 극락전에서

도법 합장

서문 2

강남 땅값이 비싸 강을 건너기로 했다

'내가 걸어온 길이 스님이 건너온 다리보다 짧아도 할 말은 한다.'

애절함, 도법 스님에게 최종 교정지를 받고 드는 첫 생각이었다. 길에서 만나 길에서 헤어지는 게 익숙하고, 함께하는 게 기적이고 헤어지는 게 당연하다 여겨도 어떤 일을 마무리하는 건 그 일과의 이별을 뜻한다. 박경리 선생이 『토지』에서 쌍계사 탱화를 완성한 길상이 들려준 '물物과의 이별'이 가져다주는 먹먹함이라고나 할까?

고반재考般齋 시절, 『중관이취육론中觀理聚六論』을 출판하고 새로운 인연이 더러 생겼는데 그 가운데 행복 수업의 혜봉 선생도 있었다. 실상사 도법 스님을 찾은 혜봉 선생이 이런저런 담소를 나누다 '중관학자 신상환'이라는 이에 대한 말이 나왔다고 한다. 그 옆에 앉아 있던 실상사 주지인 승묵 스님이 '얼굴 한번 보자!'라고 바로 전화를 걸어왔던 게 이 법석의 첫 단추였다.

'도법 스님'이란 이름을 모를 리 없었으나 항상 반대편에 서 있었던 듯싶다. 종단 개혁 때 강원을 승가대학으로 바꾸면 안 된다고 주장한 지운 스님 편에 서 있었고, '담을 없애면 담 밖의 것도 내 것'이라며 공동체 운동에 비판적인 종림 스님 편에서 있었다. 그러다 보니 도법 스님과 직접 만나 말 한번 나눌 기회도 없었다. 스님과 법담을 계속 나눌 동력을 제공해준 건 실상사를 출입하던 중관학당의 스텝이었다. 스님이 중도를 강조하는 만큼, 그것이 과연 얼마만큼 여법한 것인지를 가늠해보고자 여러 차례 법담을 나누었다. 스님과의 대담이라기보다 그것을 옆에서 지켜본 이들이 '우리 둘'의 주장과 반론에서 자신이 버릴 것과 배울 것을 취할 목적으로 시작된 자리였다.

이 글을 읽는 이들이 '두 개의 법문'이나 '담정 판정승!'이라고 여기길 바란다. 스님이 강조하는 중도라는 게 어떤 의미인지 새겨들을 기회는 여러 번 있겠으나, 대놓고 '그렇지 않다!'라고 이야기하는 자리는 좀처럼 없을 것이다. 앞으로 갈 길을 밝히려면 예전부터 내려온 전통이라 할지라도 그것을 밟고 지나가야 하기에 나의 논박도 '새로운 조건'이 오면 그 불철저함에 비판받아야 마땅하다고 본다. 이런 과정을 밟기 위한 가장 낮은 토대로 이 법담을 책으로 엮었다. 책을 읽으며 '무한 반복'되는 도법 스님의 중도에 대한 강조를 못마땅하게 여기는 독자들도 있으리라. '걷어낸 게 이 정도'이니, 기승전 '중도의 과잉'이 어느 정도였는지 짐작해보기를 바란다.

'산이 멈추는 곳에서 길을 열겠다'라며 지산止山이란 택호宅號를 내걸었으나, 옛길의 정확한 의미를 알고 옮기는 역경譯經도 만만치 않아 그저 잠시 멈춰 선 채 옛길을 돌아본다.

법석에서 백장암의 행선 스님을 만났다. 순천 송광사 출신인 스님을 통해 순천의 말사인 대승사를 다니던 고등학교 불교학생회 시절의 나를 만났다. 이전이나 요즘이나 높기만 한 그 산문을 지날 때면 철없던 문학 소년이 눈앞에 어른거린다.

'여행 10년, 공부 10년'의 인도 생활 가운데 '어쩌다 여기까지 흘러와서 경론을 보고 있나?'라는 생각이 뜬금없이 떠오른 적이 있었다. 1980년대 중반, 광주의 노보살님이 만든 송광사 장학재단에서 장학금을 주었을 때, 그 첫 수혜자가 바로 나였다는 생각이 스쳤다. '세상에는 공짜가 없는 법이라 여기 이러고 있구나' 하는 생각이 들었다.

돌고 돌아온 곳이 고작 이 산문 안팎의 경계 어디 즈음인 한 생, 1970년대 도법 스님의 송광사 정진 때 이야기나 구산 스님의 여러 일화가 떠오른다. 산문 밖에 있으면서 산문 안을 생각하는 처지이지만 '중도'를 강조하는 도법 스님의 교학 체계가 한역 전통 속에 놓인 한 노승의 지난 삶에 대한 성찰이라면, 경론의 근거를 들이미는 나는 인도-티벳 전통에 놓여 있다. 어쩌면 '불교의 현대화, 생활화'라는 살아 있는 불교를 위한 각자의 노력이 이렇게 선명하게 달라 보이는 것은 내가 그만큼 한국불교의 전통에서 멀리 떨어져 있기에 가능한 이야기다.

'중中이냐 중도中道이냐?'를 놓고 도법 스님과 이견을 보일 때, 보인普仁 김법영 선생님은 초기경전에서 해당 부분을 찾아 정리하고 발제해주셨다. 부산에서 와 자리를 함께했던 선생님에게 이 자리를 빌어 감사 말씀을 드린다. 그 발제문이 이 책의 마지막에 실린 「중과 중도에 관하여」이니 관심있는 분들의 일독을 권한다. 다른 세부적인 내용을 축약하고 이 긴 인용을 실었으니 직접 그 차이를 확인할 수 있기를 바란다.

코로나 이전, 함께했던 연인원 1백여 명 가운데 귀하지 않은 인연이 어디 있을까 싶다. 참가 대중의 무수한 말의 성찬을 모두 뺐으나 글의 결론을 장식해주신 법인 스님의 말씀만은 뺄 수 없어 같이 실어 두었다. 우리 모두 어디로 가야 할지, 한 번쯤 생각해보기를 바라며 법을 논한 자리의 그 공덕을 그분들에게 두루 회향한다.

이 책을 읽는 이들 가운데 도법 스님을 '우리 스님'이라 부르는 이들에게 스승이 바라는 것은 '추종'이 아니라 '도전'이라는 말을 전해주고 싶다. 코로나 시국이 끝나 '지산법석 시즌 2'가

시작되면 스승의 지나온 길보다 반 발자국 더 나가 있는 이들과 자리를 함께할 수 있기를!

도법 스님은 "친구 따라 강남 간다"라는 겸손의 말씀을 서문에 적어주셨다. '지상에 한 평의 땅이 없어 하늘을 떠돌기로 했네'라던 떠돌이 시절을 보내고 돌아와 보니 강남땅은 물론이고 지상은 모두 주인이 있어, 나는 피안으로 건너가기로 했다.

스님, 다음 생 어디 즈음에, 제가 건너온 다리가 스님께서 걸으신 길보다 길어진 어디 즈음에 만나면, 그때는 제가 중도를 말할 테니 스님께서 연기를 말씀하시길 바랍니다. 그저 한맛인 그 법을 전해주시기를 바랍니다.

곡성 지산재에서

담정 신상환 합장

차례

제1부 | 중도로 부처님 생애를 말하다

제2부 | 중도로 불교 교리를 말하다

제3부 │ 중도로 한국불교를 말하다

제1부

중도로 부처님 생애를 말하다

도법 당시 수행자들이 추구하던 바가
'고苦'를 버리고 무색천의 '낙樂'을
즐기는 것이라고 본다면
그것은 향락주의가 아닙니까?

담정 그렇습니다.
그것이 당시 수행 풍토였을 것입니다.
그렇지만 부처님께서는
고행과 쾌락 이 둘을 버리는 것을
중도라고 설하셨습니다.

인도 사상의 근간인 업과 윤회

담정 지금까지 도법 스님과 공통분모라 여기며 불교 교학의 여러 부분을 확인하는 과정을 반복해왔습니다. 그 때문인지 부처님 당시 시대 풍조에 대해서 제대로 언급하지 않았습니다. 다시 생각해보니 우리는 각기 다른 이야기를 하고 있었습니다. 지금부터라도 부처님 재세 시 상황부터 차근차근 짚어가고자 합니다.

일반적으로 B.C. 1천5백~5백 년 인도를 '진리의 말씀'이라는 베다Veda를 해석하던 '우빠니샤드Upaniṣad 시대'라 부릅니다. 이 시대의 특징은 나는 누구이고, 죽으면 어디로 가는지에 대한 질문의 답을 주고받던 시대입니다. 부처님도 이 시대의 아들이었습니다. 이 당시 사상의 핵심적인 질문은 바로 내가 저

지른 일에 대한 업業(karma)을 죽음 이후에도 가져가는가, 즉 윤회輪迴(saṃsāra)의 문제였습니다. 이 업과 윤회는 오늘날까지 이어지고 있는 인도 사상의 근간입니다. 그렇지만 한자문화권에서는 죽음 이후의 문제에 큰 관심을 가지지 않았습니다. 그렇기에 한역 경전권의 불교는 불교의 전제가 되는 이 부분을 간과했습니다.

부처님 당시에도 업과 윤회에 대한 이론을 얼마나 정교하게 만들고 사람들을 설득할 수 있는가를 놓고 전통적인 바라문교(Brāhman)와 불교, 그리고 육사외도六師外道가 경쟁했습니다. 당시 가장 널리 퍼져 있던 바라문교는 유목민 시절부터 내려오던 전통인 동물 희생제를 지냈습니다. 육사외도 가운데는 이 동물 희생제에 반대하던 이들도 있었습니다. 우빠니샤드를 자신들의 방식으로 해석하던 이 시대, 자기편을 내도內道, 반대편을 외도外道라고 불렀습니다. 우리에게는 불교가 내도, 불교 외의 것들이 외도입니다. 내도와 외도라는 말 자체가 우리 편과 아닌 편을 뜻합니다. 경론에 '내왈內曰' '외왈外曰'이라는 표현이 나오는데, 이 말 역시 '우리의 주장에 따르면' '논박자의 주장에 따르면'이라는 뜻입니다.

육사외도 가운데 단견론자斷見論者(순세외도順世外道, Lokāyata, Cārvāka)들은 업과 윤회를 부정했습니다. 죽으면 다 끝이라고 했던 자들로 쾌락주의자와 회의주의자들입니다. 이들은 이단으로 취급받으며 인도 사상사에서 사라졌습니다. 그 후 업과 윤회를 어떻게 설명하느냐에 따라서 불교와 힌두교의 논쟁사가 이어집니다.

도법 업과 윤회는 인도 사상의 근간이지만 한역 경전권에서는 그 부분이 간과되었다는 설명으로 이해했습니다. 그렇다면 업과 윤회는 붓다 당시에도 있었다는 뜻인데 붓다께서 그 부분에 어떻게 대응하셨는지 의문이 듭니다. 그 당시 내용은 『니까야Nikāya』나 『아함경阿含經(Āgama)』에 나올 터인데, 윤회의 주체가 없다는 무아론無我論 말고 달리 윤회에 대한 대응으로 언급한 것이 없습니다. 붓다께서는 '그 부분에 대해서 어떻게 대응하셨을까? 그리고 붓다 이후 날고뛰는 제자들이 있었는데, 그들은 또 어떻게 했을까?'라는 의문이 듭니다.

담정 붓다 당시 브라만교는 제사 중심의 종교였습니다. 그리고 그것에 대응한 불교와 육사외도 등이 있었고 이들의 영향으로 새롭게 정리한 게 힌두교입니다. 붓다 재세 시에는 사성제四聖諦·팔정도八正道 정도만 설명해도 되었습니다. 마땅한 경쟁자가 없었던 시대였습니다. 붓다 이후 불교와 힌두교는 경쟁하며 발달합니다. 이 과정이 오늘날 우리가 알고 있는 인도 사상사입니다.

'아뜨만ātman(我)'이라는 '항상하는 영혼이나 자아란 무엇인가?'와 '고통에서 벗어남'이 당시의 주제일지라도 인간이 가진 기본적인 공포는 바로 죽음입니다. 이 죽음의 공포를 어떻게 이겨낼지는 영원한 화두입니다. 이 질문에 대해 죽음 이후에는 아무것도 없다는 회의주의자, 즉 단견론자였던 순세외도는 결국 인도 사상계에서 추방당합니다. 그 후에 죽음 이후 무엇이 있는지를 논쟁하게 됩니다.

당시 상견론자들은 영혼이 있다면 좋은 곳으로 간다, 즉 무색천無色天의 천신天神이 된다고 했습니다. 이것은 무색천의 천신으로 태어나는 아뜨만이 있다는 뜻입니다. 붓다도 출가 후 외도의 두 스승에게 처음 배운 것이 바로 무색천의 천신이 되는 방법이었습니다. 붓다도 영혼이 존재하는가에 대한 의문을 품으셨을 것입니다. 그리고 외도의 스승들을 만나 무색천의 천신에 이르는 경지까지 다다르지만, '그다음은 어떻게 되는가, 그 공덕이 다한 다음에는 어떻게 되는가?'에 대해서 질문했을 것입니다. 무색천의 천신도 그 공덕이 다하면 윤회계를 다시 떠돕니다.

여기서 다시 강조할 것은 당시 시대 상황이 이 문제에 천착하던 시대라는 점입니다. 붓다 역시 시대의 아들입니다. 그 속에서 '영혼이라는 게 있다면 죽어서 어디로 가는가?'에 대해 고민했던 사람들 가운데 한 분이었습니다. 붓다도 기본적으로 고

苦의 문제, 고통에서 벗어나기 위해서 무색천 천신이 되는 수행을 하셨습니다. 그러나 붓다께서는 거기에 만족하지 않았기에 자신의 길을 찾아 떠났던 것입니다.

도법 붓다께서 출가한 후에 하신 수행으로 볼 때 첫 번째는 붓다가 선정 수행자였고 그다음은 고행 수행자였던 셈인데, 일반적으로 선정 수행은 바라문 전통이고 고행 수행은 사문 전통이라고 하지 않습니까?

담정 그렇게 단정지을 수 없습니다. 선정 수행은 무색천의 천신이 되기 위한 수행, 지법止法 수행• 을 가리킵니다. 부처님께서는 무색천의 천신이 되어도 윤회계에서 벗어날 수 없음을 알고 그다음으로 더 들어가본 것이 고행 수행이었습니다.

• 간략하게 불교의 수행법은 지관쌍수止觀雙修라고 정의할 수 있다. 부처님 재세 시에 유행했던 지법止法, 즉 사마타(Samatha) 수행과 함께, 부처님께서 이르신 '자세히 관찰하는 수행법'인 관법觀法, 즉 위빠사나(Vipassanā)는 서로 떨어질 수 없는 관계를 맺고 있다.
관법 없이 잡생각을 떨쳐내는 지법의 상태를 계속해서 끌고 갈 수 없고, 지법 없이 오가는 현상을 자세히 살펴볼 수도 없다. 한역 경전권에 널리 알려진 무상관 등 '관觀'으로 끝나는 수행법은 모두 이 관법의 하나일 뿐만 아니라 간화선看話禪의 '볼 간看'도 이 관법을 좀 더 밀고 나간 것으로 볼 수 있다. 이후 본문에서는 밝고 맑은 상태에서 자신의 문제를 살펴보는 이 지관쌍수의 역사적인 형성 과정 등에 대해서 다루고 있다.

도법 고행 수행을 선택했을 때 어떤 해답이 있었습니까? 선정 수행과 마찬가지로 찾고 싶은 해답이 고행 수행에도 있다고 여겼기 때문에 했을 것입니다. 고행 수행을 강조하는 사람들이 답으로 제시한 것이 있었을 것입니다. 그것이 무엇일까요?

담정 이미 해봤던 것과 아직 하지 않은 것의 차이입니다. 선정과 고행은 대립 항이 아닙니다. 이들이 추구한 것은 상견常見입니다. 영혼이 무색천에 가는 것이 이들의 목적이었고, 이들은 아뜨만을 주장했습니다. 여기에서 반대 항은 영혼이 없다고 하는 쾌락주의, 단견斷見입니다. 그리고 단견·상견, 이 양견兩見을 여읜 것을 중도中道라 하는 것입니다.

당시에 이미 고행하던 사람도 있었을 것입니다. 보드가야에는 고행으로 문제를 해결한 사람이 있더라는 이야기를 들었을 수도 있습니다. 그래서 선정 수행을 떠나 보드가야로 가셨을 것입니다. 또는 그렇지 않았을 수도 있습니다. 만약 이미 제시된 것이 있었다면 경론에 언급되었을 가능성이 큽니다. 그렇지만 이 대목은 나오지 않습니다. 어쩌면 당신 스스로 결사結社를 하고 갔을 수 있습니다. 저는 스스로 결사를 하고 갔을 가능성이 크다고 봅니다.

도법 향락주의와 고행주의는 대립 항이 아닌가요? 마찬가지로 향락 수행과 고행 수행도 대립 항으로 읽어야 하지 않습니까? 고행 수행에 대하여 스스로 결사하고 간 것이라는 의견에 대한 역사적인 기록이 있습니까?

담정 없습니다. 오직 결사만 남아 있습니다. 물론 고행 수행의 풍조가 당시에 있었을 것입니다. 불교적 세계관에서 말하는 열반과 당시 외도의 선정 수행에서 말하는 해탈에는 차이가 있습니다. 그들은 무색천의 천신이 되는 것이 목표였습니다.

불교에서는 대승이 되면서 피안彼岸, 윤회계에서 벗어남을 강조합니다. 당시 선정 수행이 추구한 것은 무색계 천신이 되는 것이었습니다. 그것이 자이나교의 해탈이었습니다. 그렇지만 부처님께서 말씀하는 윤회계를 벗어나는 해탈이라는 개념은 기존의 윤회계를 부정하는 또 다른 세계관의 등장이 필요합니다. 무색천의 천신이 되는 것이 해탈이었는데, 부처님의 질문은 '그다음은 무엇인가?'였기 때문입니다. 지금도 인도에는 고행 수행하는 사람들이 있습니다. 그들에게는 피안이라는 개념이 없습니다.

도법 글쎄, 방법이 달라도 목적은 다르지 않았을 것입니다. 삶이 괴롭기 때문에 벗어나고 싶어 천신이 되고자 하는 것처럼 고행도 마찬가지라고 봅니다. 뭔가 좀 더 설득력 있는 해석과 설명이 필요합니다.

법인 부처님께서는 출가 이전 오욕락을 누리셨습니다. 그리고 그 쾌락 이후가 무엇인가에 대하여 질문을 하셨습니다. 그리고 선정 수행에서도 무색천의 경지까지 가봤으니 그다음에 어떻게 되는지 아셨던 것입니다. 그래서 그다음 더 해보자고 해서 고행 수행을 하셨을 것입니다.

도법 뭔가 명료하지 않고 모호한 기분입니다.

담정 그건 정확히 파악되지 않습니다.

도법 경전에 보면 선정도 고행도 모두 최고 경지까지 도달했다는 표현이 나옵니다. 그런 점을 미루어보면 당대 인생 문제의 답을 찾는 이들에게 이미 선정과 고행이라는 수행 방법이 제시되어 있었음을 알 수 있습니다. 붓다도 그 길을 따라 최고의 경지까지 올라갔습니다. 하지만 해답이 없었습니다. 그러자 기존의 길을 버리고 자신의 방식으로 수행합니다. 그리고 해답을 찾습니다. 내가 보기에 바로 이 점을 명료하게 정리하는 것이 붓다의 생애를 이해하는 핵심입니다.

경전에 보면 농경제의 경험에 착안했다는 내용과 함께 초선

初禪, 이선二禪, 삼선三禪, 사선四禪 등 복잡한 내용과 과정이 나옵니다. 그리고 그것을 근거로 불교 수행이 선정 중심인 것처럼 강조하는데, 뭔가 억지스럽고 궁색하고 모호합니다.

담정 초선, 이선, 삼선…, 이런 내용은 이후에 덧붙여진 내용입니다. 부처님께서 보리수 아래에 앉아서 자신이 이전에 해봤던 것들을 돌아보며 확인해보았을 것입니다. 그리고 그 내용 중에 어릴 때 농경제의 경험이 포함되었을 것입니다. 그렇지만 그 내용에 청년기의 모습이 빠져 있습니다. 티벳 게송 「12공덕 찬탄품」에는 오명五明• 을 두루 배우셨다는 내용이 나옵니다. 거기다 『불본행집경佛本行集經』에는 군주론, 무예, 군사학, 점성술 등을 배웠다고 나옵니다. 청년 시절 부처님께서는 쾌락의 끝을 경험했을 뿐만 아니라 왕국의 통치술, 용인술 등을 배우셨을 것이고, 그런 경험들이 이후 상가를 이루고 전법을 하는 기반이 되었을 것입니다. 부처님께서는 자신의 경험을 통해 쾌락도 선정이나 고행 수행도 자신이 가진 고苦에 대한 문제의식의 답이 아님을 알게 되었습니다. 그렇다면 무엇이 문제였을까요?

보리수 아래 앉아서 지난 경험을 다시 돌아보며 그 과정들

• 오명五明 : 성명聲明(문법, 작법), 공교명工巧明(기술, 공예, 역수曆數 등), 의방명醫方明(의학, 약학, 주문), 인명因明(불교 논리), 외명外明(외도 논리) 등.

의 전제가 잘못되었음을 알게 되었을 것입니다. 그리고 그 전제가 바로 아我와 상常입니다. '만약 아와 상이 아니라면?'이라는 가설을 세워본 것입니다. 그리고 여기에서 불법의 처음이자 끝인 연기緣起라는 답을 찾게 되었을 것입니다. 이후 범천梵天이 권청勸請하는 장면을 보면 그 깨달은 내용이 '연기緣起'라고 나옵니다.

도법 당시 수행자들이 추구하던 바가 '고苦'를 버리고 무색천의 '낙樂'을 즐기는 것이라고 본다면 그것은 향락주의享樂主義가 아닙니까?

담정 그렇습니다. 그것이 당시 수행 풍토였을 것입니다. 그렇지만 부처님께서는 고행과 쾌락 이 둘을 버리는 것을 중도라고 설하셨습니다.

도법 사문 전통에 쾌락주의가 포함되는 것 아닙니까?

담정 아닙니다. 쾌락주의는 단견론자들입니다. 이들은 당대 사상계에서 집중 공격을 받고 사라진 이단아입니다.

도법 쾌락주의자들은 명확하게 단견이라는 세계관을 바탕으로 일상의 삶을 그렇게 살았을까요?

담정 그렇다고 봅니다. 당대의 쾌락주의자들은 브라만 계급의 절대성에 의문을 품었습니다. 브라만은 제사장, 부유층이었습니다. 쾌락주의자들은 동물 희생제를 반대하던 대중의 지지를 받았을 것입니다. 신에게 제사 지낸 '고기'를 너희만 배불리 먹으면 되겠냐? 우리도 너희처럼 먹고 즐기고 싶다. 이런 욕망을 반영한 것이 결과적으로 반反(anti-) 브라만 계급투쟁의 성격을 띠게 했습니다.

육사외도 가운데 4개가 윤회를 부정하는 순세외도였지만 업과 윤회를 전면적으로 부정했기에 이후 인도 사상사에서 사라졌습니다. 그래서 그들에 대한 직접적인 기록은 남아 있지 않고 다른 문헌에 파편적으로 남아 있을 뿐입니다. 예를 들자면, 브라만의 동물 희생제에 대해서 순세외도가 '죽여 제사를 지낸 동물들이 하늘에서 태어난다면, 왜 그대의 부모들을 죽여 제사를 지내지 않는가?'라는 식입니다.

도법 붓다의 생애를 크게 나누면 출가 전과 출가 후 또는 깨달음 이전과 깨달음 이후로 나뉩니다. 출가 전에는 나라를 통치하기 위해 훌륭한 임금이 갖추어야 할 모든 분야에 대해 특별 교육을 받았는데 선생들이 쩔쩔맬 정도로 천재성이 나타납니다. 동시에 오욕락을 마음껏 누립니다. 당연히 인간인 이상 삶에 대한 근원적 물음과 고뇌들, '삶이 왜 이래, 도대체 인생은 뭐야, 어떻게 살아야 하는 거야?'라는 현실적으로 겪고 있는 모순과 혼란들에 대한 해답을 찾고자 했고, 그 과정에서 출가수행자를 만나 또 다른 길에 관심을 가집니다. 그리고 많은 회의와 고뇌와 모색을 거치면서 마침내 출가합니다.

이때까지의 과정 어디에도 세속적인 욕망을 누리는 것에 수행의 의미를 부여하고 있지 않습니다. 물론 많은 내용이 생략되었겠지만, 출가 이후 대표적으로 한 수행이 선정 수행이었습니다. 붓다의 일생은 고의 발생과 소멸에 대한 해답 찾기로 요약됩니다. 물론 선정 수행도 마찬가지입니다. 두 스승의 지도를 받으며 선정 최고의 경지까지 올라갔어도 해답을 찾지 못했기 때문에 미련 없이 그 길을 버리고 떠납니다.

그다음 고행 수행을 했습니다. 고행 수행도 최고의 경지에 올라갔어도 해답을 찾지 못했습니다. 그러자 고행도 버렸습니다. 그리고 자기 방식의 새로운 길을 갔고, 그 길에서 해답을 찾았습니다. 이를 훗날 중도의 길이라고 설명했습니다. 붓다께서 양극단의 길을 버리고 새로운 길을 통해 깨달으셨다는데 그 과정에 대한 설명이 매우 복잡하고 애매하고 혼란스럽습니다. 뭔가 다른 관점의 접근이 필요합니다.

붓다 당신이 경험한 것을 맨 처음 설명한 경이 『초전법륜경

初轉法輪經』입니다. 그 내용은 중도中道와 사성제四聖諦입니다. 저는 깨달음의 과정을 사성제의 문제의식으로 관찰하고 분석해봐야 한다고 봅니다. 선정 수행과 고행 수행을 왜 버렸는지 사성제의 문제의식으로 해석해보면 다른 해석이 나올 것입니다.

붓다는 출가 이전부터 고의 문제에 천착했습니다. 내가 생각할 때 사성제의 내용은 매우 상식적입니다. 고성제苦聖諦, 즉 '현실 삶이 고달프다' '왜 고달플까?' '그 원인이 무엇일까?'라는 질문은 자연스럽습니다. 그것이 집성제集聖諦입니다. '그럼 고통을 해결하는 것은 가능한가?' '그 해결 방법은 무엇인가?'라는 물음이 멸성제滅聖諦와 도성제道聖諦로 연결됩니다.

잘 살펴보면 사성제의 사유방식은 단순히 깨달은 다음의 내용만이 아닙니다. 오히려 인생의 해답을 찾고자 하는 정상적인 상식을 가진 사람이 자기 자신에게 던지는 질문에 대한 해답으로 설명되어야 한다고 봅니다. 그리고 그 문제의식으로 출가하여 답을 찾고자 당시 제시된 선정 향락 수행과 고행 해탈 수행을 최정점까지 해봤지만 답을 찾지 못하여 자기 방식으로 하셨습니다. 그 과정에서 농경제 경험을 떠올렸고, 초선·이선·삼선 등등 복잡한 과정을 거쳐 깨달았다고 나옵니다.

이 설명이 매우 안일하고 옹색해 보입니다. 경전에 나오는 출가 이후 수행 과정과 자신만의 길을 찾아 새로운 길을 가는 부분에 대한 설명이 너무 부족합니다. 저는 사성제의 문제의식으로 붓다의 생애를 새롭게 해석하면 분명 붓다와 불교 수행의 진면목이 환하게 드러날 것으로 봅니다.

담정 스님 말씀에 전적으로 동감합니다. 어떤 인간이 되었든 당면한 자기 자신의 고통에서 벗어나고자 하는 열망은 같습니다. 그저 그 답을 찾는 길의 철저함에서 차이가 날 뿐입니다.

부처님께서 하신 말씀은 모두 연기 실상을 체화하는 삶, 그 자체를 직시하는 삶, 그것을 위한 방편입니다. 이것을 얼마나 심화하고 체화하는가에 따라 삶 자체가 바뀝니다. 이것이 부처님께서 유행遊行하며 대중들에게 가르친 것, 삶의 목적을 찾고자 했던 이들에게 하신 말씀입니다.

도법 먼저 정리하고 갈 것이 있습니다. 출가한 다음 하신 선정 수행도, 고행 수행도, 마지막 수행도 공통적으로 결가부좌를 하고 있습니다. 그런데 선정 수행과 고행 수행은 버렸고, 마지막 수행만 불교 수행으로 평가하고 있음을 잘 볼 필요가 있습니다. 고행을 멈춘 붓다가 죽을 먹고 기운을 차린 다음 가부좌를 틀고 앉았는데, 이때는 관법觀法 수행을 했고, 이전에는 지법止法 수행을 했다는 말이 무슨 뜻인지 모르겠습니다.

담정 불전 문학에서 부처님께서 유미죽 얻어 드시기 전까지 혹

독한 고행 수행을 이야기할 뿐, 관법이라는 말이 등장하지 않습니다. 지법 속에서 자신의 몸을 괴롭히는 다양한 고행을 시도하셨을 것입니다. 그리고 유미죽을 드신 이후 지난 세월을 사유 관찰했다는 말이 등장합니다. 바로 이것이 관법입니다. 관법, 즉 위빠사나vipaśyanā 수행은 불교만의 독특한 수행법입니다.

도법 붓다는 고행을 멈춘 다음 보리수 아래에 앉아서 무엇을 어떻게 하셨을까? 다만 그 부분을 사성제 관점에서 짚어봅시다. 사성제의 문제의식이 전제되어 있었기 때문에, 애매했던 부분들이 선명하게 정리되었을 것으로 봅니다.

붓다가 일생 가졌던 문제의식은 바로 '고통'의 문제였습니다. 미혹의 수행 길을 버린 다음 보리수 아래 앉아서 관찰했던 대상은 바로 고통의 문제로 전전긍긍하고 있는 자기 자신이었습니다. 순서로 보면 먼저 '브라흐만(brahman=梵, 바라문)'이니 '아뜨만'이니 하는 신념을 전제로 한 선정과 고행을 수행했는데 해답을 찾지 못해서 버리고 떠났습니다. 그다음은 어떤 전제도 없이 지금 여기 직접 대면하고 있는 자신을 대상으로 자신이 문제 삼고 있는 고통의 실상을 관찰사유했습니다. 그다음은 그 원인의 실상에 대해, 그다음은 벗어날 수 있을지에 대해, 그다음은 그 방법이 무엇인가에 대해 관찰사유했습니다. 그 과정에서 연기의 실상을 깨달았습니다. 그리고 그 연기의 실상을 경전에서 십이연기十二緣起로 설명하고 있습니다.

기본적으로 고성제를, 그다음 집성제·멸성제·도성제를 관찰사유하셨습니다. 그렇게 자신이 경험한 내용을 처음으로 오비구에게 설명하셨습니다. 중도는 지금까지 했던 미혹의 길인 양극단의 수행을 버리고 선택한 지혜의 길인 '있는 그대로의 길'을 뜻하는 것입니다. 붓다께서 보리수 아래 앉으셨을 때, 있는 그대로 관찰사유하셨습니다. 그리고 그 현장에서 적재적소에 맞게 고를 고로, 집을 집으로 관찰사유하는 것이 팔정도입니다. 즉, 현장에 직면해서 이것을 다루어야 할 필요가 있을 때는 이것을 먼저 다루고, 저것을 다루어야 할 필요가 있을 때 저것을 먼저 다루어야 한다는 이야기입니다.

담정 사성제를 통해서 연기를 알았다는 뜻입니까?

도법 붓다의 생애를 보면 처음 설하신 내용이 중도이고, 그다음이 십이연기를 실천하게 한 사성제입니다. 사성제에는 도성제가 마지막에 나오지만 붓다 생애의 맥락에서는 도성제가 처음입니다. 그 어떤 전제도 없이 현장, 있는 그대로의 삶에 직면하는 것이 도성제입니다. 그리고 '고요히 주의 기울여 관찰사유하는 수행자에게 연기의 실상이 환하게 드러났다'라고 깨닫는 내용이 나옵니다. 그다음에 좀 더 체계화된 것이 십이연기로 나타나고 그 십이연기를 실천체계화 한 것이 사성제입니다.

담정 부처님께서는 바라나시까지 가기 전에 만났던 가출한 젊은이에게 출가하려면 집에 가서 허락을 받고 오라고 하셨습니다. 부처님께서 외도의 두 스승을 다시 찾아가서 하고자 했던 말씀과 이 '가출 청소년'에게 한 이야기가 같은 내용이었을까요? 저는 그렇지 않았으리라 봅니다.

오비구에게도 마찬가지입니다. 그저 오비구의 조건에 맞는 법문을 들려주셨을 것입니다. 외도의 두 스승을 만났더라도 마찬가지였을 것입니다. 그래서 오비구에게 필요한 중도를 가르쳐주신 게 아닌가 합니다.

도법 붓다의 생애를 순서대로 보면 범천권청梵天勸請 장면에서 중도 연기라고 해석할 수 있는 '깊고 미묘한 법'이라는 표현이 나오긴 하지만 연기에 대한 직접적인 언급은 보이지 않습니다. 당신이 직접 하신 첫 설법에서는 오비구에게 중도와 사성제를 가르친 것으로 나옵니다. 어디인지는 선명하게 기억하지 못하지만, 성도 직후 '주의 기울여 관찰사유하는 수행자에게 연기의 실상이 환하게 드러났다'라는 깨달음의 시를 본 기억이 있는 것으로 미루어볼 때 연기에 관한 이야기가 처음부터 다뤄졌다고 볼 수 있지 않을까 싶습니다.

담정 『초전법륜경』의 가르침으로 볼 때, 스님 말씀처럼 사성제 앞에 연기법이 등장하는 것은 맞지 않습니다. 그렇지만 범천권청에 나오듯, 부처님께서는 자신이 깨달은 연기법을 세상 사람들이 알아듣지 못할 것이라는 생각에 세상에 나가지 않으시려 했습니다.

불전 문학에서 왜 이 문제를 굳이 언급했을까요? 오비구에게 설명한 내용을 보면 스님 말씀대로 사성제를 설명한 후 연기법이 언급됩니다. 저는 이 구조에 문제를 느낀 불전 문학의 작가들이 이후에 이 문제를 범천권청이라는 장치를 통해 해결했으리라 봅니다.

자세히 짚어보면 스님과 저의 차이는 '도성제 속에 연기법이 놓여 있는 것이냐, 또는 사성제 전체가 연기법에 의한 것이냐?'라는 점입니다. 스님과 저의 견해의 결정적 차이는 바로 여기에 있습니다.

스님은 『초전법륜경』을 가지고 말씀하면서 도성제에 연기법을 넣으시고, 저는 이 부분에 문제점이 있었기 때문에 이후 불전 문학에서 범천권청을 끼워 넣어 연기법 자체를 전면에 대두시켜 놓았다고 하는 것입니다. 지금 이 차이는 서로 근거의 차이이기에 평행선을 달릴 수밖에 없습니다.

부처님의 가르침은 응병여약應病與藥, 표월지지標月之指

도법 나는 지금 여기 삶의 문제에 대한 답을 붓다의 삶과 가르침에서 찾고 싶었습니다. 요즘 초기불교, 또는 원형불교라는 말을 하는데, 『니까야』나 『아함경』에도 여러 개의 층위가 들어 있다는 이야기를 들었습니다.

내 경험으로는 가장 원형불교는 교리가 아니라 실제 역사적이고 인간적인 붓다의 삶이라고 봅니다. 그러므로 붓다의 삶을 잘 파악하고 이해하는 것이 가장 중요합니다. 붓다의 경험을 말로 표현한 것이 경전입니다. 단견을 막기 위해서도, 상견을 막기 위해서도 붓다의 삶이 가장 설득력이 있습니다. 붓다의 실제 삶에 방점이 찍혀야 합니다. 그런 관점에서 경전을 봐야 합니다.

경전에는 붓다 당시 초기 대중이 1,250명이라고 나옵니다.

그때 불교는 요즘 우리가 하는 불교처럼 복잡하지 않았을 것입니다.

담정 복잡했으면 다 도망갔을 것입니다. (웃음)

도법 언제부턴가 양이 많아지고 복잡해졌습니다. 붓다께서도 깨달음을 이룬 다음 첫 설법 대상을 택할 때 말을 잘 이해할 사람을 찾았습니다. 불교 공부와 수행을 하는 데 묻고 배우고 대화하는 것이 얼마나 중요한가에 대한 웅변이라고 봅니다.

현실과 연결해봅시다. 어린아이에게 뜨거운 것이니 조심하라고 말하면 그것으로 충분한가요? 당연히 안 됩니다. 훨씬 구체적이고 실질적으로 알려주어야만 합니다. 어른은 어떨까요? '조심해!'라는 말 한마디면 됩니다. 당시 초기 제자들은 붓다가 제시한 중도의 팔정도 정도로도 괜찮았다고 봅니다. 그런데 붓다의 명성이 알려지고 많은 사람이 몰려왔습니다. 사람들의 자질도 천태만상이었습니다. 당연히 붓다께서도 사람 수준에 따라 다양하게 설법했습니다. 필연적으로 양도 많아지고 내용도 복잡해졌습니다. 실제 상황이 그런데도 복잡하고 어려운 것은 진짜 불교이고, 현실적이고 단순한 것은 엉터리 불교라고 할 수 있습니까? 들어볼 것도 없이 천부당만부당합니다.

붓다의 삶에서 신화와 설화를 걷어내고 역사적이고 인간적인 요소들을 살펴 그 내용을 요약하면 붓다의 삶은 한마디로 팔중도행입니다. 『범망경梵網經』에 나오는 62견見이라는 사고 체계, 이 양극단을 떠난 중도행인 것입니다.

마을 사람들이 어떤 사람이 진짜 성자인가 묻습니다. 붓다께서는 그들의 실제 삶을 잘 관찰해보라, 그 안에 팔정도의 삶이 있으면 진짜 성자이고, 그 삶을 사는 그 사람이 참된 성자라고 했습니다. 붓다께서 '불교 수행은 이런 것이야!'라고 내놓은 것이 바로 중도·팔정도행이라는 말입니다. 그 기본 위에 사람의 상태와 상황에 따라서 이렇게 저렇게 덧붙인 것이 8만4천 법문이라고 봅니다.

이쯤에서 붓다의 말씀처럼 붓다의 생애를 바로 상식적 이해가 가능하도록 설명해보겠습니다.

지금 여기 싯다르타Siddhartha가 향락 선정 수행과 해탈 고행 수행의 최고 경지까지 도달했지만 그곳에 답이 없었습니다. 답을 찾지 못한 싯다르타가 백지 상태의 첫 마음으로 돌아가 자기 방식의 답을 찾기 위해 가부좌를 틀고 앉았습니다. 지금까지는 기존의 지식과 신념, 즉 지금 여기 자기 밖(일반적인 정신 통일을 추구하는 선정 수행과 죄업을 정화하는 고행 수행)에서 답을 찾았지만 답이 나오지 않았습니다. 그러므로 그 길을 버리고 그때부터는 지금 여기 자신의 실상을 직접 관찰사유하는 방식으로 답을 찾기 시작했습니다.

첫째, 나 싯다르타의 첫 마음입니다. '사는 것이 왜 이래? 삶이 왜 한심하고 괴로울까? 한심한 삶을 살아야만 하는 나는, 그리고 인생이란 무엇인가? 내(사람들이)가 찾고 싶은 답이 있기는 할까? 지금 그 답을 찾으려면 어떻게 해야 할까?' 하는 생각들을 계속했을 겁니다.

둘째, 문제의 주체인 지금 여기 내가 직접 대면하고 있는 나, 싯다르타의 실상, 있는 그대로의 참모습이 어떻게 생겼을까 하는 겁니다. 다시 말해, 지금 여기 연기로 이루어진 몸(살갗), 느낌, 생각, 의지, 인식하는 싯다르타가 있고, 그 싯다르타에겐 육근六根, 여섯 기관이 있습니다. 그 기관은 항상 육경六境, 여섯 대상과 함께하고 있습니다. 동시에 육근·육경·육식이 함께 여섯 가지 인식 분별 활동을 합니다.

셋째, 함께 펼쳐지는 육근·육경·육식의 십팔계十八界 활동이 왜 괴로움으로 나타날까 하는 것입니다.

먼저, 현실에서 직접 경험, 증명 가능하도록 답을 찾아보겠습니다. 지금 여기에서 검증 가능하도록 육근·육경·육식이 모두 함께 만나는 3사화합三事和合의 장인 '촉觸'에서부터 시작합니다. 오온五蘊, 십팔계 활동의 실상엔 오로지 인연 따라 생하고 멸함이 있을 뿐입니다. 실상 그 어디에도 사람들이 생각하고 믿는 것처럼 분리 차별은 없습니다. 문제의 분리 차별은 본인 스스로 조작해낸 무지와 착각, 무명無明·행行·식識·명색名色

·육입六入·촉觸·수受·애愛·취取·유有·생生의 과정으로 구체화된 것입니다. 그때부터 오온은 오온이 아니고 오취온五取蘊으로 태어납니다. 분리 차별이 완성된 상태를 유有의 생生이라고 하는데, 달리 말하면 탐진치貪瞋癡 삼독三毒의 탄생, 완성인 것입니다. 분리 차별의 완성인 탐진치(有)의 사유 방식으로 삶을 살면 일생 동안 겪게 되는 사고팔고四苦八苦의 인생살이 전 과정이 우비고뇌憂悲苦惱로 귀결됩니다.

다음으로, 왜 '촉觸' 하는 순간 분리 차별로 빠져드는지 살펴보겠습니다. 실상은 오온, 십팔계 자체가 그물의 그물코처럼 이루어진 한 몸·한마음·한 생명임에도 불구하고 사람들은 그 사실에 대한 무지와 착각으로 분리 차별을 조작하여 실제인 것처럼 붙잡으려고 합니다. 정리하면 '촉' 하는 순간 스스로 실상에 대한 무지(무명)와 착각을 일으킵니다. 그 무지와 착각을 조건으로 행·식·명색·육입·촉·수·애·취·유·생(오취온의 완성, 탐진치의 완성)의 사고방식으로 사고팔고 과정의 삶을 살게 되고 그 전 과정이 우비고뇌로 나타나게 되는 그것이 바로 문제의 인생살이인 것입니다.

마지막으로 '고에서 벗어남'이라는 인생 문제에 대한 답을 찾으려면 어떻게 해야 할까요? 우비고뇌의 삶이 되는 근본적 원인은 그물의 그물코처럼 이루어진 자신의 참모습에 대한 무지와 착각에서 비롯된다고 말했습니다. 자신의 참모습에 대한 무지와 착각이 근본 원인이라면 그 답은 참모습에 대한 참된 앎과 참된 깨어있음입니다. 따라서 실상은 인연 화합으로 이루어진 그물의 그물코처럼 인연 따라 발생하고 소멸할 뿐 실상 그 어디에도 스스로 조작하여 생각하고 붙잡는 분리 차별의 사고팔고는 본래 없습니다. 그러므로 그물코처럼 인연 따라 생멸할 뿐 분리 차별의 사고팔고가 본래 없음을 참되게 알고 기꺼이 받아들이면 저절로 그 삶이 우비고뇌로 빠져들지 않고 편안하고 자유롭게 전개됩니다. 이만하면 좋고 멋지고 날마다 좋은 날이지 않습니까.

싯다르타 스스로가 찾아낸 자기 방식의 그 길을 훗날 중도의 팔정도라 했고 중도적으로 관찰사유하여 실상이 연기(십이연기)의 존재, 연기의 세상임을 알고 그 내용을 십이연기, 고의 발생과 소멸론으로 체계화했습니다. 그리고 그 십이연기를 실천 체계화한 것이 고집멸도 사성제인 것입니다.

담정 스님 말씀에 전적으로 동의합니다. 『불설전유경佛說箭喩經』의 14난十四難● 을 확장한 것이 『범망경』의 62견입니다. 부처

● 14난難, 14무기無記 :
① 세계는 영원한가, 아닌가, 양자(영원하면서 영원하지 않은 것)인가, 양자가 아닌가?

님께서는 형이상학적 질문에 답을 한 경우와 답을 하지 않은 경우가 있었습니다.

도법 전통적으로 붓다의 가르침은 응병여약應病與藥, 표월지지標月之指라고 해왔습니다. 그 관점과 태도로 경전을 보면 정형화된 하나의 불교, 하나의 정답은 있을 수 없습니다. 이 점을 깊이 살펴야 합니다.

『중론』을 보면 어떨 때는 무아無我, 어떨 때는 유아有我라고 말하고 있습니다. 『니까야』나 『아함경』에도 비슷한 내용이 가끔 보입니다. 병에 따른 처방인데도 내막을 모르는 일반인들은 헷갈립니다. 그렇지만 경론에 등장하는 그런 표현들은 장난도, 사기도 아닙니다. 병에 따른 처방을 어찌 장난으로 하겠습니까? 진지한 답입니다. 중도적으로 접근했기 때문에 그렇게 하는 것입니다. 붓다의 본의로 보면 무아도 자아병에 대한 하나의 처방약일 뿐인데, 무아를 만병통치약, 절대 진리처럼 고집하는 경향은 심각한 문제라고 생각합니다.

---

② 세계는 (공간적으로) 유한한가, 무한한가? 양자인가, 양자가 아닌가?
③ 여래는 사후에 존재하는가, 아닌가? 양자인가, 양자가 아닌가?
④ 영혼은 육체와 동일한가, 아니면 다른가?

담정 달라이 라마 존자가 미국에서 한 법문 중, "중국 사람이 옆에 있으면 어떻게 하시겠습니까?"라는 한 청중의 질문에, 손에 들고 계시던 안마봉으로 "이걸로 한 대 때려주고 싶다"라고 말씀하시며 너털웃음을 터뜨린 적이 있습니다. 말이 아닌 몸짓으로 표현한 이것보다 더 정확한 표현은 없을 것입니다.

무아에 대한 집착? 아我도 없는데 어떻게 무아를 집착할 수 있겠습니까!

부처님께서 사용한 언어

담정 언어는 소통의 편의를 위해 생략하는 내용이 존재합니다. 우리가 찻잔이라고 할 때, '테이블 위에 의지하여 존재하는 찻잔'이라고 말하지 않습니다. 그리고 그 테이블은 실제 무엇에 의지하여 존재합니까? 이런 내용은 생략한 채 그저 찻잔이라고 말합니다. 소통을 위해 생략하는 이런 것은 소통할 때는 아무런 문제가 없지만, 그 생략된 것이 마치 없는 것처럼 착각하여 그저 찻잔만 독립적으로 존재한다고 생각합니다.

시대적으로 표현이 다를 뿐, 부처님 가르침과 『중론中論』은 이 독립적으로 존재한다고 생각하는 것들을 '뜯어보면 사실 그렇지 않더라, 말로만 그런 것이지 서로 의지하여 있는 것'이라고 말하고 있습니다. 물건도 사람도 서로 의지하여 존재합니다.

그 속에서 삶을 살아가기 위해서는 이 미세한 차이에 대해 생각해봐야 합니다. '쉽게 하자!'라고 항상 강조하는 도법 스님의 주장도 일리가 있습니다. 하지만 이런 작업도 필요합니다.

도법 그렇게 각각의 경우에 따라 하면 사람들이 잘 이해할 수 있을 것입니다. 그렇더라도 자세하게 이야기하는 것은 항상 옳고 좋은 것이고, 간단하게 한마디로 하는 것은 항상 틀리고 안 좋은 것이어서는 곤란합니다. 오히려 상황과 상대에 따라 적재적소에 맞게 하는 것이 응병여약이고 지혜로운 것입니다. 『니까야』나 『아함경』에도 불교 내용이 천차만별인데, 오늘날에는 특별하고 복잡하고 어려워야 불교다운 불교로 여기는 안타까운 현상이 있습니다.

담정 불교란 어차피 고통스러운 삶의 직시를 위한 것, '그렇게 어렵게 하지 말라!'라는 것이 『중론』의 테제입니다. 남방불교 공부하는 분들 가운데 요즘도 빠알리어를 부처님께서 쓰셨던 말이라고 강조하는 경우가 더러 있습니다. 빠알리어는 서인도 언어입니다.

부처님께서 실제 어떤 언어를 쓰셨는지 살펴보면, 불교에는 원래 산스끄리뜨어 경전이 없었다고 보면 됩니다. 4~5세기 굽타 왕조가 전 인도를 통일하고 공문서를 산스끄리뜨어로 적기 시작한 이후 산스끄리뜨어 경전들의 전통성이 확보됩니다. 그 전에는 잡雜(hybrid) 산스끄리뜨어, 간다라어(Gāndhārī) 등 각기 다른 언어를 썼습니다.

부처님께는 반드시 그 지역의 현지어로 법을 전하라고 말씀하셨습니다. 그래서 한역이나 티벳 대장경이 조성되었고, 남방이나 몽골, 만주, 서하 등에서도 각자의 언어로 된 대장경이 조성되었습니다. 티벳의 경우, 불경이 전해지면서 그 불경을 옮기기 위해서 아예 자기 문자를 만들었을 정도입니다. 한 나라의 문자가 만들어지는 것은 혁명적인 사건입니다.

도법 붓다께서는 언제나 현장에서 듣는 사람이 이해할 수 있도록 말해야 한다고 강조하셨습니다. 당연히 그 지역 언어로 풀어서 설명하는 것이 기본이었습니다.

담정 그렇습니다. 부처님 재세 시 인근 지역 언어에는 큰 차이가 없었을 것입니다. 부처님께서 걸어다녔던 길은 오늘날 차를 타고 다니면 며칠이면 모두 돌아볼 수 있습니다. 부처님의 하루 평균 이동 거리는 아침 드시고 출발하여 점심시간 때까지의 거리입니다. 이게 얼마나 되었을까요?

도법 한 시간에 2km 정도? 걷다가 누구 만나면 인사도 나누고 안부도 물으면서 슬슬 걸으셨을 것입니다. 그리고 경전에 보면 비구 대중 5백이나 1천 명과 동행했다고 나옵니다. 정말 그랬을까요?

담정 다 과장입니다. (웃음)

도법 만일 그랬다면 다 굶어 죽었을 것입니다. 내가 탁발 순례할 때 대중과 함께했지만, 기본적으로 10명 넘지 않게 했었습니다.

담정 뒤에 0이 두 개 더 붙었다고 생각하면 됩니다.

부처님의
상가 운영과
중도의 실천

담정 부처님께서 행하신 중도, 극단을 취하지 않는 방법은 상가(僧伽, saṃgha)를 구성하는 데에서도 등장합니다. 바라문은 카스트, 즉 종성을 근간으로 하고 사문은 출가 여부를 근간으로 합니다. 출가는 카스트라는 사회적 지위를 버리는 행위입니다. 부처님께서는 상가의 서열을 출가 전 카스트가 아닌, 출가한 날을 기준으로 세우셨습니다. 그렇지만 같은 날 출가한 동갑내기 바라문과 불가촉천민인 수드라가 있다면 부처님 법문 가운데 누가 앞에 앉을 수 있었을까요?

도법 부처님께서는 만민 평등을 주장하셨습니다. 그러니 바라문과 수드라 가운데 수드라를 앞에 앉히지 않았을까요?

담정 스님께서 말씀하신 것처럼 수드라를 앞자리에 앉게 하는 것이 가장 이상적입니다. 그리고 저도 그렇게 해야 한다고 생각합니다. 그렇지만 이상을 실천할 때 '무엇을 놓치는가?'를 생각해봐야 합니다.

부처님은 '계급 평등'을 주장하셨지만 바라문 출신을 앞에 앉히셨습니다. 카스트를 버리고 출가했지만, 카스트 전통에서 완전히 벗어나지 못하는 모습을 보이셨습니다. 비록 그 뜻이 평등을 향한 것이지만 급진적이지는 않으셨다는 뜻입니다.

왜 경전에 왕족들이 사꺄족Śākya의 이발사 출신인 지계제일持戒第一 우빠리Upāli를 앞에 앉히자고 따로 언급했겠습니까? 당시 분위기가 그렇지 않았기 때문입니다.

육사외도 가운데 순세외도는 카스트 철폐, 계급 철폐를 주장했습니다. 만약 부처님께서는 절대적인 계급 평등을 주장하셨다면 이 순세외도와 같이 편을 먹게 됩니다. 급진적인 사회일수록 급진적인 사상이 유행합니다.

예를 들어 현 일본의 혐한嫌韓 분위기를 봅시다. 일본 모두가 혐한을 하는 것은 아닙니다. 그렇지만 목소리 큰 사람이 자신의 주장을 강력하게 내면, 정치적 중앙파나 합리적인 사람들은 목소리를 내기 힘들어집니다. 우리나라도 마찬가지로 태극기부대 같은 사람들 목소리가 커지면, 보수 중에서도 합리적인 사람들이 목소리를 내지 못하게 됩니다.

순세외도가 이런 사람들이었습니다. 그렇게 극우, 극좌를 따라가게 되면 자기들끼리 싸우다 가장 극단적인 주장을 하는 사람만 남습니다. 이상적으로 보면 부처님께서는 계급 철폐를 주장하던 순세외도와 편을 먹었어야 합니다. 그렇지만 그 타협책으로 바라문을 앞에 앉힌 것입니다.

부처님께서 불에 대한 제사는 지내도 된다고 말씀하셨던 것도 마찬가지입니다. 순세외도는 바라문들이 동물 희생제를 지내는 이유를 제사에 쓰인 동물들을 하늘나라로 보내기 위한 것이 아니라 그 희생된 고기들을 먹기 위함이라고 신랄하게 비판했습니다. 남아 있는 기록에 의하면, '동물을 죽여 제를 지내는 것이 그 동물이 하늘에서 태어날 수 있게 한다면, 왜 부모님을 죽여 제를 지내지 않는가?'라고 합니다. 부처님께서는 동물 희생제에 대해서 생명의 피해를 최소화할 수 있는 불에 대한 제사를 지내라고 타협책을 제시하셨던 셈입니다.

여성 출가자의 경우, 승랍僧臘과 상관없이 비구니는 비구에게 절을 해야 하는 계율이 있습니다. 이 부분에 대해서 오늘날 남녀평등의 관점에서 부처님의 상가 운영 방식 등에 대한 지적이 있습니다.

당시 여성이 사회적으로 어떤 위치에 있었는지를 자세히 살펴봅시다. 여성의 참정권이 인정된 것이 채 1백 년도 되지 않습니다. 그 이전에는 여성을 재산이나 도구로 취급했습니다. 남녀

평등의 관점에서 보자면 부처님께서 여성 출가를 허락하셨던 것은 전무후무한 사건이었습니다. 당시 그리스 문헌을 보면 불교에 대해서 '저 종교는 이상한 종교다. 여성도 사람으로 취급한다'라는 말이 나옵니다. 물론 최근에 여성 목사도 있지만, 거의 모든 종교에서 여성 성직자를 남성 성직자 밑에 두려고 합니다. 불교도 마찬가지입니다. 우리나라와 대만만 비구니 상가가 있고, 남방은 부처님 정법을 지킨다고 하지만 비구니 상가를 인정하지 않습니다. 티벳불교의 경우는 최근 달라이 라마 존자님께서 비구니 상가를 인정하셨습니다. 그렇지만 지금도 반대 세력이 만만치 않습니다.

부처님께서 당시 여성 출가를 허락하신 이유는 사꺄족의 집단 출가와 마찬가지로 멸족이 예상되는 상황에서 생명을 살리기 위함이었을 것입니다. 그런 모습들은 일본의 비구니 출가 모습과 비슷합니다. 일본에서도 전쟁에서 패배한 가문의 여성들을 출가라는 방식으로 보호했습니다. 비구와 비교하여 비구니에게 불리한 조건을 내거신 이유는 당시 비구들의 반발을 최소화하기 위한 타협책이자 비구니 상가를 보호하기 위함이었을 것입니다. 그렇지만 이후에 비구니 상가는 자연스럽게 소멸하였습니다. 왜 그랬을까요? 인류사의 큰 흐름으로 보았을 때 부처님의 '여성 출가 인정'이 너무 급진적인 결정이었기 때문이라고 봅니다.

한쪽으로 치우치지 않고 사회적 분위기에 크게 반대하지 않는 타협책을 제시하는 것, 부처님께서는 이렇게 선택과 집중을 하셨습니다.

부처님 재세 시 이야기를 좀 더 해봅시다. 부처님께서 깨달음을 얻은 이후 부처님의 부친인 정반왕淨飯王(Śuddhodana)은 부처님께서 다시 고향으로 돌아오시길 바랐습니다. 그렇지만 곧장 귀국하지 않았습니다. 세월이 흘러 상가가 형식을 갖춘 이후에야 고향 땅을 밟았습니다. 이미 고향 떠난 마당에 소위 말하는 성공 좀 하고 귀국하고자 하지 않으셨나 싶습니다. (웃음)

부처님께서 고향에 돌아가셨을 때, 친자식인 라후라Rāhula를 마중 보내며 가장 귀중한 것을 달라고 합니다. 이 당시 사꺄족에게 가장 중요한 것은 바로 라후라의 왕위 계승권이었을 것입니다. 그렇지만 부처님께서는 법이 가장 중요하다며 자기 친자식을 상가에 들어오라고 합니다.

라후라 외에 이발사였던 우빠리가 이때 함께 출가합니다. 이때가 사꺄족 1차 출가입니다. 그리고 2차 출가 때 부처님의 이모이자 양모養母였던 빠자빠티Pajapati를 포함한 여성들이 집단 출가합니다. 그리고 3차 출가 때는 누가 출가했는지 자세히 나오지 않습니다. 가장 많은 대중이 출가했음에도 누구인지 나오지 않습니다. 저는 그 시기가 부처님께서 꼬사라Kosala(舍衛國)의 사꺄족 침략 전쟁을 말리러 가셨던 때라고 봅니다.

부처님께서는 세 번이나 꼬사라의 침략 전쟁을 말리며 절대 약세인 사꺄족에게 '전쟁을 하여 멸망할 것이냐, 아니면 출가하여 생존할 것이냐?'라는 선택지와 함께 시간을 벌어주었던 셈입니다. 그렇지만 이 사꺄족의 집단 출가는 상가 전체를 뒤흔들었습니다. 그것이 가장 잘 드러난 대목이 바로 데바닷따Devadatta 이야기입니다. 데바닷따는 부처님 가르침의 기본에 정면으로 도전을 했고, 결국 따로 나가게 됩니다. 비구니 상가 역시 사꺄족이 중심이었습니다. 비구니 상가에서 대가섭大迦葉(Mahākāśyapa)의 법문을 거부하고 아난Ānanda을 불러달라고 합니다. 이 문제에 대해 1차 결집 때 아난은 대가섭에게 사과합니다.

우빠리는 사꺄족의 이발사였던 사람입니다. 지금도 이발사는 사람의 신체를 직접 만지는 사람으로 최하위 계급입니다. 그런 우빠리가 먼저 출가했기에 상가 안에서는 서열이 매우 높았습니다. 당연히 사꺄족의 반발과 불만은 상당했을 것입니다. 그런 상황에서 우빠리는 자기 스스로 더욱더 원리 원칙인 계율을 지켜야 했을 것입니다. 그러다 보니 상가에서 발생한 문제들을 재판하는 재판관 역할을 하게 되었습니다.

한 사건을 예로 들면, 한 비구니가 임신했다는 것이 알려지게 됩니다. 당시 임신을 한 비구니는 상가에서 추방되었습니다. 다른 이들은 그 비구니를 쫓아내야 한다고 주장하지만, 우빠리는 문제될 게 없다고 봤습니다. 그는 임신 시기를 따졌습니다. 이전에 이미 임신한 줄 모르고 출가했다면, 그 비구니는 계율을 어긴 바가 없다고 본 것입니다.

아난이 시자侍者 역할을 맡을 때 그 조건으로 자신이 있는 곳에서만 설법하라는 조건을 겁니다. 논란이 될 수 있는 결정을 아난이 직접 할 수 있게 한 것입니다. 즉, 아난만 욕먹으면 되는 조건을 만든 셈입니다. 비구니 상가가 대가섭을 거부했던 때나 1차 결집 때 대가섭이 아난을 공격했던 것, 이런 모습들은 당사자들 사이에서는 어느 정도 그런 역할을 하기로 정했을 것이라 봅니다.

이렇게 부처님 재세 시의 모습을 자세히 살펴보면 오늘날의 눈으로 해석되지 않는 게 없습니다.

도법 만약 설명한 대로라면 참으로 슬프고 비극적인 일입니다. 물론 그런 측면도 있겠지만…. 그렇습니다. 붓다가 수계 차례로 앉게 한 경우를 볼 때 설명에 동의되지 않는 것이 많습니다. 기회가 되면 하나하나 토론을 통해 정리해보면 좋겠습니다.

담정 슬프고 비극적이지 않은 드라마가 있나요? 역사의 해석은 언제나 현실적인 문제입니다.

도법 내가 볼 때 분명한 것은 붓다께서 당신이 발견한 길을 걸어간 것만큼은 틀림이 없다고 봅니다. 현실에 어려운 점이 있었다고 해도 본인이 버리고 떠나온 길을 다시 그대로 가지는 않았을 것입니다. 결과적으로 사꺄족에게 시간을 벌어준 측면이 있었다 하더라도, 문제를 평화적으로 풀고자 한 것임에는 의심의 여지가 없습니다.

담정 그 말씀도 이해가 됩니다.

도법 설명한 내용을 보면 정반왕이 붓다에게 집안의 전통을 지키라고 이야기했는데, 붓다께서는 '법'이 자신의 전통이라고 당당하게 설파한 것과는 거리가 너무 멉니다. 지금 전쟁을 평화적으로 해결하려고 활동한 것에 대한 담정의 해석은 붓다와 불교를 너무 범속하게 만드는 해석이 아닌가 싶습니다.

담정 저는 지금, 여기의 눈으로 불법을 해석해도 충분하다고 봅니다.

부처님 제자들에 대한 해석

◉— **앙구리마라**Angulimālya, 央掘摩羅

도법 중도와 연기를 삶으로 온전하게 보여준 사건 중에는 전쟁 한복판에 앉아 있는 사건만 있는 것이 아니고, 앙구리마라 Angulimālya(央掘摩羅) 이야기도 있습니다. 누군가와 적대적 관계를 잘 풀어서 함께 살아야 하는 것이 세상 이치입니다. 당연히 함께 살도록 문제를 풀고 만드는 것은 그 길을 발견한 붓다의 몫임에 틀림이 없습니다. 그렇게 보고 알고 역할하는 것을 불교 언어로 표현하면 중도 연기의 삶인 것입니다.

담정 스님께서 예로 든 앙구리마라 이야기를 해봅시다. 그 이야기는 젊은 앙구리마라에게 음심淫心을 품은 사모師母로부터 시작합니다. 스승에 대한 절대적인 헌신과 믿음이 가득 찼던 앙구리마라를 유혹하다 실패한 사모는 자신을 변명하고자 '당신

제자가 나를 덮치려 했다'라고 남편에게 말했습니다. 정상적인 스승이라면 사실부터 확인했겠지만, 자기 아내의 말만 믿은 앙구리마라의 스승은 '1백 개의 사람 손가락으로 목걸이를 만들면 득도할 수 있다'라는 거짓된 가르침을 내려주었습니다. 득도의 꿈과 살생의 괴로움을 같이 가지고 있던 '살인자' 앙구리마라는 자기 스승의 가르침을 가장 충실히 따른 제자였습니다.

도법 붓다께서 앙구리마라에게 '나는 이미 멈췄는데, 너는 언제 멈추겠느냐?'라고 하지 않았습니까? 일반적으로 붓다께서 자비삼매慈悲三昧의 힘 또는 신통력으로 앙구리마라를 구제했다고 하는데 이 문제도 깊이 파악하고 짚어봤으면 하는 마음입니다.

담정 부처님께서는 살생이라는 악업을 통한 앙구리마라의 득도에 대한 열망을 멈추게 한 것입니다. 문제를 이렇게 자세히 살펴보면 그 해석이 달라집니다. 마치 신체 해부학의 도상과 차끄라chakra 도상, 기경팔맥奇經八脈의 도상은 모두 사람의 몸을 표현하고 있지만, 사람의 몸을 어떤 관점으로 보느냐에 따라 다르게 그리는 것처럼 말입니다. '나와 세계와 불교'에 대한 해석도 마찬가지입니다. 어떤 대상이 아니라 그 대상에 대한 해석이 달리 보이게 하는 것입니다.

도법 그런 해석은 좋다고 봅니다. 비판적으로 봐야 한다는 점도 동의가 됩니다. 그렇지만 양극단 또는 적당히 얼버무리는 것으로 해석되면 붓다의 깨달음이 아무 의미 없다는 이야기가 됩니다.

경전에 긍정적이고 좋은 측면이 있지만, 속스럽고 부정적인 측면도 있다는 이야기인데, 그렇다 하더라도 붓다의 삶 자체를 잘 짚어보면 언제나 비폭력 평화의 방식이었습니다. 그렇지 않으면 '차라리 독립을 포기하겠다'라고 주장하며 진리의 길 위에 섰던 간디처럼 끝내 당신이 발견한 법의 길인 중도 연기의 입장을 놓지 않았음을 알 수 있습니다. 이 점을 더 이야기해보면 좋겠습니다.

담정 스님은 언제나 중도나 연기를 지나치게 강조합니다. 그래서 이런 해석이 불편할 것입니다. 문제는 어떤 방향으로 해석하느냐입니다. 우리의 지향점은 살려놓고 봐야 불교는 항상 현재적인 문제 해결책이 될 것입니다.

◉— **사리뿌뜨라** Śariputra, 舍利弗, 舍利子

담정 사리뿌뜨라* 는 마가다의 왕사성 근처 출신의 바라문으로 오비구 가운데 아스바지뜨Aśvajit(馬勝)에게 연기법에 대한 설명을 듣고 불교로 개종했습니다. 경전에 보면 부처님께서 사자좌로 누우셔서 사리뿌뜨라에게 자신을 대신해 법문하라는 장면이 나옵니다.**

---

* 부처님의 십대제자 가운데 '지혜제일智慧第一'이라 불리는 사리자舍利子 또는 사리불舍利弗은 '사리의 아들'이라는 뜻이다. 그가 대승 경전권에서 친밀한 것은 『반야심경』에서 '공성을 이해하지 못하는 자'로 등장하기 때문이다. 반야부 경론의 집경자들은 성문승 가운데도 '지혜제일'이 이해하지 못하는 '공성'을 설명하는 식으로 그를 등장시켜 자신의 빼어남을 강조하는 데는 성공했다. 그렇지만 그들이 의도했든, 의도하지 않았든 부정의 대상이 되는 불교 인식론의 근간인 오온 십팔계 등을 구체적으로 살펴볼 필요성을 제거하는 부정적인 영향을 끼쳤음도 부정할 수 없다.

** 이와 같이 나는 들었다. 어느 때 부처님께서 말라末羅를 유행하시면서 1,250명의 비구들과 함께 파바성波婆城에 있는 사두闍頭의 암파菴婆 동산에 다다르셨다. 세존께서는 보름날 달이 가득 찬 밤에 맨땅에 앉아 계셨고 모든 비구들도 앞뒤를 둘러싸고 있었다. 세존께서는 밤에 많은 설법을 마치시고 사리불舍利弗에게 말씀하셨다.
"지금 사방에서 많은 비구들이 모여와서 다 함께 정근하며 잠을 자지 않고 있구나. 나는 등병(背痛)을 앓아 잠깐 쉬고 싶다. 네가 이제 모든 비구들을 위해 설법하여라."
그는 대답했다.
"알겠습니다, 마땅히 분부대로 하겠습니다."
세존께서는 곧 승가리僧伽梨를 네 겹으로 접어 오른쪽 옆구리에 깔고 사자

바라문교가 육사외도 시대를 지나고 그 교리가 새롭게 정형화되는 때까지 약 5백 년의 시간이 걸립니다. 즉, 대승불교 시대로 오는 과정에 바라문교도 그 교리가 정형화되고, 동물 희생제를 지내지 않게 됩니다. 그래서 『능가경楞伽經』에 '순세외도도 동물을 안 죽이는데, 보살행을 하는 우리가 육식을 해야겠느냐?'라는 언급이 나옵니다.• 이 『능가경』을 달마가 동쪽으로 가지고 오면서 한국을 포함한 한역 경전권의 스님들이 채식만 하게 되었습니다.

원래 비구比丘(bhikṣu)라는 말은 '거지'라는 뜻으로, 주는 대

처럼 발을 포개고 누우셨다. 사리불이 모든 비구들에게 말했다.
"지금 이 파바성에는 니건자尼乾子(니건타야제자尼乾陀若提子(Nirgrantha Jñātaputra), 자이나교 개조)가 있다. 그는 죽은 지 얼마 되지 않았는데 그 뒤에 제자들은 두 파로 갈라져 늘 서로의 잘잘못을 캐고 서로 꾸짖으며 시비하고 있다. … 모든 비구들이여, 지금 이 나라 백성으로서 니건자를 받드는 자는 다 저 무리들의 다투는 소리를 싫어하고 괴로워하나니, 그것은 그 법이 참되거나 바르지 못하기 때문이다. 법이 참되거나 바르지 못하면 번뇌를 벗어날 길이 없다. … 모든 비구들이여, 우리들은 이제 마땅히 법과 율律을 모아 저 다툼을 막고 범행梵行을 오래 세우고 이로움이 많게 하여 하늘과 사람으로 하여금 안락을 얻게 하자." - 『불설장아함경』 제8권, 「9. 중집경衆集經」에서

• '세존이시여, 로가야路迦耶(Lokāyata, 순세외도) 등 모든 외도의 무리들이 유무有無의 견해를 일으키어 단견과 상견에 집착하지만 오히려 육식을 막고 금하여 식육을 허락하지 않거늘, 하물며 여래·응공·정등각께서는 대비로 품어 길러 세간이 믿고 의지하는 바인데 나와 남에게 모두 고기 먹기를 허락하시겠습니까?' - 『대승입능가경大乘入楞伽經』 제6권, 「8. 단식육품斷食肉品」에서

로 받아먹어야 합니다. 부처님 입멸 약 5백 년 후, 이렇게 『능가경』의 체계가 발달하던 시절은 바라문교가 힌두교로 재조직화를 이루며 불교를 공격하기 시작하던 시기이고, 이 외도의 공격은 대승불교를 일으킨 요소가 되기도 합니다. 그리고 우리가 힌두교라고 부르는 종교는 바로 이 바라문교가 재조직된 종교입니다.

지금 우리는 사리뿌뜨라가 외도外道에서 내도內道로 넘어오는 과정에서 그 외도가 어떤 외도인가를 이야기하고 있습니다. 당시 사리뿌뜨라가 개종하자 그의 외도 스승이 탄식했다는 내용이 나옵니다.

도법 피 토해 죽었다고도 나옵니다.

담정 그 외도의 스승이 육사외도 가운데 자이나교 사조입니다.● 사리뿌뜨라가 살던 그 지역에서 가장 센 교파가 자이나교였습니다. 그렇지만 그가 개종하면서 판세가 바뀐 것입니다.

● … 결국 모든 제자들은 그를 떠나고 말았다. 그때 산사야 파리바사가는 이런 생각을 하였다. '이제 이 대중들이 끝내 나를 버리고 마는구나.' 이렇게 대중들이 버리고 떠난 인연으로 크게 근심하고 번민에 사로잡혀 괴로워하다가 결국 목구멍에서 뜨거운 피를 토하더니 목숨을 마치고 말았다. - 『불본행집경佛本行集經』 제47~48권, 「49. 사리목련인연품舍利目蓮因緣品」에서

도법 붓다께서 오른쪽으로 누우신 것이 아픈 것 때문이라고 했는데, 기록이 있습니까?

담정 오른쪽으로 누우신 모습에 대한 묘사가 자주 나옵니다.

김법영 등이 아프니 사리불에게 대신 법문하라고 하셨습니다.

도법 아프니까 사리불에게 대신 법문하라고 하는 것은 아는데, 아파서 오른쪽으로 누우셨다는 이야기는 처음 듣습니다.

담정 왼쪽이 아프셔서 오른쪽으로 누우셨을 것 같습니다.

도법 내가 처음 출가했을 때 늘 오른쪽으로 누우라고 배웠습니다. 아파서가 아니라 그렇게 하는 것이 수행에도 좋고, 건강에도 좋다, 부처님께서도 그렇게 하셨으니 너희도 그렇게 하라고 금과옥조처럼 배웠습니다.

담정 그 금과옥조가 실제는 왼쪽 엉덩이에 종기가 나서 오른쪽으로 누우셨는데 그게 신화화된 것인지 모르겠습니다. (웃음)

도법 그런 기록이 어디 나옵니까?

담정 없습니다. 그저 저의 해석입니다.

김법영 서양에서도 오른쪽으로 눕는 것을 권합니다. 왼쪽은 심장이 눌린다고 합니다.

도법 그런 건 다 현대의학에서 나온 이야기 아닙니까? 기록에 있는가 해서 물어본 것입니다.

담정 중요한 것은 같은 근거를 가지고도 역사적 해석은 무수히 바뀐다는 점입니다. 그 해석이 오늘날에도 적확하게 언어의 의미가 떨어지는지 다양한 방법으로 해보는 것입니다. 남아 있는 파편적 기록 속에서 우리가 가고자 하는 방향에 따라 해석해야 합니다. 그것이 해석의 자유입니다. 해석의 주체가 바라보는 세상이 우리가 살려는 세상입니다. 같은 부처님 말씀도 이렇게 저렇게 해석될 수 있습니다.

담정 우리 시선을 인도에서 중앙아시아까지 넓히면 조로아스터교(Zoroastrianism), 즉 배화교拜火教가 등장합니다. 스님은 까사빠 3형제를 배화교도라고 적으신 적이 있는데, 당시 상황으로 봐서 중앙아시아의 배화교와 직접적인 접촉은 없었을 것입니다. 그들은 동물 희생제가 아닌 불로 제사를 지내던 수행자들이었을 가능성이 큽니다.

부처님께서 당시에 걸어 다니며 생활하신 곳은 중인도 일부 지역이라 오늘날 차로 이동하면 사흘이면 충분합니다.

도법 걸으신 길을 다 이으면 길겠지만, 실제 활동 반경은 그렇게 넓지 않으셨을 것입니다.

담정 하루에 걸었던 거리가 아마 마을에서 다음 마을 정도의 거리였을 것이고 그 마을과 마을 사이도 그렇게 멀지 않았습니다. 이 지역은 중인도 곡창지대입니다. 그러다 보니 이렇게 돌아다니며 얻어먹을 수 있었습니다.

지금 이야기하려는 곳은 북인도의 박트리아Bactria 지방입니다. 박트리아는 힌두쿠시산맥 북쪽, 파미르고원 서쪽 지역입니다. 지금은 중앙아시아에 속하는 이곳의 역사는 이슬람 역사를 통해 조금씩 알려졌을 뿐 불교 유적 연구는 거의 이뤄지지 않고 있습니다. 물론 과거 러시아령이다 보니 우리에게 익숙하지 않은 러시아어를 알아야 하는 것도 한몫 거들고 있습니다.

경전에는 이곳에서 온 상인 형제가 부처님께 사탕수수와 꿀을 보낸 기록이 나옵니다. 부처님 재세 시에도 이곳까지 실크로드를 통한 무역이 활발했다는 뜻입니다. 바로 이곳이 배화교의 창시자인 조로아스터의 고향입니다. 조로아스터교는 세계 최초로 추상성을 지닌 이원론, 즉 선과 악이라는 이분법을 처음 주장했습니다. 악을 태워 없앤다는 상징으로 제사 때 불을 피우는 것으로 유명했고 중국에서는 명교明教로 불렸습니다.

부처님에게 초기에 귀의한 까샤빠 3형제도 불(火)로 불선不善을 제거하고자 했습니다. 그러나 당시 조로아스터교와 직접적인 교류의 흔적은 나타나지 않습니다. '프로토타입prototype 조로아스터(배화교 전 단계)'는 인도에 거의 영향을 미치지 못했을 것입니다.

이렇게 배화교와 까샤빠 3형제가 불과 연관이 있다보니 이 둘의 관계가 헷갈리는 것입니다. 기존에 자신이 가지고 있는 정보를 가지고 과거를 살피다 보면 이런 오류가 생깁니다. 조로아스터, 배화교, 명교는 동의어입니다. 이미 있는 명칭을 다른 이름과 같이 쓰면 오해가 생깁니다. 불법에 귀의하기 이전의 까샤빠 3형제에 대해서는 '외도 가운데 불을 숭배하는 자들'이라고 써야 정확합니다. 그들은 동물 희생제 대신에 불로 제사를 지냈을 뿐입니다.

도법 학문적으로 그런 내용이라는 점에서는 이의가 없습니다.

담정 명징한 언어가 명징한 사유를 이끌어주고 명징한 사유는 우리가 갈 길을 명확하게 밝혀줍니다.

제2부

중도로
불교 교리를
말하다

도법 인도인들의 사고방식 속에는
아뜨만이 기본적으로 중심에 있는데,
그것을 부정하는 개념으로
무아라는 말을 하고 싶은 것인가요?

담정 그렇습니다.

01

부처님 반열반 이후의 불교

역사 해석의 공시성과 통시성

담정 아라한阿羅漢(arhan)은 '(욕망이라는) 대적을 죽인 자'라는 뜻의 살적殺賊 또는 '공양 받아 마땅하신 분'이라는 뜻의 응공應供으로 한역되었습니다. 즉, 아라한이란 반드시 알아야 하는 어떤 지혜나 그런 경지에 오른 자를 뜻하는 게 아니고, 자기 욕망을 절제하는 수준에 이른 자를 불렀던 표현입니다.

시간이 지나면서 의미가 덧붙여지고 정형화되어 지금의 개념은 사뭇 달라졌습니다. 역사를 해석할 때는 공시성

共時性(synchronicity, 어떤 한 시기에 특질을 갖는 것)과 통시성通時性(diachronicity, 여러 시대에 걸쳐 역사적으로 드러나는 특질을 갖는 것)을 적절하게 직조織造해야 합니다. 그리고 축적된 역사를 조감도처럼 위에서만 볼 게 아니라 측면도처럼 옆에서도 봐야 합니다.

어떤 신화나 전설이 만들어지면 후대에 영향을 끼칩니다. 화엄사華嚴寺에도 각황전覺皇殿에 대한 전설이 있습니다. 각황전 불사를 위해 화주가 필요하여 스님을 선발, 화주를 구해오기로 했습니다. 그렇지만 산문을 나가 처음 만난 사람에게 무조건 시주를 받아야 했습니다. 처음 만난 사람은 가난한 노파였습니다. 스님에게 사정을 들은 노파는 난감해하다가 다음 생에 시주하겠다는 원을 세우고 시냇물에 빠져 죽습니다. 그 스님은 사람을 죽게 했다는 죄책감에 세상을 떠돌다 중국 수도에 가게 됩니다. 이때 중국에서 한 공주가 태어났는데, 그 공주는 태어나면서부터 한쪽 손을 쥐고 있어서 펴지 못했습니다. 그 화주승이 공주의 손바닥을 펴게 하니, 손바닥에 화엄사 각황전의 예전 이름인 장육전丈六殿이라고 쓰여 있었습니다. 중국 황제의 지원으로 불사를 할 수 있었다고 합니다. 이런 이야기를 지금 이 시대에는 어떻게 봐야 할까요?

저는 이것을 불사의 중요성을 강조하기 위한 신화적 장치로 볼 뿐입니다. 이처럼 하나의 목적을 위해서 다양한 장치들이 개발되었을 것입니다.

부처님 재세 시, 당신은 사람들에게 신심을 주는 대상 그 자체였을 것입니다. 그리고 그 부처님에 대한 다양한 내용이 여러 경론에 남아 있습니다. 부처님이 계시지 않았던 후대에도 이런 장치는 끊임없이 확대 재생산되었을 것입니다.

신화나 전설에는 사람의 마음을 움직이는 무언가가 있습니다. 그런 것들이 말로 전해지면 변색이 되고 재해석할 필요성이 대두됩니다. 지금 우리에게도 이런 작업이 필요합니다. 이 작업을 위해서도 우리는 부처님 가르침의 핵심이 무엇인지 되짚어볼 필요가 있습니다.

도법 담정의 지적처럼 붓다 재세 시에는 지금만큼의 지적 수준이 아니었을 것입니다. 그러므로 그 가르침도 그렇게 복잡하지 않았을 것입니다.

담정 그렇습니다. 부처님의 가르침은 교학 발달사 속에서 세분됩니다. 이미 지나간 역사를 놓고 우리가 무엇을 배워야 할까요? 양견을 여읜 중도라고 할 때, 우리는 양날 검을 가져야 합니다.

항상하지 않음, 즉 무상無常은 변화하는 세계의 법칙입니다. 변화하는 세상에 고정된 도덕 윤리를 적용하면 '고苦'가 발생합니다. 인간은 욕망이라는 고정된 것을 쫓지만 이 세상은 변하기 때문에 욕망의 성취는 불가능합니다. 그것이 '고苦'의 발생 원인입니다.

도법 윤회를 벗어난다고 할 때 그것은 생물학적 윤회입니까, 고통을 상징하는 윤회입니까?

담정 후자입니다.

도법 붓다가 계실 때도 그런 점이 있었겠지만 돌아가신 이후에 불교가 더 복잡하고 혼란스러워졌을 텐데 그렇게 된 이유에 대한 설명이 더 명료했으면 하는 마음입니다. 내 경험으로는 불교 공부를 중도적으로 하지 않았기 때문에 나타나는 문제라고 여겨집니다.

경론의 형성 과정

담정 스님 말씀처럼 우리가 지금 보고 있는 경론들이 어떻게 형성되었는지 살펴봅시다.

인도에서는 기원전 2세기 전까지 모든 것이 베다처럼 구두口頭 전통으로 내려왔습니다. 그리고 경론의 시작인 여시아문如是我聞, '나에게는 이렇게 들렸다'라는 것을 전제로, 과연 인간이 몇 글자 정도를 외우고, 그 내용을 어느 정도까지 기억하고 전승할 수 있을지 생각해봅시다. 아마 3대代, 약 1백 년이 한계일 것입니다. 저는 아주 어릴 적 할아버지 모습을 기억합니다. 그렇게 약 1백 년이 한 세대로 이어졌을 가능성이 있습니다. 이렇게 이어져 내려온 시대가 성문聲聞(śrāvaka), 즉 구두 전통의 시대였습니다.

그렇게 내려온 전통 이후 문자 시대가 도래합니다. 그러면서 온갖 옛이야기들이 경전 내로 들어옵니다. 그러자 경의 길이도 길어지고 양도 늘어납니다.

이때 기억하기 좋은 방법 가운데 하나는 숫자를 붙이는 것입니다. 대표적인 예가 사념처四念處·사정근四正勤·사여의족四如意足·오근五根·오력五力·칠각지七覺支·팔정도八正道 등을 모두 모은 '삽십칠조도품三十七助道品'입니다. 이것이 순차적인지, 아니면 기존 수행법을 모두 모은 것인지에 대한 이견이 있지만, 이 '37'이라는 숫자만 기억해도 그 내용을 대충 알 수 있습니다. 이것이 옛날 사람들의 전승법 가운데 하나입니다. 이런 식으로 숫자가 붙은 것인 법수法數는 교학이 발달하면서 늘어나게 됩니다. 그렇지만 기억이 아닌 기록에 의지하는 문자 시대는 구두 전통의 시대와는 아예 다릅니다.

기록이 본격화되면서 옛이야기들이 경經의 지위를 얻게 되었습니다. 여타 운문 문학 중에 좋다고 생각한 내용이 경전 안으로 들어오게 되고 그 양도 폭증하게 됩니다. 이것이 대승 경전의 시작입니다.

부처님이 직접 설했다는 내용에 반론을 제기한 분이 바로 대승불교의 아버지라 불리는 용수보살입니다. 그는 불교 교학의 역사에서 처음으로 자신의 이름을 내세웠습니다. 그다음이 유식학파의 무착보살입니다. 이 두 분은 '나에게 이렇게 들렸다'가 아닌 '나는 부처님 말씀을 이렇게 생각한다'라는 '논論의 시대'를 열었습니다. 이렇게 '경의 해석자'들이 등장하자 경의 창작은 제한됩니다. 그래서 기존에 흩어져 있던 것들을 모아서 양을 늘립니다. 그것이 집잡경集雜經입니다. 『화엄경華嚴經』이나 『능가경楞伽經』도 집잡경입니다.

구두 전통에서 문자 시대로 넘어오는 과정을 좀 더 자세히 살펴보면, 경전 가운데 부처님의 원음에 가까운 게 어떤 경인지 유추할 수 있습니다. 일단 경의 길이가 길지 않아야 하고 그 구조 안의 정형구가 들어 있어 사람들이 외우며 이어질 정도여야 합니다. 그리고 주제가 수미일관해야 합니다. 단일한 주제로 이어지지 않는 것은 제외해야 합니다. 또 법수가 나오는 것도 의심해봐야 합니다. 이 기준으로 보면 초기에 형성된 경전이라고 말하는 『아함경』 중에서도 『중아함경中阿含經』 『증일아함경增一阿含經』, 그리고 『장아함경長阿含經』은 모두 제외됩니다. 그 내용이 가장 짧은 『잡아함경雜阿含經』 정도가 부처님의 원음에 가장 가까울 것입니다.

불교가 확장되어 가면서 부파들마다 경율론經律論의 삼장三藏을 따로 만들었습니다. 현재 우리가 알고 있는 율장은 북인도 유부의 율장입니다. 대승불교에는 북인도 전통만 남아 있습니다. 남방불교는 서인도 전통입니다. 서인도-남인도-스리랑카로 전해지며 빠알리어 삼장을 집경했고, 그것이 남방 전통이 되었습니다. 이 지점에서 북인도 전통의 아함과 서인도 전통의 니까야로 갈라집니다.• 중인도 전통의 경우 그 기록이 거의 없습니다. 그저 이름만 남아 있거나, '여러 부파가 있었다'라고만 전해집니다. 그나마 우리가 이름만 알고 있는 정량부正量部가 대세를 이루었다는 기록이 남아 있고, 『아비달마구사론阿毘達磨俱舍論』의 「파아품破我品」에 유부와 경량부에게 공격받았던 중인도의 정량부 주장 정도만 알 수 있습니다.

• 오늘날 남아 있는 부처님의 말씀을 기록한 초기 경전으로는 북인도 유부 전통의 '전승되어 온 경'을 뜻하는 『아함경』과 서인도 상좌부 전통의 『니까야』를 꼽을 수 있다. 그밖의 경율론 삼장을 기록한 다른 부파들의 전통은 소실되었다.
권수의 차이가 큰 것은 『아함경』과 『니까야』가 각각 다른 전통에 따른 것과 함께 중국에서 초기 경전과 대승 경론을 같이 옮기며 초기 경전을 향한 관심이 상대적으로 줄어들었던 것도 한몫을 거든다.
오늘날에도 한역 경전권에서는 초기 경론보다 각 종파의 소의 경전을 중심으로 교학 체계를 형성하고 있으나 남방 전통에서는 『니까야』를 중심으로 불법을 논하고 있다.

대승불교의 출발점

도법 경론이 형성되는 과정이 그렇다는 데 이해도 되고 공감도 됩니다. 하지만 펼쳐놓고 봅시다. 『초전법륜경』에서 첫 말씀이 양극단을 버리는 중도의 길이었습니다. 『범망경』에서도 62견이라는 양극단을 버리고 중中에 의지한다는 내용이 있습니다. 곳곳에서 보게 되는 응병여약의 가르침들을 보더라도 붓다께서 문제를 다룰 때 논리적으로 논파하는 방식이 아니었음은 확실합니다. 이 점에 대해서도 심도 있게 논의해봤으면 좋겠습니다.

담정 저는 스님처럼 '중도'를 강조하는 것에 문제가 있다는 점을 논파할 뿐입니다. 그리고 시대에 따라 달리 해석되는 불교인 만큼 지금 우리는 어떤지 큰 틀을 살펴보자는 것입니다.

스님께서 묻지 않으시면 저는 답할 말이 없습니다. 스님께서 출가하고 수행하던 그 시대는 지금과 비교할 수 없을 정도로 답답했던 시대라 봅니다. 당시 시대가 지금과 같다면 스님이 이 자리에서 나와 같은 이야기를 하고 계실 것입니다.

부처님 당시와 제자들을 살펴보면, 지금 우리의 모습과도 겹칩니다. 지금의 눈으로 당시를 살피는 것도 중요하고, 그 연속선에 있는 우리를 살피는 것도 필요합니다. 부처님의 법과 제자들의 모습을 조건에 따라 살펴봅시다. 그 조건의 변화는 성문聲聞, 독각獨覺, 그리고 보살승菩薩乘이라는 삼승三乘의 변화로도 드러납니다.

성문은 부처님 말씀을 직접들은 법제자와 그 법제자의 모습을 직접 본 제자들까지 포함할 수 있습니다. 그렇게 볼 때 성문은 부처님 돌아가신 후 약 3대, 약 1백 년 정도로 볼 수 있습니다.

그리고 그다음이 독각의 시대입니다. 부처님 돌아가신 후 약 1백 년이 지나니 부처님 말씀을 직접 들었던 사람은 없고, 전해지는 말씀을 각자 해석했던 시기입니다. 독각이라는 표현은 성문과 보살 사이에 '낀 세대'에 대해 후세 사람들이 이름 붙여준 표현입니다. 이 독각의 시대에는 불교가 가장 광범위하고 다양하게 해석되었습니다. 『중론』에도 이런 내용을 유추할

수 있는 대목이 나옵니다.●

용수보살은 독각 시대의 마지막 인물입니다. 그 후 보살의 시대가 열립니다. 그리고 독각과 보살이 겹치는 시기가 불전 문학이 흥성한 시기입니다. 용수보살은 후세 사람들이 최초의 보살이라 칭했지, 자기 스스로 보살이라 부르지는 않았을 것입니다. 이런 내용은 졸저 『용수의 사유』 집필 당시에는 주목하지 못했던 부분입니다.

그럼 보살의 개념은 어디서 왔을까요? 우리가 보살의 개념을 말할 때 어떤 기본적인 오해를 깔고 있습니다. 바로 상좌부와 대중부에 대한 오해입니다. 일반적으로 우리는 상좌부를 상좌들의 모임, 즉 기득권을 가진 높은 사람들의 부파라 생각하고, 대중부를 비기득권 부파라 생각합니다. 그러면서 상좌부에 대한 반발로 대중부에서 대승불교가 태동했다고 설명하려 합니다. 그렇지만 역사적인 맥락은 정반대입니다.

상좌부는 서인도 지역의 신흥 소수 종파였습니다. 상좌들이 모인 부파가 아니고 '상좌들의 가르침을 따르겠다'라는 서원을

● 원만한 부처님들이 (더 이상) 나타나지 않고
성문聲聞들(의 맥)이 그칠지라도
독각의 바로 그 지혜는
(스승에게) 의지하지 않는 것으로부터 올곧게 생겨난다.
- 『중론』 「제18품. 아我와 법法에 대한 고찰」 [252. (18-12)번] 게송.

세운 신흥 개척 종파였습니다. 그리고 대중부는 당시 불교의 중심지였던 중인도의 다수파였습니다. 당시 중인도는 이미 불교가 상당히 번성했던 곳이고 서인도는 이제 막 불교가 전래했던 곳이었습니다. 중인도에서는 이미 현지화 전략으로 부처님 계율의 현실화 단계에 접어들었는데, 전래 초기인 서인도의 신흥 부파 입장에서는 그 현지화·현실화라는 것이 부처님 말씀을 어기고 자기들 마음대로 해석하는 것으로 보였을 것입니다. 이 계율의 문제로 불교의 2차 결집이 일어났고, 그 결과 합의에 이르지 못하고 각자의 길을 가는 것으로 결정되었습니다. 후대에 이것을 '근본 분열'이라 부릅니다.

이 사건 이후 서인도불교는 인도양을 따라 남하하다 남인도를 거쳐 스리랑카로 전해집니다. 그것이 지금의 남방불교, 즉 빠알리어 전통입니다. 그리고 우리 불교는 중인도에서 북인도로, 그리고 북인도에서 실크로드를 지나 중국을 통해 전해진 것입니다. 중인도 북쪽이 히말라야, 티벳고원입니다. 이러한 북인도를 거쳐 실크로드를 통해 들어온 것입니다.

보살은 비기득권 소수 부파가 아닌 다수파인 대중부가 불전 문학의 시대에 만든 개념입니다. 부처님께서 '금생에만 수행하셨겠는가?'라는 질문에 '삼아승겁 동안 수행하셨다'라고 답하면서 탄생한 게 바로 보살 개념입니다. 이때 부처님의 이전 생에 보살이라는 이름을 붙였습니다. 그 내용을 담은 불전 문학이 『본생담本生譚』, 즉 『자따까Jātaka』입니다.

대승불교가 불탑 신앙자로부터 출발했다는 이야기도 많이 합니다. 불탑 신앙과 대승불교를 연결하는 이론은 70년대 이전 일본에서 주장하던 이론입니다. 남인도의 경우 부파의 이름을 지역에 따라 썼습니다. 그것이 짜이띠야바다Caitiyavāda, 제다산부制多山部로 한역되었습니다. 그렇지만 '제다'가 곧 '짜이띠야'의 음차입니다. 이것을 제대로 파악하지 못했던 일본의 일부 학자들이 제다산부와 불탑 신앙자의 관계를 고려하지 않았습니다. 이것은 대중부가 다수파, 즉 널리 퍼져 있었다는 것을 놓쳤기 때문에 생겨난 오해입니다.• 제가 알기로는 일본학자들

• '불탑 신앙자'를 음차로 적은 짜이띠야에 대한 자세한 논의는 졸저, 『용수의 사유』, pp. 73-76 참조. 간추린 내용은 다음과 같다.
'나까무라 하지메는 한역 대장경을 조사하여 이 '짜이뜨야(Caitya)'를 조사·정리한 바가 있다.' 해당 각주의 내용은 다음과 같다.
나까무라 하지메, 『불교어대사전佛教語大辭典』, 산스끄리뜨어 caitya. 참조. 支提*(靈塔) p. 505(4), 樹 p. 644(2), 宗廟 p. 646(4), 神祀* p. 793(4), 制多* p. 823(4), 制低* p. 824(1), 石窟寺院 p. 826(3), 塔 p. 1007(1). (*) 표시는 음차임. 나무(樹)는 아마 보리수를 뜻할 것이다. -같은 책, p. 73.
'기존의 한역 경전권에서는 이 제다산(制多山, Caitya), 즉 거대 불탑들의 군락을 어떻게 해석할 것인지에 대해 크게 주목하지 않았다고 본다. 일본 연구자들에 의해 주장되어 현대 한국불교학계에서 광범위하게 인정받고 있는 '대승불교는 대중부와 연관이 없는 가운데 불탑 신앙자들에 의해 발전했다'는 견해는 이 점을 소홀히 한 결과다. 왜냐하면 '불탑 신앙자'란 그 뜻 자체가 곧 '짜이뜨야바다(Caityavāda)', 즉 제다산부란 뜻이기 때문이다.' -같은 책, pp. 74-75.

사이에서도 이 '불탑 신앙자가 대승불교의 기원입니다'라는 이론은 폐기된 지 오래입니다. 그렇지만 몇몇 학자들은 아직도 이 이론을 주장하고 있습니다.

지역에 따라 이름을 달리 불렀던 남인도와 달리 중인도에서는 주요 주장에 따라 부파의 이름이 정해졌습니다. 출세부出世部(Lokottaravāda)는 부처님을 초월적인 존재·신적인 존재·출세간적인 존재로 봅니다. 출세간적인 존재로 부처님을 대했던 출세간부의 해석이 바로 대승의 출발점입니다. 이전에 대중부의 발달에 대해 비판적 관점에서 보다보니 이런 내용을 자세히 살펴보지 못했습니다. 그러나 공부하며 고민하다보니, 대중부의 보살 사상이 얼마나 중요한지 알 수 있었습니다.

도법 독각의 1호는 붓다 아닙니까? 스스로 홀로 깨달은 사람은 붓다 이전에도 이후에도 있었을 것입니다. 독각은 엄밀히 말하면 불교인이 아닙니다. 붓다의 말씀을 들은 것도 아니고 불교를 배운 적도 없습니다. 스스로 알아서 깨달은 사람을 뜻하지 않습니까? 보살 개념도 붓다의 본생 이야기와 연결되어 보살 개념이 있고, 미래불과 연결되어서도 보살 개념이 나오는 것으로 봐서 중간에 엉뚱하게 나온 개념은 아니라는 생각이 듭니다. 나 역시 불탑 신앙이 대승의 시작점이라고 보지 않습니다. 내부적인 모순과 혼란이 있었다 하더라도 기존 불교 수행자 안에 남다른 문제의식을 느낀 사람이 있었을 것이고, 그들이 대중적인 지지를 받으며 큰 흐름으로 형성된 것이 대승불교가 아닐까 하는 생각이 듭니다.

교학의 체계화는 무아 이론에서부터

담정 이전에도 말했듯이 인도에서 기본적인 문제는 '아뜨만'부터 시작합니다. 단견·상견은 '죽음 이후에도 나의 영혼이 있는가, 없는가' 하는 질문에 죽으면 끝이라는 게 단견, 끝이 아니라는 것이 상견입니다. 이것이 단견·상견을 가르는 지점입니다. 불교의 모든 이론은 바로 '고정불변하는 자아나 영혼은 존재하지 않는 것'이라는 무아無我 이론에 근거를 두고 있습니다. 이 무아는 매우 실질적인 문제였을 것입니다.

도법 물론 실질적인 문제입니다. 하지만 아뜨만이 있든 없든 아무 관계없이 '붓다'라는 한 인간이 고통에서 벗어날 수 있는 답을 찾고 싶지 않았겠습니까?

담정 그것은 너무 당연한 것입니다. 그리고 바로 그것이 '영원히 변하지 않는 존재'인 아뜨만에 대한 추구입니다.

도법 그러면 붓다가 아뜨만을 찾아 수행했는데 답을 찾지 못했다는 말인가요?

담정 그렇습니다. 그래서 무아가 나온 것입니다.

도법 아뜨만이 문제라는 것을 자기 방식으로 알고 찾았다는 말입니까? 글쎄, 처음 듣는 이야기입니다.

담정 그렇습니다. 부처님께서 깨달음을 얻으신 후 고통에서 벗어났다고 했습니다. 누가 고통에서 벗어났다는 말입니까?

도법 당연히 자기 자신의 고통입니다.

담정 그럼 그 '자기 자신'은 무엇입니까?

도법 고통에서 벗어나려고 하는 본인 자신입니다.

담정 바로 그것이 아뜨만입니다.

도법 아뜨만인지 아닌지는 중요하지 않습니다. 아뜨만이라는 신념이 있다고 하더라도 그는 인간 싯다르타였습니다. 아뜨만이라는 신념이 없다 하더라도 그는 인간 싯다르타이지 않습니까? 싯다르타는 아뜨만과 관계없이 그저 삶이 괴로우니, 이 고통스러운 삶에서 벗어나는 답을 찾고 싶었습니다.

아뜨만이 있어 괴롭고, 없어서 괴롭지 않은 그런 것이 아닙니다. 오직 지금 여기 삶의 문제를 사무치게 고뇌하는 싯다르타가 있었습니다. 아뜨만이 있는 싯다르타였는지, 아뜨만이 없는 싯다르타였는지는 중요하지 않습니다. 뼈에 사무치는 고민, 그 고민을 해결하지 않으면 도저히 살 수 없는 절실한 싯다르타가 있었을 뿐입니다.

당시 싯다르타는 고의 발생과 소멸의 길을 찾고 싶었을 뿐, 아뜨만이 있고 없고는 별로 관심거리가 아니었다는 사실을 주의 깊게 살펴보았으면 좋겠습니다.

내 경험도 그렇습니다. 자신의 실존적 고뇌 때문에 힘들 때, 내가 불교를 알고 모르고, 나에게 영혼이 있고 없고 하는 문제는 별로 중요하지 않았습니다. 오로지 알 수 없는 고통에서 벗어나고 싶은 열망이 나를 이끌었을 뿐입니다. 붓다도 그랬을 것입니다. 아뜨만에 대한 무아 문제는 깨달음 이후 일이라고 생각합니다.

담정 그 명쾌한 내용을 스님이 생각하는 부처님 생애에 넣어보면 그림이 나옵니다.

도법 부처님도 그 시대에 살았던 사람이었으므로 당연히 브라만과 아뜨만이라는 사고를 하셨을 것입니다. 그렇지만 그보다 더 우선한 것은 삶의 고통 문제였다는 이야기입니다. 붓다는 그저 인생의 괴로움에 대한 답을 찾고자 골몰했습니다. 그 과정에서 세속에서는 길이 없고 세속을 떠난 출가에 길이 있다고 알고 출가를 한 것입니다.

그리고 출가해서 보니 크게 두 가지 길이 있었습니다. 하나는 선정의 길이고 하나는 고행의 길입니다. 내 방식으로 해석하면 선정의 길은 브라만 즉 신과 연결되고, 아뜨만은 고행주의와 연결될 것 같습니다. 어떤가요?

담정 선정주의는 간단하게 브라만과 연결됩니다. 무색천의 천신이 되기 위한 순수한 아뜨만을 개발하는 것이니 말입니다. 부처님은 외도의 두 스승에게 무색천의 천신이 되는 선정을 배웠습니다. 이 경우, 어떻게 고행주의를 설명할 수 있을까요?

도법 차이는 있겠지만 내가 볼 때 당시 최고의 신념으로 제시된 게 하나는 정통파로서 선정주의였고, 다른 하나는 고행주의였을 것 같습니다. 기본적으로 이들은 브라만과 아뜨만이라는 사고를 하고 있지 않았을까 싶습니다.

담정 그들은 모두 아뜨만을 가장 순수한 형태로 만드는 방법을 고민했습니다.

도법 아뜨만은 개인에 관한 이야기이고, 브라만은 우주에 관한 이야기라는 생각이 듭니다.

담정 그렇지 않습니다. 다 개인적인 문제입니다. 천신이 만들었든, 그렇지 않았든 이미 존재하는 이 세간에서 내가 어떻게 무색천의 천신이 될 것인지를 다루고 있으니 모두 '지금, 여기서 느끼는 고통에서 벗어나는 방법'을 찾고 있었던 셈입니다.

도법 인도인들의 사고방식 속에는 아뜨만이 기본적으로 중심에 있는데, 그것을 부정하는 개념으로 무아라는 말을 하고 싶은 것인가요?

담정 그렇습니다. 부처님께서 언제 무아를 처음으로 말씀하셨습니까?

도법 내가 듣기로는 『초전법륜경』 다음에 두 번째 설한 것이 『무아경無我經』입니다. 다섯 비구에게 처음에는 중도, 그다음 무아 이론을 설한 것입니다.

담정 훨씬 이전으로 돌아가봅시다. '연기적인 나'라는 말은 아뜨만이 존재하지 않는다는 선언입니다. 그래서 보리수 아래에서 연기법을 깨달았던 순간, 이미 당대의 사상적 주류였던 아뜨만은 존재하지 않습니다. 바로 이것이 불교라는 새로운 종교의 출발점입니다.

도법 무아라는 말은 당시에 인도인들이 가지고 있었던 고질병인 '아뜨만병'을 고치는 데에는 명약임이 틀림없습니다. 그렇지만 붓다께서 깨달으신 이치로 봤을 때 '이 병에는 이렇게 치료하는 게 좋겠다'라고 생각해서 무아라는 말을 쓰셨다고 봅니다. 만약에 당시 인도사람들이 아뜨만에 관한 생각이 없었다면, 예를 들어 허무주의적인 사고방식이 지배하고 있었다면 뭐라고 처방했을까요? 그래도 무아라고 했을까요? 그러지 않을 것입니다.

담정 당연히 그렇지 않습니다. 스님은 지금 있지도 않은 일을 있는 것처럼 말합니다. 아가 없는데 무아라고 말하는 것 자체가 성립이 안 됩니다. 그것은 말 그대로 '말의 말'입니다.

아뜨만이나 아나뜨만anātman(無我)을 다룰 때 중요한 것은 불교 이전, 즉 우파니샤드 시대 때부터 인도인들이 공통적으로 추구했던 해탈에 대한 이해입니다. 물론 이 해탈을 각각의 입장에 따라 달리 이해합니다. 그렇지만 기본적인 것은 무지와 탐욕이 윤회의 사슬이라는 점이고, 해탈의 목적은 이 사슬을 끊는 것입니다.

그리고 또 다른 합의 사항은 업業이라는 개념입니다. 무지와 탐욕의 사슬이 바로 고苦를 일으키고, 이것이 이어지는 것이 윤회이고, 여기서 벗어나는 것이 곧 해탈입니다.

그럼 지혜는 무엇입니까? 어떻게 무지와 탐욕을 벗어날 것인가? 이것을 추구하는 길에 따라 선정주의도 되고 고행주의도 됩니다. 아뜨만과 브라만에 대한 여러 논의도 여기서 비롯되는 것이고 불교 교학도 이 논의 속에 놓여있습니다. 항상 이것을 전제로 두어야 합니다.

도법 『중론』에서는 실체론인 자성론이나 단견론을 공空이라고, '그런 것 없다!'라고 처방하지 않습니까?

담정 그런 말은 『중론』에 등장하지도 않습니다. 그리고 저는 언제나 '공이라는 말을 하는 사람을 주의하라!'고 강조합니다.

법인 욕망과 불안이 있으니 무엇이든 유지하고 싶고 그 느낌을 간직하고 싶으면 이 지구상에 상주론이 존재할 수밖에 없습니다. 신은 절대 사라지지 않습니다. 우리 인간이 신을, 어떤 절대적인 것을 요구하기 때문입니다.

담정 그렇지만은 않습니다. 신의 자리를 과학이 대신할 수 있습니다. 우리가 아는 것을 통해서 모르는 것을 알아가는 것이 지적 경로라면 신은 우리의 의지 너머에 존재하며 우리에게 길을 밝혀주는 존재입니다. 그게 신이라는 이름으로 불릴 뿐입니다.

모르는 것이 남아 있는 한 항상 초월자가 남아 있습니다. 만약에 지금까지 알게 된 것을 다 안다고 하는 순간 교조주의에 빠집니다. 그렇지만 과학은 교조주의가 될 수 없습니다. 믿음을 근거로 하는 종교와 달리 증명을 근거로 하는 과학은 교조주의에 빠질 수 없지만, 사람들은 과학적인 것이 증명이 아니라 진리인 것처럼 맹신합니다.

법인 우리가 연기론을 세계의 보편적 질서로 보고 그런 판단에 따라서 가치를 판단하고 어떻게 살 것인가를 다룹니다. 그렇지만 과학자들은 사실의 판단과 가치의 판단이 반드시 일치하지 않습니다.

예를 들어, 기독교 신자들이 하나님이 있다, 유일자가 있다고 믿으며 사실을 판단하고 그 하나님의 뜻대로 모든 사람을 사랑하고 나를 헌신하고 하나님의 뜻에 맞춰 산다고 합니다. 그럼 부처님 재세 시에도 인도의 수행자들이 아뜨만을 믿으며 평화와 행복을 추구했다고 볼 수 있을까요?

도법 그렇게 되면 안 될 거 같은데….

법인 연기이기에 동체대비이고 자비와 연민은 그냥 그대로 체화되고 체현되어야 한다는 것과 그냥 절대적인 신, 상주론에 근거해서 행하는 것의 차이는 어떤 것입니까?

담정 상주론에 입각한 방법이 대중적으로 더 호응을 얻기 쉽습니다. 교회를 보십시오!

법인 아미타불 사상이나 타력신앙, 관세음보살 등도 그렇게 해서 만들어졌을 것입니다.

담정 그렇습니다. 세계 종교의 방법은 똑같습니다. 대신에 불교는 한 가지를 더 제기합니다. 이 방법도 그저 방편일 뿐이라고 대놓고 이야기합니다. 나만을 위한 게 아니라 우리를 위한 방편, 이 세상을 '더불어, 함께'라는 공동체를 위한 지혜입니다.

이것이 곧 대승불교입니다.

도법 무언가 문제가 있는 것 같습니다. 불교의 나머지 주요 교리에 대해서도 듣고 싶습니다.

◉— 오온과 십팔계

담정 세계를 설명하는 불교와 서양철학의 관념론과 큰 차이는 바로 불교의 오온五蘊 체계에서 인식 대상(색色, rūpa, form)을 먼저 상정하고 있다는 점입니다. 그리고 식識(vijñāna, consciousness)은 우리가 말하는 '인식'입니다. 오온의 구조는 서구 인식론에서 말하는 '대상-반영-인식'을 좀 더 세분화해서 본 것입니다.

이전에 이 오온에 대해서 원어를 추적하면서 찾아봤는데, 어원 자체가 무엇을 뜻하는 것인지는 논란이 있습니다. 색과 식은 대상과 인식으로 그 의미가 명확합니다. 그렇지만 수受(vedanā, feeling), 상想(saṃjñā, discrimination), 행行(saṃskāra, disposition)은 그 의미가 애매합니다. '베다나vedanā'는 '안다'는 뜻입니다. '삼갸saṃjñā'는 '함께 안다[saṃ(√sam, 함께, together)+√jñā(안다, know)]'는 뜻이고, '삼스까라saṃskāra'는 '함께 행하다[saṃ(함께)+skāra(행하다)]'는 뜻입니다. 그럼 무엇을 함께 알고, 무엇을 함께 행하는 것인지 앞뒤 관계를 파악해야 알 수 있습니다.

'색-수-상-행-식' 안에서 그 관계를 살펴보면, 수는 색과 상을 함께 알고, 행은 상과 식이 함께 행한다는 뜻이 됩니다. 즉, '대상-반영-인식(주체)' 중에 '반영'을 셋으로 나누어 '어디에 더 강조점을 찍느냐?'에 따라 '수'와 '행'이 구분될 수 있습니다. 색-(수)-상-(행)-식. 이것이 오온, 불교 인식론의 특징입니다. 즉, 반영을 세 단계 거친 것입니다. 이것을 표로 정리하면 아래와 같습니다.

인식 대상	반영			인식 주체
색色 rūpa form	수受 vedanā feeling	상想 saṃjñā discrimination	행行 saṃskāra disposition	식識 vijñāna consciousness

그리고 불교에서는 인간을 '오온적 존재'라고 합니다. 정량부定量部의 경우 '뿌드가라Pudgala(補特伽羅)'가 있다고 주장하여 불교 내 외도가 됩니다. 유부有部에서는 '오온적 존재'라고 했습니다. 이것이 불교에서 보는 인간의 정의입니다.

『중론』, 「제4품. (오)온蘊에 대한 고찰」에서는 색色이 따로 독립하여 존재할 수 없다고 논파합니다. 오온의 첫 번째인 색을 논파하면 연속되는 개념, 즉 뒤따라오는 수상행식受想行識은 자동으로 논파됩니다.

그리고 업과 윤회를 이해하지 않으면 십팔계를 이해할 수 없습니다. 이것은 불교 교리를 이해하기 위해서는 무엇보다 먼저 업과 윤회를 인정해야 한다는 뜻입니다. 서양철학에서는 오온 십팔계를 이해하지 못합니다. 서양철학은 이 초월적 존재인 신으로부터 인간 이성이 독립하기 위하여 발달한 것이기 때문입니다.

◉— 삼법인과 사법인

담정 일반적으로 삼법인三法印과 사법인四法印을 이야기하는데, 저는 사법인 체계가 맞다고 봅니다. 일체개고一切皆苦에서 시작해서 열반적정涅槃寂靜으로 이어져야 합니다. 고苦에서 벗어나는 길이 부처님 가르침의 핵심입니다. 삼법인이나 사법인의 체계나 그 안의 무상·무아 등의 내용보다 무엇을 위한 구조인지 살펴보는 것이 더욱 중요합니다.

고에서 벗어나는 것이 부처님의 가르침인데 고는 왜 생기는 것인가? 우리는 어떤 목적을 위해 대상을 추구합니다. 그렇지만 우리는 그침 없는 연기 실상의 세계, 무상의 세계에 살고 있습니다. 즉, 대상도 그침 없이 변화하고, 나도 그침 없이 변화합니다. 나 자신도 연기적인 존재이기에, 어떤 욕망을 성취하려고 할 때 나도 바뀌고 대상도 바뀝니다. 바라는 대상도 변화하고 나도 변합니다. 그것이 바로 고의 발생 원인입니다.

도법 제행무상諸行無常, 모든 형성된 것은 무상하다고 하는데 무엇이 형성되었다는 것인지 궁금합니다. 물질, 자연현상이 무상이라는 것은 모두가 동의할 것입니다. 그렇지만 무상하기에 고라고 한다면, 무상한 저 돌멩이나 자연현상 모두가 고라고 해석하는 이야기가 될 수 있습니다. 그것을 어떻게 이해하고 설명할 수 있습니까?

담정 스님의 의견처럼 모두가 물질이 무상하다고 보지 않습니다. 불교에서 일반적으로 그릇된 견해, 즉 사전도四顚倒로 상락아정常樂我淨을 꼽습니다. 그리고 이런 그릇된 견해를 벗어난 것을 무상, 고, 무아, 그리고 부정不淨이라고 봅니다.

무상은 상常을 논파한 것입니다. 그리고 그 논파한 것을 공유하고 있기에 무상을 이야기할 때 상常을 논파한 내용을 생략하고 말하는 것입니다. 즉, 무상[안티테제]은 상[테제]을 전제로 말할 수 있습니다. 경론을 읽을 때는 무엇이 생략되었고 축약되었는지 찾아 읽어야 합니다. 이런 개념들이나 내용은 상호 공유되어 있기에 생략되고 축약된 것입니다.

스님 말씀처럼 모두 물질이 무상하다고 볼까요? 과연 그럴까요? 저는 그렇게 생각하지 않습니다.

도법 상常이라는 개념은 붓다 이전에 있었고 붓다께서 이 상에 대해서 무상이라는 처방을 하신 것이라면 이 상은 무엇을 대상으로 만들어진 것입니까?

담정 예를 들어보겠습니다. 어떤 사람이 돌멩이라고 말하고 있습니다. 그렇다면 누가 지금 돌멩이를 들고 말하고 있습니까? 돌멩이가 그저 그대로 있는 것인가요? 그렇지 않습니다. 만약 스님께서 그렇게 말하면, 그 순간 '스님의 돌멩이'가 됩니다.

'나'는 나대로, '세계'는 세계대로 각자 존재한다는 생각, 바로 이것이 상常이라는 개념의 출발 지점입니다. 오늘날도 우리에게 가장 중요한 질문은 '나'와 '세계'에 대한 '관계'입니다. 이것은 인간의 지적 욕구의 출발점입니다. 부처님 재세 시 인도를 지배하고 있던 브라만교의 답은 세계의 창조주인 브라흐만과 나라는 아뜨만의 '관계'였습니다.

지금이야 모든 것이 이어진 것이라는 연기법에 대해서 다들 '그렇구나!' 하고 생각하겠지만 부처님 재세 시에 당신께서 깨닫고 설하셨던 연기법은 혁명적인 주장이었습니다. 고정불변한 실체가 있는 것이 아니라 다 연결되어 있다, 이어져 있다는 이 연기법이 바로 불법의 근간입니다. 이것은 당시 주요 화두인 나와 세상이 따로 떨어져, 고정불변한 게 아니라 '서로 이어진 것'이라는 주장이었습니다.

도법 붓다 당시의 세계관과 인간관을 창조주인 범천梵天(브라만)과 진아眞我(아트만)라고 할 수 있는데, 나는 그것이 무지와 착각이 만들어낸 관념의 결과물이라고 봅니다. 즉, 실제가 없는 것인데 제행으로 표현되는 인간의 생각·관념으로 영원불멸의 신이니, 아뜨만이니 하는 것을 만들어내고 그 사고로 삶을 다룬 결과 문제의 고통으로 나타나게 된 것 아닙니까? 만일 그렇게 본다면 제행은 인간이 관념으로 조작함을 뜻하는데, 자연현상을 뒤섞는 것은 심각한 문제가 아닙니까?

담정 그렇지 않습니다. 포함되어도 문제되지 않습니다. 이것은 변화하는 모든 것을 뜻합니다. 중요한 것은 자연물뿐만 아니라 그것을 보고 있는 자기 자신도 포함된다는 점입니다.

◉— 제행무상, 제법무아와 유위법, 무위법

도법 일반적으로 모든 형성된 것은 유위법, 모든 인연 화합으로 이루어진 것은 유위법과 무위법이 포함된 것이라고 합니다. 꼼꼼하게 짚어보면 '형성되었다'라는 말이나 '이루어졌다'라는 말은 같은 말인데, 왜 하나는 유위법이라고 하고, 하나는 유위·무위가 포함되었다고 합니까?

제행무상은 유위법, 제법무아는 유위법과 무위법이 포함되는 것이라고 하는 이유가 무엇입니까? 중도 또는 응병여약의 사고로 보면 제행에 대한 해석과 설명에 심각한 오류가 있어 보입니다.

제가 한번 정리해보겠습니다. ①제행무상·일체개고·제법무아 ②제행무상·제행개고·제법무아 ③일체행무상·일체행개고·일체법무아, 지금까지 제가 접한 세 종류의 삼법인입니다. 고에 관해서만 풀어보면 ①은 무상無常 때문에 괴롭다, ②③은 행行 때문에 괴롭다가 됩니다. 모든 행, 모든 형성, 모든 형성 활동, 모든 정신의 형성, 자아 관념의 형성 활동, 오취온의 형성 활동 등으로 번역되는데, 행에 대한 설명들 중에서 제가 적절하다고 여겨지는 것들을 골라 봤습니다. 그 가운데 눈이 번쩍 뜨인 한 가지는 '인생 허무하다'의 무상이 아니고, '행의 무상'이라는 표현이었습니다.

제가 이해한 내용으로 정리하면 왜 일체(제)행은 유위법이고, 일체(제)법은 유위법·무위법이 포함되는지가 분명해집니다. 깊이 따져봐야 할 것은 삼법인에서 무상은 아무데나 적용되는 것이 아니고 행에 대해서만 적용하는 것이 적절하지 않은가 생각합니다. 허심탄회한 논의와 정리가 되었으면 합니다.

담정 제행무상이나 제법무아는 다 같은 뜻입니다. 다 '지어진 것'이라는 뜻입니다. 제행의 행行은 '함께 지어진 것'• 이라는 뜻입니다. 그 말 자체가 지어진 것, 즉 유위법이라는 말입니다. 오온의 행도 같은 단어입니다. 유위법과 무위법에 대한 자세는 구사, 인명, 그리고 유식학파는 말로 설명할 수 있는 것을 유위법이라 부르고, 그럴 수 없는 것을 무위법이라고 부릅니다.

그렇지만 중관학파에서는 유위법도 성립하지 않기 때문에 무위법은 아예 논할 수도 없다고 논파합니다. 유위법과 무위법에 대한 이 근본적인 차이를 알아야만 중관학파의 입장을 제대로 이해할 수 있습니다.

• '함께 지어진 것'을 뜻하는 '삼스까라(saṃskāra)'에 대해서는 지금 작업 중인 『반야심경 산스끄리뜨어 해자본』에서 자세히 살펴보았다. 간추리자면 다음과 같다.

삼스까라(saṃskāra) : 행行

'삼스까라(saṃskāra)'를 글자 그대로 풀어보면 '무언가와 함께 행한다'라는 뜻으로, 제대로 풀어보면 '동행同行'이 된다. 즉, 한역의 경우 '동同'이 생략된 것이다. 이때 행行은 앞에서 이어진 색수상色受想과 함께, 그리고 뒤따라 나오는 식識과 함께 하는 것이다. … 앞에서도 언급했듯 산스끄리뜨어의 '삼스까라'의 이와 같은 용례는 오직 오온을 뜻하는 '불교적 개념'일 때만 유의미하다는 점이다. 왜냐하면 이 무언가 함께 행하는 것, 즉 '삼+끄르(sam+√kṛ)'는 힌두 육파철학(六派哲學)에서 훨씬 더 광범위하게 사용하고 있기 때문이다. 바로 이 개념 하나에 인도 문화의 원형인 업과 윤회, 그리고 이 윤회에서 벗어나는 열반·해탈을 향하는 것에 대한 각자의 해석이 두루 담겨 있다고 해도 과언이 아니다. …

깨달음의 문제

도법 깨달음의 문제에 대해 나의 경험을 말해 볼까 합니다. 어려서 출가했을 때 열심히 참선하여 깨달으면 모든 문제가 해결된다고 생각했습니다. 그것이 최고의 길이라는 것을 배우고 받아들여 답을 찾기 위해 선방에 들어가 살았습니다. 그리고 깨달으려고 하면 인생을 걸고 두문불출杜門不出 장좌불와長坐不臥 등 용맹정진을 해야 합니다. 금생에 안 되면 내생, 세세생생 해야 한다고 배웠습니다.

그리고 나름 배운 대로 선방에서 한 십여 년 화두를 들고 용을 썼지만, 답을 찾을 수 없었습니다. 어쩔 수 없이 선방을 버리고 나와 나름의 길을 찾아가는 과정에서 '깨달음'을 먼 훗날 도달해야 할, 저 멀고 높은 곳에 있는 신비한 목적지라고 전제한 것이 문제라는 점을 깨달았습니다. 그리고 오늘의 내 삶을 만들어왔는데, 깨달음에 대해서도 충분한 토론을 통해 합리적으로 정리했으면 합니다.

담정 스님의 말씀 속에 깨달음에 대해서 생각해봐야 할 것이 있습니다. 지금의 깨달음이냐, 미래의 깨달음이냐? 그렇지만 그 이전에 '무엇을 위해서 깨달을 것이냐?'라는 문제가 놓여 있습니다. 무엇 때문에 깨달아야 하는가요?

도법 당연히 괴로움에서 벗어나기 위해서입니다. 불교에서는 고苦의 대표적인 예로 생사를 들고 있습니다. 생사라는 고통에서 벗어나려면 참선해서 깨달아야 한다고 강력하게 말하고 있습니다. 왜 벗어나려고 하는가? 고통스럽기 때문입니다. 한마디로 생사 해탈, 고통에서 벗어나는 길 찾기입니다. 사실 그 길은 누구나 찾고 싶은 길이기도 합니다.

담정 깨달으려는 목적은 무엇입니까? 그리고 소승과 대승의 차이는 무엇입니까?

도법 지금은 소승이라는 개념을 사용하지 않는 것으로 알고 있습니다. 그리고 붓다의 불교와 상좌부의 소승불교는 다르다고 봅니다. 하지만 좀 더 열어놓고 짚어보면 얼마든지 만나고 함께

할 길이 있다고 보기 때문에 그 차이를 심각하게 생각하지 않습니다.

담정 저는 매우 중요하게 생각합니다. 깨달음이 되었든, 다른 무엇이 되었든 조건이 변화되지 않으면 의미가 없습니다. 그 첫 번째 변화는 '내가 타인의 조건'이라는 점을 받아들이는 것입니다. 대승의 교학은 대상도 항상 변화한다는 법공法空까지 밀고나간 데 있습니다. 소승처럼 대상이 항상 고정되어 있다는 법유法有에 머물면 잠시 고苦에서 벗어났을지라도 언젠가 다시 고에 빠지게 됩니다. 조건의 완벽한 변화가 없기 때문입니다.

도법 그 부분은 인정합니다. 초기불교의 생사 해탈론이 사성제입니다. 그런데 대승에서는 사홍서원四弘誓願을 들고 있습니다. 사성제와 사홍서원의 차이는 사성제가 '나의 해탈'이라면, 사홍서원은 '너와 나의 해탈'을 말하는 것이라고 봅니다.

담정 고통에서 벗어나기 위한 조건을 따져볼 때, 벗어나는 길을 뭐라고 쓰든, 그것을 아는 것을 '깨달음'이라 합니다. 그런데 '벗어나는 그 길을 어떻게 찾을 것인가?'에서 스님과 저의 차이가 느껴집니다. 현실적으로 스님이 살아오신 그 역사적 배경에는 불교의 목적이 전도되어 있습니다. 고통에서 벗어나는 것이 아닌, 어떤 무언가 특별한 상태인 '깨달음'에 치중되어 있습니다. 현실의 고통에서 벗어나기 위한 테제를 어떻게 상정해야 할 것인가? 그것을 찾아야 합니다.

도법 생사 해탈, 고통에서 벗어나려면 깨달아야 한다고 배웠습니다.

담정 과연 그럴까요? 저는 '고통에서 벗어남'이라는 테제를 다시 생각해보고자 합니다. 우리가 왜 이것을 하자고 하는지, 지금 우리의 현실을 항상 직시해야 합니다.

도법 현실 문제를 직시해야 한다는 것에는 동의합니다. 그렇다면 최우선으로 직시해야 할 현실 문제가 어디에 있는 무엇입니까?

담정 나의 괴로움이 어디에서 오는지 보는 것이 불자의 기본적인 출발점입니다. 그리고 그것을 가로막는 것을 하나하나 버려야 합니다. 이 가운데 깨달음은 무엇이 문제일까요?

저는 '깨달음에 대한 과잉'이 한국불교의 큰 문제라고 봅니다. 이 공부를 하면서 교학 등 복잡한 것을 하다보면 이 공부를 왜 하는지, 기본적인 그 목적을 잊을 때가 있습니다.

도법 그 말에 동의합니다. 대체로 그렇습니다. 선종·교종, 남방·북방, 다 그렇습니다. 세계 불교가 어느 정도 차이가 있겠으나 기본적으로는 대동소이하다고 봅니다.

담정 그 고통을 '괴로움'으로 바꿔봅시다. 우리가 괴로우면 어떻게 할까요? 어떻게 해야 괴로움에서 벗어날 수 있을까요?

도법 자기 자신에게 가장 직접적인 대상은 고통스러운 나 자신입니다. 그런데 일반적으로는 나의 문제를 빼놓고 밖으로 시선을 돌립니다. 그래서 선사들은 '자신의 본래면목本來面目'을 들고 나왔습니다. '본래면목을 찾아라, 깨달아라! 그러면 해답이 나온다'라고 한 것입니다. 내가 천착한 바로는 선禪만 그런 것이 아니라, 기본적으로 불교 자체가 그렇다고 봅니다.

담정 괴로움에서 벗어나는 길에, 부처님이나 선사들이 제시하셨던 그 방법이 이 시대에도 맞다고 보십니까?

도법 표현과 형식은 조금씩 다르지만, 붓다께서 발견한 중도 연기의 길이 어제·오늘·내일의 길로 현실성이 있다고 봅니다.

담정 저는 현실성 없다고 봅니다. 부처님께서 사성제·팔정도·

십이연기·오온·십팔계 등 팔만사천 법문을 하셨어도 '그런 게 아니다'라는 용수보살의 말씀보다는 감흥이 떨어집니다.

이 공부하면서 배운 것은 딱 하나로, 항상 구체적으로 분석하라는 것입니다. 저는 사성제나 십이연기 등에 대해서는 거의 생각을 하지 않습니다. 그저 어떤 상황에 대해서 어떤 원인으로 발생했는지 살펴보는 것이 '병적으로' 발달해 있습니다. 자기 삶을 직시할 때 도움이 되는 것은 불법이지만, 가로막는다면 부처님 말씀도 버려야 합니다. 우리에게 필요한 것은 현실의 괴로움을 벗어나게 해주는 방법인 불교입니다.

도법 그 말이 백번 옳습니다. 동의합니다.

담정 삶을 직시하기 위해서는 '부처님 말씀이기 때문에 따라야 한다'라는 스트레스에서 벗어나야 합니다. 그리고 그로 인해 발생하는 그릇된 자세에서 벗어나야 합니다. 이 말을 구사론자들에게 전해주면 자신들을 무시한다고 생각할 것 같습니다. 그들은 악의를 가지고 그렇게 했던 것이 아니지만 부처님께서는 괴로움에서 벗어나는 산으로 가자고 하셨으나, 그들은 '다른 산'에 올라간 것입니다. 용수보살은 그 산으로 가지 말자고 하신 것입니다.

괴로움에서 벗어나기 위해서는 두 가지 방법이 있습니다. 한

가지는 스님이 배우고 해오신 것, 즉 선사들의 방법입니다. 이것은 반야부의 공사상에 근거를 두고 있습니다. 그리고 한 가지가 논리적으로 설명하는 것입니다. 대중의 이지理智가 발달한 오늘날에는 그것이 왜 아닌지 논리적으로 설명할 힘을 키우지 않으면, 기존에 우리가 배운 교육에 그대로 끄달릴 수밖에 없습니다. 그것은 바로 무엇인가 실제 있다는 생각, 즉 법유法有의 관점입니다. 그리고 거기에 더 스트레스를 주는 것이 불법佛法이라는 이름의 스트레스입니다.

명상 수행을 하면 스트레스가 더 오는 것은 당연합니다. 거친 영역이 걷어지면 미세한 영역이 올라오기 때문입니다. 그렇지만 그것을 모르고 명상을 하니 더 괴롭다고만 합니다. 불법이 정교화되는 과정을 보면 알면 알수록 이에 대한 논파 또한 정교해집니다. 스스로 쌓은 벽을 스스로 허무는 공부가 곧 지혜의 공부입니다.

선에서 추구한 방법은 논리로 설명되지 않더라도 체험으로 아는 것입니다. 대승의 불성론佛性論이 이 지점에 있습니다. 중관학파의 입장은 다릅니다. 우리는 논리로 논리를 논파합니다. 어떤 구체적인 논의가 있다면 그 논리를 논리로 극복할 만큼 분석하고 그 힘을 키우는 것입니다. 그렇게 하지 않으면 상대방의 논리에 빠지기 때문입니다.

선의 방법은 체험으로 아는 것이기에 그 감응은 큽니다. 그렇지만 구체적으로 분석하지 않았기에 다시 이전으로 돌아가는 복원력도 큽니다. 그리고 '즉자적卽自的'이기에 그 이유를 설명할 수 없습니다. 중관학파의 방법은 자신이 왜 괴로워하는지를 구체적으로 분석하는 방법이기에 쉽지 않습니다. 먼저 불교의 세계관을 알아야 하고 논리적으로 성립한 그것을 논파하려고 해도 제대로 하지 않으면 오해하기 쉽습니다.

저는 선의 시대는 지나갔다고 봅니다. 지금 이 시대 대중의 이지가 매우 높고 크기 때문입니다. 우리가 가진 교육열에 의해 문자 해독률이 역사상 가장 높은 시대입니다. 그러다 보니 분석지에 익숙해 있습니다. 조건이 바뀌면 연기법을 담는 그릇도 바뀌어야 마땅합니다.

◉— 돈오와 점수

도법 일반적으로 깨달음을 무지 복잡하고 어려운 과정을 거쳐야 도착하는 곳, 그리고 도착하기만 하면 뭐든지 절로절로 되는 굉장히 좋은 곳, 그런 목적지로 생각합니다. 그런데 부처님 전체 삶에서 깨달음을 보면 그렇게 복잡하고 어려운 것으로 보이지 않습니다. 비록 6년 고행을 어렵게 하셨지만, 그 길은 버리셨습니다. 그다음 과정은 그렇게 복잡하고 어렵게 되어 있지 않습니다. 6년 고행과 한 묶음으로 보기 때문에 어렵게 느끼고 그렇게 해석하는데 실제는 그렇지 않다고 봅니다.

출가 이후 붓다의 수행을 꼼꼼히 보면, 양극단의 길인 선정 수행도 고행 수행도 가부좌 틀고 하십니다. 그리고 고행을 포기한 중도 수행을 하실 때도 '깨닫지 못하면 일어나지 않겠다!'라는 결심으로 가부좌를 틀고 하십니다.

붓다가 하신 수행을 하나로 묶어서 생각하기 때문에 매우 복잡하고 어렵게 된 것처럼 보이지만 실제 고행을 버린 후 깨닫는 과정은 그렇게 복잡하지 않았습니다. 그리고 다섯 비구나 야사Yasa 비구도 깨닫는 과정이 그렇게 복잡하지 않았습니다. 야사는 붓다의 말씀만 듣고 바로 아라한이 되었고 그 친구들까지 바로 아라한이 되었습니다. 그리고 아라한 제자가 60명이 되었을 때 '가서 수행하라'고 하지 않고 바로 '전법을 떠나라'고 하셨습니다. 그 제자들이 깨달았기 때문에 전법을 떠나라고 하신 것입니다.

그리고 전법 선언에 '나는 이미 인간과 신의 속박에서 벗어났다. 그대들도 인간과 신의 속박에서 벗어났으니 이제 전법을 떠나라'고 하신 말씀에서 '신과 인간으로부터 자유로워졌다'라는 말을 '나는 깨달았다. 그대들도 깨달았다'라는 말로 바꿔도 될 것으로 보입니다. 그리고 수행하라고 하지 않고 전법을 떠나라고 한 점들을 참고하여 붓다의 삶 자체에 착안해보면 깨달음이 먼 훗날에야 도달할 수 있는 불가사의한 목적지이기 때문에 복잡하고 어려운 과정을 밟아야만 된다고 하는 전제가 동의되지 않습니다.

현 조계종단 안에 2~3천 명이 선방에 앉아 있습니다. 얼마 전에 돌아가신 적명 스님은 60여 년 동안 투철하게 수좌로 살았습니다. 하지만 여전히 깨닫지 못했다고 하셨습니다. 그리고 종종 '깨달았다!'라는 분들과 만난 적이 있는데 내용을 들여다보면 이해도, 동의도 잘 안 됩니다. 오히려 '그 많은 성자 중에 누가 진짜냐?'라고 묻는 마을 분들의 질문에 붓다께서 '그의 삶이 중도의 팔정도로 이루어지고 있다면 그가 진짜다'라고 답하는 장면이 떠오릅니다. 내가 볼 때 지금 세계의 불교 전반이 거의 비슷한 양상입니다.

나는 깨달음이란 추구하고 도달해야 할 목적지가 아니고 지금 바로 알고 삶으로 살아가야 할 내용이라고 봅니다. 깨달음을 우리가 도달해야 할 불가사의한 목적지로 보는 것은 전도몽상에 불과합니다.

담정 스님 말씀에 절대적으로 동의합니다. 그렇지만 거기에는 연기법이라는 전제 조건이 빠져 있습니다. 너무나 당연하다 여기기에 그것의 중요성이 빠져 있습니다.

이전에는 선사들이 돈오돈수頓悟頓修를 이야기했어도 지금은

돈수頓修와 점수漸修의 문제를 넘어 '돈오가 가능한가?'를 묻는 시대입니다. 이 돈오와 점수에 대한 논쟁을 티벳에서도 벌인 적이 있었습니다. '삼예 논쟁(bsam yas(Samye) Debate)'이라 불리는 것으로 여기서 중국 선종이 인도불교에 완전히 패했습니다. 이유는 간단합니다.

'인과가 성립하는데, 갑자기 깨달을 수 있는 것은 어떤 인연이 있는 것인가?'라는 질문까지 논의가 진행되면 그것은 무인론으로 곧장 빠져듭니다. 무인론으로는 논쟁이 성립하지 않습니다.

'그냥 있다'라는 것은 '그냥 없다'라는 것도 성립하게 만들기 때문입니다. 그래서 점수 쪽에서 하는 이야기, '무량한 공덕을 세세년년 쌓아야 한다'라는 것으로 결론났습니다. 이런 이유로 티벳불교에서는 돈오를 이단으로 취급합니다. 그렇지만 돈오는 이후 본성론이나 불성론을 통해 다시 살아납니다. 한꺼번에 무언가를 이루고 싶은 것은 인간의 욕망입니다. 금생에 승부를 보고 싶어 하는 것입니다. 그리고 그런 내용이 대중들을 유혹하기 쉽고 사기 치기도 쉽습니다. 그러다 보니 계속 변형하여 나타납니다.

그리고 지금 대중들은 어떻게 좀 더 편하게 살지 고민할 뿐, 돈수니 점수니 하는 무엇인가 있어 보이는 이야기는 관심이 없습니다. 깨달음에 대한 논쟁도 이와 같습니다.

성철 스님 당시에는 점수는 경쟁 대상이 있었지만 돈수는 경쟁 대상이 없었습니다.

도법 그때 독보적으로 하셨습니다.

담정 경쟁 대상이 없으면 한 가지 행동을 위한 한 가지 도덕적 지침만 있으면 됩니다. 예를 들어, 절집 생활 규칙하고 절 밖 생활 규칙이 같으면 됩니다. 요즘 세상에 스님들은 어떻게 살아야 할까요? 운전하기 위해서는 세속에서 발행하는 운전면허가 있어야 합니다. 세속법으로 규제받는 생활을 해야 합니다. 그렇지만 성철 스님 때는 절집과 절 밖의 규칙이 차이가 없었습니다.

조건에 의해 그 내용이 달라진다는 점을 항상 명심해야 합니다. 돈오나 점수도 마찬가지입니다. '무엇을 위해 어떻게?'라는 질문에 대한 답은 다를지라도 그 내용은 같은 것입니다. 한국불교는 '돈오는 과연 불교적 세계관에 충실한가?'까지는 질문을 확대하지 못했습니다. 돈오에 대해서 질문하고 답할 만큼의 경론에 입각한 공사상, 교학불교의 전통 그 자체가 없었기 때문입니다. 자기가 만든 생각으로 이야기를 진행하면 반대하거나 물어볼 수 없습니다. '논論'을 해야 '쟁爭'을 하는데, 교종 자체가 없으니 논쟁다운 논쟁을 할 수도 없었습니다.

티벳불교는 돈오를 이단으로 취급하고 시작합니다. 티벳불교의 특징은 중국에서 전래한 것을 다 이단으로 취급합니다. 그러면서 나중에 똑같이 따라갑니다. 인간이 금생에 어떤 것을 해결하고 싶은 욕구는 똑같아서 그렇습니다. 티벳불교에서는 보리도차제菩提道次第, 점수 사상만 정법입니다. 인도 원류, 산스끄리뜨어 원전이 없는 것은 이단이라면서도 그 내용은 따라갑니다.

경론을 보면 부처님께서는 삼아승지겁三阿僧祇劫의 공덕으로 금생에 깨달았다고 합니다. 그렇다면 부처님의 바로 전생은 삼아승지겁의 '-1번째' 생이고, 금생이 바로 삼아승지겁 번째 생인 셈입니다. 금생에 깨달을 확률이 얼마나 될까? 금생이 삼아승지겁 번째 생이고, 그 삼아승지겁 동안 공덕을 쌓아온 것이라 하면 돈오가 가능합니다. 금생이 '삼아승지겁의 '-1번째'라고 하면 바로 다음 생에 깨달을 가능성이 있습니다. 이것이 점수 사상, 보리도차제론의 배경입니다. 사람들은 삼아승지겁의 '-1번째'의 공덕을 쌓는 과정 중이라고 하는 것과 삼아승지겁 번째 생이라고 하는 것 중에 무엇을 더 선호할까요? 당연히 후자입니다.

돈오는 금생에 깨달을 수 있다는 희망과 가능성을 줍니다. 그러니 금생에 승부를 보기 위해 너도나도 깨닫고자 하는 것입니다. 그렇지만 오늘날 중요한 것은 시대적 상황에 따라 달라졌던 점수나 돈수가 아닙니다. 돈오적 발상을 이단으로 취급했던 티벳불교처럼, '무엇을 위해?'라는 질문이 필요한 시대입니다. 부처님께서 '일체중생을 고苦에서 벗어나게 하겠다'라는 서원으로 깨달으신 것처럼 말입니다.

도법 수긍할 만한 대목이 없지 않습니다. 수백 년 동안 한국불교의 정신으로 이어온 것이 보조 스님의 돈오점수입니다. 성철 스님은 이것을 비판하고 부정하셨습니다. 그렇지만 그 내용이 무엇이고 어떤 의미인지 진지하게 논의되지 못했습니다. 이것이 한국불교 현재의 역량과 풍토이고 현실이라 안타깝습니다.

성철 스님의 돈오돈수를 주제로 학술회의도 열렸는데, 돈오돈수와 돈오점수로 나뉘어 각자 주장을 하고 있는데 내 짐작으로는 양측 다 '성철 스님의 돈오돈수'를 놓치고 있어 보였습니다.

어린 시절 성철 스님을 모시고 살아보기도 했습니다. 성철 스님은 불교 전체를 놓고 이야기하신 게 아니고, 조사선 전통 속의 돈오점수를 비판하신 것이라고 봅니다. 교학이나 다른 곳에서 언급하고 있는 돈오점수를 부정하신 것이 아닙니다. 그렇지만 다들 뒤섞어 이야기합니다. 실제 성철 스님이 내놓으신 돈오돈수와 참선 수행 화두에 대한 사실 판단을 진지하게 했으면 합니다.

그리고 '금생에 성불한다는 것이 돈오돈수인가?' 즉각 깨닫는다, 깨닫지 못한다를 논하는 것이 돈오돈수 문제는 아닌 것 같습니다. 한국불교에서 그동안 돈점 논쟁을 해왔지만 좀 더 명료하고 투철하게 다루지 못한 지점들이 있습니다. 담정의 설명을 들으면서 그동안 이런 점들을 놓치고 있었다는 생각이 들었습니다.

예전에 송광사에서 2박 3일인가, 3박 4일인가 돈점을 주제로 자리를 마련한 적이 있었습니다. 당시 상당히 많은 사람이 모였습니다. 스님들, 특히 수좌들 사이에서는 '깨달음은 실참實參(직접 참선)이 중요한데, 실참하지 않는 학자들이 말할 자격이 있나?'라는 분위기였습니다. 그리고 학자들은 주로 근기론을 가지고 설명했습니다. 그렇지만 나는 수좌들이 생각하는 실참과 학자들이 생각하는 근기론은 관계없다고 봅니다. 앞으로 이 부분도 논의를 통해 정리해야 할 부분입니다.

◉— 깨달음과 정진, 보살과 아라한

담정 보살은 정진精進을 합니까, 하지 않습니까? 그렇습니다. 스님 말씀처럼 보살은 십지十地에 이르더라도 정진합니다. 십지는 불교가 한역권으로 넘어오면서, 한역권에서 완전한 숫자라고 생각하는 '10'에 맞추기 위해 추가된 것입니다. 인도에서는 숫자만 헤아렸는데 이후 그 숫자에 의미를 덧붙여 놓은 것입니다. 이런 게 스칼라scholar 불교, 즉 학술불교입니다.

교학을 위한 교학이 발달하며 복잡하고 어려워지면서 대중들과 괴리가 생기게 됩니다. 그러자 대중들은 '어려운 공부는 스님들이나 해라, 우리는 그냥 부처님만 믿겠다'라며 신심을 강조하고, 미륵 신앙이나 아미타 신앙 등의 기복 쪽으로 방향을 틀었습니다. 예전이라면 모를까 오늘날에는 이 두 가지의 균형이 필요합니다.

도법 아라한을 무학無學, 더 배울 것이 없다고 합니다. 그런데 경전에 보면 아라한들이 붓다께 계속 묻고 배웁니다. 이것을 어떻게 봐야 합니까?

깨달음으로 살아가는 붓다와 제자들의 삶을 보면 깨달음이 우리가 생각하는 것처럼 신비하고 환상적인 무엇이 아닌 것만은 틀림없습니다. 붓다의 유언을 봐도 '나는 게으르지 않고 부지런히 정진했기 때문에 부처의 삶을 이루었다. 너희들도 부지런히 정진하라'라는 내용이 나옵니다. 붓다도 게으르지 않고 애써 하셨기에 부처의 삶을 이루셨습니다.

붓다의 삶이 그와 같음에도 불구하고 우리는 깨달으면 그것으로 끝이라고 여기는 경향이 있습니다. 분명 역사 속 붓다께서는 '나도 애써 정진했으므로 부처의 삶을 이루었다. 그대들도 그렇게 하라!'고 말씀하십니다. 이런 점들을 종합해보면 불교가 좋다고 불교인이 되었지만, 대부분 길을 잃고 헤매고 있는 셈입니다.

담정 아라한을 무학이라고 하셨는데, 아라한의 이명異名은 다양하게 있습니다. 그중에 저는 살적殺賊이라는 표현을 좋아합니다. '적을 죽인 자'라는 뜻으로 적은 번뇌를 말합니다.

물론 첫 번째 아라한은 부처님입니다. 그리고 이 아라한 가운데 '공양받아 마땅한 자'라는 응공應供이라고 한역한 것도 있습니다. 만약 부처님과 다른 아라한 제자가 같이 있다면 우리는 응공이라는 말을 누구에게 붙이겠습니까? 당연히 부처님에게 붙입니다. 이렇게 말 하나도 다양하게 해석할 수 있습니다.

부처님 전법 선언처럼, '너희들도 이제 너희 성질 정도는 다스릴 정도가 되었으니, 사람들에게 가서 공동체의 목적에 맞게 착하게 살라고 이야기 좀 해라'고 해석하면 간단하게 이해할 수 있습니다. 농담 삼아 종종 부처님 재세 시에 있었던 '부부 아라한 이야기'를 합니다. 이 아라한 부부는 서로 자기가 알고 있는 부처님 법이 옳다며 부부 싸움을 했다고 합니다. 아라한은 딱 이 정도입니다.

살적殺賊, 자신이 가진 욕망을 제어할 수 있는 사람이라는 뜻입니다. 하나의 표현 속에 다양한 의미가 있을 때, 그것을 제한하면 그 살아있는 모습을 볼 수가 없습니다. 우리가 왜 이론, 교학을 공부하겠습니까? 현실을 이야기하고 살아 움직이는 것을 조금이나마 알기 위한 것입니다. 스님의 지적처럼 한국불교는 한국이라는 상황 속에서 제 갈 길을 찾아갈 것입니다.

이런 자연스러운 현상 대신에 지금 세계 불교의 추세에 대해서 말씀드리고 싶습니다. 지금 세계 불교는 '보리도차제'라는 교학 체계를 중심으로 한 티벳불교가 대세를 이루고 있습니다. 금생에 깨달음을 이루겠다는 욕망은 누구나 다 가지고 있습니다. 돈오를 배격한 티벳불교, 특히 절대 다수파인 게룩빠에서는 대승불교의 근간으로 자애慈愛와 연민憐憫을, 그 수행법으로 육바라밀다六波羅蜜多를, 그리고 그 사상을 공空 사상에 두고 있습니다.

자기 자신이 삼아승지겁의 공덕을 쌓아 깨달음을 얻게 되는 그 시간 동안 중생들이 받을 고통을 생각하면 자애와 연민, 즉 자비심이 커질 수밖에 없습니다. 그래서 금생에 깨닫겠다는 서원을 세운 사람만 밀교에 입문할 수 있다는 장치를 만들어 놨습니다. 이 장치를 통해 자비심을 강조하는 실천 테제로 두고 있는 것이 티벳 현교의 특징입니다. 밀교를 공부하더라도 현교의 이론적 바탕을 만들어놓은 것입니다. 이 장치가 있어야 금생에 깨달아보겠다는 서원을 세운 수행자들이 정당화됩니다. '과연 너는 그만큼 자비가 큰가?'라고 묻고, '그렇다!'라고 답하면 밀교 수행을 할 수 있는 것입니다.

내용이야 어찌 되었든 이런 시스템을 그렇게 만들어놓은 것입니다. 그냥 아무것도 없이 '금생에 깨달을 수 있다'라는 게 아니고, 이런 큰 이유로 금생에도 할 수 있다는 장치를 마련해둔 것입니다. 이것은 한역 경전권에서 강조한 소의경전 대신에 자기 종파의 주장을 담은 주석을 통해서 발달한 티벳에서 금생에 깨닫고자 하는 밀교 수행자들을 위한 특별 조치였습니다. 이런 장치가 없다면 너나 나나 깨달았다고 했을 것입니다. 깨달았다는 자에게 '과연 너는 그만큼 자비심이 큰가?'라고 물었던 셈입니다.

도법 티벳불교만이 아니라 『금강경』만 봐도, 발아뇩다라삼먁삼보리심發阿耨多羅三藐三菩提心, 발보리심發菩提心을 강조하고 그 보리심의 내용은 대비원력大悲願力이라 말합니다. 대비원력은 불교의 기본입니다. 비록 티벳불교만큼 강조하고 있지 않지만 말입니다.

담정 대승이 달리 대승이겠습니까! 우리의 지향점, 즉 대승의 지향점은 딱 하나입니다. 대승의 뜻인 '더불어, 함께 사는 길'에 '자신의 삶을 충실하게 살아내는 방법을 찾는 것'입니다. 편향이 있으면 고치고, 고정된 것을 부수며 길을 따라가다 보면 중도가 드러납니다. 그렇지만 이 부분은 각자의 몫입니다. 여기에서 편차가 커서 부처님 생애를 다룰 때도, 스님과 제가 의견을 나눌 때도 다른 부분이 있습니다. 이런 것을 상가 전통에서는 같이 가는 사람들이 앞서거니 뒤서거니 하며 행과 열을 맞춥니다.

저는 이것을 우리가 살아가는 연기 실상의 세계로, '화엄법계華嚴法界의 꽃 바다'라고 부릅니다. 말은 무언가 쉽게 보이지만 실제로는 그렇지 않습니다. 세상은 다툼이 있어야 세상입니다. 이익이 눈앞에 있으면 부모에게도 삿대질하는 게 세상 인심입니다. 그리고 저는 부처님께서 추구했던 '고苦에서 벗어남'을 '출세간의 꿈'이라고 부릅니다. 우리는 이 꿈 자체를 함께 꾸는 사람들이고, 나만 꾸는 게 아니라 우리가 함께 가기 위해 이것을 해나가는 것입니다.

세간은 부처님께서 끝없는 이해와 다툼이 일어나는 윤회계라고 하셨습니다. 여기에서 벗어나고 싶다는 점 하나를 찍어두는 것! 이 지향점이 우리가 살아가고자 하는 목적입니다. 그렇지만 변수가 너무 많습니다. 그럼 그때마다 그 변화를 항상 볼 수 있는 지혜가 필요합니다. '기승전 지혜'를 위해서 우리는 이렇게 사는 것입니다. 저기가 곧 여기임을 알기 위하여.

02

중도로 중도를 논하다

도법 지금까지 나는 불교를 실생활에 적용하여 실천하고자 했습니다. 불교 교리를 현실에 적용하다 보면 무언가 복잡하고 어렵습니다. 왜 이렇게 불교는 복잡하고 어려울까? 나는 '중도'라는 개념을 제대로 이해하지 못하기 때문이라고 봅니다.

앞에서도 말했듯, 붓다의 생애를 살펴보면 붓다께서 깨달으신 것을 세 가지로 요약할 수 있습니다. ①향락 선정과 해탈 고행인 양극단은 길이 아니다. ②양극단을 벗어난 중도가 길이다. ③중도의 길을 가면 연기의 실상이 드러난다. 붓다께서는 출가 이후 선정 수행과 고행 수행을 모두 정점까지 찍으셨으나 답을 찾지 못했습니다. 그 방법을 버리고 자기 방식으로 하여 해답을 찾았고 훗날 자신이 찾은 방식을 다섯 비구에게 중도라고 설명했습니다. '고요히 앉아 관찰사유했다. 그 수행자에게 연기의 실상이 환하게 드러났다'라는 내용도 있는데, 훗날 십이 연기 또는 사성제로 체계화되었습니다.

담정 스님은 한국의 교학 틀 안에서 불교를 배워오셨습니다. 저는 인도에서 공부했습니다. 어디서 어느 시기에, 어떻게 불교를 접했는지에 따라 불교를 대하는 시각이 다른 거 같습니다.

중도는 '마디아 마르그(Madhya marg)'를 직역한 것입니다. 인도에서는 이 개념을 중심으로 논쟁한 적은 없다고 알고 있습니다. 그리고 티벳에서 이 단어는 그다지 많이 등장하지도 않습니다.

중도에 대해 크게 ①팔정도, ②단견·상견을 여읜 것, 그리고 ③『중론』「제24품 (사)성제에 대한 고찰」의 18번 게송에 언급된 내용으로 해석할 수 있습니다. 이것은 한쪽으로 치우친 것을 끌어오는 것입니다. 그리고 삶을 직시하는 지혜를 제공하는 것이 그 가치입니다.

그렇지만 스님이 강조하는 것처럼 중도는 한역 전통에서 중요한 개념이 되었습니다. 이 단어에는 유교의 중용中庸과 도교의 도道라는 뜻과 이미지가 뒤섞여 있습니다. 이것은 한역 경전권의 전통에서 익숙한 중국식 개념들이 강조되다 보니 생긴 현상입니다. 우리나라 불교도 중국의 격의불교格義佛教 전통에 그 뿌리를 두다 보니 간단한 내용이 복잡해진 것입니다.

도법 불교가 실생활에 적용하기 어렵고 효험이 없으면 문제가 있다는 생각으로 궁금한 것이 있으면 경전을 찾아보며 '붓다라면 어떻게 했을까? 그리고 그것을 내 삶에 어떻게 적용할까?'를 생각하며 살아왔습니다.

붓다의 생애에서 가장 중요한 것이 '깨달음'이라고 봅니다. 깨달았기에 부처라고 하고, '깨닫고 살아보니 더 좋더라'라고 붓다 당신이 경험한 것을 논리화시킨 것이 불교 교리라고 봅니다. 그렇게 볼 때, 자신이 깨달은 길과 방법을 '중도'라고 설명했고, 그 길에서 깨달은 내용을 '연기'라고 설명하신 것입니다.

나는 연기론을 '나는 누구인가, 인생이란 무엇인가' 하는 물음에 대한 불교의 답으로 보고 중도를 '어떻게 살아야 하는가'라는 물음에 대한 불교의 답이라고 봅니다. 실상이 그러함에도 불구하고 불행하게도 그 내용을 뒤죽박죽 뒤섞어 다룸으로써 깊은 수렁에 빠져 허우적거리고 있는 것이 우리 현실이라고 봅니다.

담정 스님께서 연기를 존재론, 중도를 실천론이라 표현하셨는데, 이런 표현은 매우 위험한 것입니다. 불교를 이해하고자 경론을 다루는 사람은 스스로 불교적 세계관에 젖어 있지 않으면 안 됩니다. 존재론이나 인식론 등 서양철학의 개념을 가져오는 순간, 불교적 세계관이 추구하는 그 통일성은 깨져버립니다.

도법 일반적으로 존재론이냐 인식론이냐 하는 표현을 하지 않습니까? 전문가들은 이러쿵저러쿵하는가 본데 나는 현대인들에게 다가가기 위해 그런 언어를 썼습니다. 그것이 문제라면 그냥 불교 용어를 그대로 써서 내가 그동안 천착해왔던 중도와 연기라는 개념으로 설명해보겠습니다.

『반야심경般若心經』을 보면, 한 인간이란 존재가 오온의 인연 화합, 다섯 가지 조건이 화합되어 이루어져 있다고 나옵니다. 오온이라는 것이 어떻게 존재하는지에 대한 이치를 '연기'라고 표현한 것입니다. 그러면 어떻게 인연 화합으로 이루어진 것을 알게 되었을까요? 그 알게 되는 과정의 관점·태도·방법이 바로 중도입니다. 부처님 생애를 보면 그렇게 나옵니다.

담정 스님 말씀을 듣다 보니 경과 논을 다룰 때, 부처님 말씀에 집중하려면 경을 다뤄야 하고, 해석한 사람들의 말씀에 집중하려면 논을 다뤄야 한다는 생각이 듭니다. 스님처럼 『반야심경』을 부처님 재세 시까지 끌고와버리는 등, 필요할 때마다 경과 논을 섞어 쓰면 이 둘의 체계가 제멋대로 뒤섞여버립니다.

도법 불교의 개념들이 하도 복잡해서 '처음에 어떻게 했을까?' 하고 생각하다 이것저것 섞어 녹이고 압축해 표현하는 것입니다. (웃음)

담정 자기 말의 권위를 세우는 방법 가운데 하나는 누군가의 말을 인용하는 것입니다. 이것을 불교 논리학인 인명因明에서는 성언량聖言量이라고 부릅니다. 권위 있는 스승이 제시한 길이 옳다는 뜻이니만큼 그것이 올바른 판단이라는 뜻입니다. 그렇지만 그것을 인용할 때는 항상 주의를 기울여야 합니다. 좀 더 구체적으로 설명해주십시오.

도법 붓다의 삶은 깨달음 이전과 이후로 나눌 수 있습니다. 그 당시는 브라만-아뜨만이 시대를 지배하는 신념 체계였습니다. 붓다께서도 그 사유 방식 안에서 해답을 찾으려 하셨습니다. 그 전제 아래 출가 이전과 이후를 살펴봐야 합니다.

출가 전 통치자에 필요한 실력을 갖추기 위해 온갖 분야를 공부하고 연마했습니다. 스승들이 쩔쩔맬 정도로 천재적이었습니다. 세속적인 방법으로 온갖 부귀를 누리기도 하고 인생의 실존적 고뇌 때문에 밤잠을 설치기도 했습니다. 그렇지만 답을 찾을 수가 없었습니다. '궁즉통窮則通'이라고 하듯, 그래서 세속의 삶을 버리고 출가를 결심했습니다. 출가 이후에도 브라만-

아뜨만이라는 전제는 변함이 없었습니다. 그 전제 속에서 답을 찾는 길로 제시되어 있는 것이 선정 수행과 고행 수행입니다. 붓다 당신이 세속을 버리고 실천한 대표적인 수행이 선정과 고행이었습니다. 선정 수행의 최정점까지 갔어도 답을 찾지 못했습니다. 그래서 버리고 떠났습니다. 고행 수행도 최정점까지 갔지만 답을 찾지 못했습니다. 역시 버리고 떠났습니다. 그다음에는 어떻게 했을까요? 경전에는 열두 살 농경제 때 경험을 떠올리며 앉았다고 나옵니다.

그런데 그 내용을 보면 볼수록 억지스럽고 어설픕니다. 이미 있는 길을 끝까지 갔지만 답을 찾을 수 없어서 버렸습니다. 이제 제시된 길은 없습니다. 그럼 어떻게 했을까요? 참으로 많은 성찰과 진단과 모색을 했을 터입니다. 당연히 첫 마음이 무엇이었는가 하는 살핌이 있었을 겁니다. 괴로움에서 벗어나는 길을 찾고자 하는 간절함은 한결같았습니다. 그런데 고의 실상이 무엇인지 그 원인의 실상이 무엇인지도 모르는 채 저기로 가면 해답이 있다는 누군가의 말만 믿고 따라간 것이 문제였구나 하는 깨달음이 있었습니다.

지금 여기 나에게 가장 가까운 직접적인 존재가 누구인가? 바로 자기 자신입니다. 있는 그대로의 자신의 참모습에 직면했습니다. 고의 실상에 대해, 원인의 실상에 대해, 멸의 실상에 대해, 도의 실상에 대해 관찰사유했습니다. 그 과정에서 깨달음을 이루었습니다. 그리고 뒷날 다섯 비구들에게 양극단을 버리고 중도의 길을 가야 한다고 설파했습니다. 중도의 길에서 깨달음을 얻었노라고 중도의 길이 해탈 열반에 도달하는 길이라고 말하고 있습니다.

붓다께서는 당신이 경험한 것을 말씀하셨습니다. 붓다께서는 지금 여기 있는 그대로의 현장에 직면하여 관찰사유했습니다. 그 태도와 방법을 중도라고 표현했습니다. 붓다의 생애에 나타나 있는 맥락으로 보면 먼저 실천의 진리인 중도의 길을 발견했고, 그다음 그 길에서 존재의 진리인 연기법을 깨달았다고 합니다. 그러므로 중도와 연기는 연결된 의미로 말할 수 있겠지만 개념의 쓰임이 다름을 알아야 합니다. 중도와 연기를 뒤섞어서 말하는 것은 뒷날에 와서 생긴 현상으로 봐야 옳지 않을까 싶습니다.

담정 당시 브라만-아뜨만이라는 전제에는 공감합니다. 바로 이것이 상견입니다. 중도란 상견과 단견을 여읜 것입니다. 스님 말씀 중에 외도에 관한 내용이 등장하면 좋겠습니다. 그래야만 대치점이 형성됩니다. 그리고 단견론의 경우, 궁중 생활 시 쾌락적인 삶이 부처님의 흥미를 끌지 못했다는 점이 더해지면 좋겠습니다. 그렇지만 저는 고행 수행도 선정 수행, 즉 사마타 수행이었다고 봅니다.

도법 선정 향락 수행과 해탈 고행 수행을 최정점까지 해보고 버렸습니다. 향락을 보통 오욕락이라고 해석하는데 경전 어디에도 오욕락을 추구하는 것에 수행의 의미를 부여하고 있지 않습니다. 그리고 부처님께서는 출가할 때 오욕락은 이미 버리셨습니다. 그렇기 때문에 출가 후 향락 수행이 무엇인지를 곰곰이 따져봐야 옳다고 봅니다.

오욕락은 인간의 안이비설신眼耳鼻舌身, 즉 몸의 향락을 말합니다. 그럼 의근意根의 향락은 무엇일까요? 정신통일의 선정 수행을 통해 얻고 싶은 신비한 쾌감과 황홀감으로 보아야 하지 않을까요? 브라만과 하나됨으로서 영원한 황홀감을 누리고자 하는 욕망을 향락주의라고 하는 것이 마땅합니다.

지금까지 그 어디에서도 출가 후 붓다가 문제 삼았던 향락이 무엇인지 깊이 탐구한 것을 본 적이 없습니다. 세속의 오욕락을 좇는 것과 출가 후 정신적 황홀감을 좇는 것의 공통점은 지금 여기 존재 자체로 만족하지 못하고 끊임없이 무엇인가를 더 얻고 누리려는 욕망에 있습니다.

잘 살펴보면 소유의 사고방식으로는 물질적이든, 정신적이든 소유욕에 대한 답이 나올 수 없다는 사실을 직시할 필요가 있습니다. 붓다는 일생 두 번 출가합니다. 한 번은 세속을 버린 출가이고, 다른 한 번은 기성 종교의 길을 버리고 선택한 중도 출가입니다.

담정 부처님께서 외도의 스승들에게 배운 것을 사마타로 본다면, 깨달음의 과정을 관觀-지止-관觀으로 볼 수 있습니다.●

도법 중도는 있는 그대로의 현장에 직면함을 뜻합니다. 참고적으로는 실사구시적 태도와 방법이라고 해도 무방하다고 봅니다. 『중론』「귀경게」에 희론戱論 적멸寂滅이 나옵니다. 희론이 적멸한 상태를 열반이라고 합니다. 해탈 열반에 이르지 못한다고 하면 불교를 할 이유가 없지 않을까요?

담정 점을 찍어놓으면 그 점을 쫓아가게 됩니다. 인류는 왜 지향점을 찍어놓을까요? 갑갑하니까 무언가를 찾는 것입니다. 그렇지 않습니까? 저는 최근에 답을 좀 찾았습니다. 인류 2만 년 역사 속에서, 우리는 그렇게 생겨난 종이어서 그랬습니다. 이 주어진 조건 또한 우리 인류가 가진 연기의 산물입니다.

도법 테레사 수녀님을 일반적으로 성녀라고 추앙합니다. 그렇지만 당신 스스로는 신에 관한 한 일생 암흑이었다고 말했습니다. 지극한 겸손이라고 하지만, 나는 겸손함보다는 정직함의 극

● 지관쌍수의 상호 의존적인 관계에 대해서는 앞의 35쪽 각주 참조.

치라고 봅니다. 그분의 믿음 안에서는 신과 만나 하나 되는 것이 목표였을 것인데, 평생을 그렇게 했지만 되지 않았던 것입니다. 그리스도인으로서 이루어야 할 것을 이루지 못했음을 정직하게 자기 고백한 것입니다.

만약 테레사 수녀님이 따로 계신 신과 하나 되어야 구원받는다는 믿음이 아니라 지금 여기 내가 직접 만나고 있는 고통받는 가난한 그 누군가가 바로 나의 하나님이라는 믿음으로 그를 섬기고 모심으로 일생을 살았노라고 정리했으면 그의 시간 시간이 암흑이 아니라 빛으로 충만하지 않았을까 싶습니다. 우리 절집 안에도 일생 참선 수행으로 일관했지만 끝내 깨닫지 못했노라고 고백한 수좌 적명 스님의 경우가 있는데 비슷하지 않은가 싶습니다.

불교를 공부하는 우리도 신비한 깨달음이니 삼매니 하는 환상에 사로잡혀 있는 경우가 많은데, 그렇게 되는 경우는 '있는 그대로의 길', 즉 중도적으로 공부하지 않기 때문임을 명심할 일입니다.

담정 제가 불교 교학을 접한 것이 변증법辨證法을 극복하기 위함이었고, 비非한국적 전통에 있는 것은 사실입니다. 그러다 보니 불교를 대하는 눈이 스님이나 국내 전통과는 첫 단추가 다릅니다.

도법 나는 어느 전통을 가지고 하지 않았습니다. 나는 많은 것을 참고는 했지만 지금 여기 내 삶으로 하고 있습니다.

담정 그래도 한국불교 전통에서 시작하지 않으셨습니까?

도법 그건 그렇습니다.

담정 다른 전통 속에서 불교를 공부한 제가 그 관점에서 스님 말씀을 들어보면 공통점도 보이지만 차이도 발견됩니다. 불교는 실천 속에 있다는 테제는 같은데, 방법론에서 '교학의 적합성을 어떻게 만들어 갈 것인가?'에 대한 깊이가 너무 다릅니다. 스님은 이 부분에 대해서 좀 더 고민해야 할 것 같습니다.

도법 그 부분을 계속 고민하고 있습니다. 나에겐 불교 공부하는 많은 분과의 차이점이 있습니다. 첫째 교리보다 붓다의 삶 자체에서 불교 공부를 하고 있습니다. 둘째 현장의 실제 삶의 문제와 연결해 공부하고 있습니다. 셋째, 삼장의 내용을 참고하여 공부합니다. 그리고 불교를 종합적으로 녹이고 녹여 단순명료하게 압축하여 설명하려고 합니다. 결론적으로는 붓다의 말씀처럼, 바로 이해·실현·증명되도록 불교를 하려 애씁니다.

담정 부처님 생애에 대한 스님의 해석은 신선한 면이 없지 않습니다. 이제야 스님이 중도를 왜 그렇게 말씀하시는지 조금 이해가 갑니다. 교학의 적합성을 가다듬는 것은 이론적 체계 안에 자기가 이해할 수 있는 것을 찾아가면 됩니다. 그 속에서 실천 테제를 만들어 가는 것이 가능합니다.

중도와 여실지견

도법 이전에 각묵 스님에게 '중도'를 우리말로 번역 좀 해보라고 했습니다. 직역하면 '가운데 길'이라고 할 수 있는데, '가운데 길'이라는 말은 '중도'의 의미를 다 담을 수 없다고 했습니다. 그리고 '가운데 길'이라고 하면 어느 하나로 단정 짓게 하는 위험성이 높다고도 했습니다. '중도'라는 말 자체에 많은 의미가 담겨 있기 때문에 다른 말로 번역할 수 없다고도 했습니다.

전재성 박사도 그렇게 말했습니다. 하지만 우리는 한글로 사유하기 때문에 어렵고 완전하지 못하더라도 우리말로 옮겨야 불교를 명료하게 이해하는 데 효과적이라고 봅니다. 그러므로 중도라는 언어를 일단 번역하자는 이야기입니다.

담정 저도 할 필요성을 전혀 못 느낍니다. (웃음)

도법 전문가들은 그게 문제입니다. (웃음) 담정처럼 이 분야의 전문가라면 몰라도 나 같은 비전문가에게는 그런 게 필요합니다. 그러므로 전문적으로 공부한 분들에게 기회가 되는대로 물어봅니다. 그런데 안 됩니다. 누가 해줬으면 좋겠는데 하는 사람이 없습니다. 그래서 할 수 없이 내 경험과 연결해 거듭거듭 음미하는 과정에서 '있는 그대로의 길'이라고 풀었습니다. 그렇게 풀고보니 내가 이해한 '중도'라는 말의 뜻이 괜찮게 여겨졌습니다. 그 의미를 온전하게 다 담을 수는 없다고 해도, 상당히 가깝게 다가설 수 있는 번역이라고 여겨집니다. 중도행의 하나가 '여실지견如實之見'이라고 이해되는데 이 말을 봐도 중도의 번역어로 '있는 그대로의 길'이 나쁘지는 않은 것 같습니다.

담정 '있는 그대로의 길'보다 '연기적인 길'이라는 표현이 적절할 거 같습니다. 그리고 다른 표현으로 바꿀 필요가 없습니다. '중도'라는 개념에 막혀서 다른 개념을 쓰면 그 개념도 언젠가 막히게 됩니다. 무언가 다르게 풀어야 한다고 생각하기 때문입니다. 이렇게 말하는 순간 언제나 변화하는 것, 즉 벡터vector인 중中이 고정된 것, 즉 스칼라scholar가 됩니다.

도법 그렇지만 실상은 계속 변화하고 움직이는 것입니다.

담정 스님처럼 그렇게 중도, 공, 연기라는 말에 집착하는 것은 『중론』에서 하지 말라는 것을 하는 셈입니다.

도법 중도행의 하나가 여실지견입니다. 그리고 문제를 풀기 위해서는 위로 가든 아래로 가든, 바람직하다면 어디로든 갈 수 있는 것이 중도의 태도입니다. 실상을 있는 그대로 파악했을 때, 위로 가서 다뤄야 한다면 위로 가고, 아래로 가야 한다면 아래로 가면 되는 것입니다.

담정 부처님께서는 당신의 재세 시 최선을 찾는 조금의 변화라도 줄 수 있다면 조금씩 바꿔간다는 자세를 보이셨습니다. 사람들은 대부분 인식 대상의 변화에 따라서 인식 주체인 자기 자신이 영향을 받는다고 생각합니다. 즉, 조건에 따라 달라진다고 봅니다. 그렇지만 실제는 다릅니다. 인식 주체인 제가 변화하는 것입니다. 층층이 변합니다. 저의 문제를 자세히 살펴보면 대상을 보는 자세가 달라 보입니다. 제가 변화하는 것이 꽃, 화엄법계를 보게 합니다. 그것이 중도입니다. 강조의 방점을 항상 자기 자신에게 찍어야 합니다.

도법 나는 그것을 여실지견이라고 합니다.

담정 어떻게 그것이 이름만 바꿔서 될 일입니까? 인식 주체의 능동성을 강조하는 순간, 자기 자신의 변화를 위해 끊임없이 노력해야 합니다. 바로 이것이 공부의 목적입니다. 중도의 실천이란 자기 몫만큼 이해하고 실천하고 변화하는 것입니다. 그리고 경론의 힘에 의지하는 것입니다.

도법 예를 들어 설명해보겠습니다. 예전에 실상사 인근 지역에서 원불교와 주민 사이에 극단적인 갈등이 있었습니다. 원불교가 수련센터를 짓겠다고 합법적으로 땅을 사고 절차도 밟았습니다. 그렇지만 건물을 지으려 하니 마을 주민들이 그 위치는 마을 당산 줄기를 해치는 곳이기 때문에 막무가내로 안 된다고 했습니다. 알고 보니 주민의 사정과는 관계없이 원불교는 절차를 다 밟아 진행해온 것인데 주민들은 그 사실을 모르고 있었습니다.

뒤에 내용을 파악해 보니 마을 이장이 주민들의 의견을 묻는 과정 없이 도장을 찍어준 게 문제였습니다. 원불교 측 입장에서는 적법한 절차를 다 밟았고 주민 동의를 받았으니 공사를 진행하겠다고 했습니다. 어쩔 수 없는 상황에 몰린 마을 주민들은 죽기 살기로 공사 차량이 못 올라가도록 길을 막고 농성했습니다.

마을 분들 가운데 실상사 신도도 있었지만 원불교와 관계된 일이다 보니 내가 나설 수가 없었습니다. 아무도 어쩌지 못하는 상황에서 '산내면 민원수습대책위를 꾸리자! 나도 참여하겠다'라고 제안을 했습니다. 그렇지만 그것도 쉽지 않았습니다. 그래도 당시 실상사 신도회장이 지역에서 일하는 분이어서 그분을 설득해 역할을 하게 했습니다.

마침내 산내면 유지라 할 수 있는 사람들 20명이 같이 모여 회의를 했습니다. 그리고 그 과정에서 세 가지를 합의했습니다. 첫째, 대화로 풀자. 둘째, 같이 사는 길을 찾자. 셋째, 마을 공동체가 깨지지 않게 잘 수습하고 마을을 잘 가꾸도록 발전적으로 하자. 이렇게 합의한 내용에 따라 진행했는데 초기에는 원불교 측이 조금 손해가 있었으나 결과적으로는 원불교가 이익을 봤습니다.

합의를 통해 해결해가는 3년의 과정을 돌아보면 전체적으로는 다 잘된 편인데 세 번째 '마을 공동체가 깨지지 않게 하고 마을이 발전되게 하자'는 부분은 제대로 되지 않았습니다. 그렇게 된 이유는 당시 수습대책위의 역량이 한계가 있었기 때문입니다.

결과적으로 한계는 있었지만 나름 있는 그대로의 현장에 직면하여 실상을 잘 파악하고 관계된 사람들이 대화로 합의하여 매듭을 지었습니다. 내 입장에서는 중도의 관점과 태도와 방식으로 이루어낸 결과라고 봅니다.

담정 교학적 이해보다 행동에서 그것을 실천하는 것은 쉬운 문제가 아닙니다. 그렇지만 그와 같은 대화와 중재의 실천행이 중도라면 그 의미는 지나치게 축소됩니다.

도법 문제가 풀리고 정리되면 되는 것 아닌가요? 또 무엇이 더 필요합니까! 처음에는 주민과 원불교 모두 서로 옳다고 주장했습니다. 주민들은 원불교의 '원' 자만 들어도 경기가 나니 당장 떠나라 하고, 원불교는 합법적으로 허가받은 것이니 공사하겠다고 하며 싸우는데 그럼 어떻게 해야 합니까?

담정 스님은 현실의 세계를 곧장 추상의 세계와 등치합니다. 연기 실상의 세계를 추상화한 것이 언설의 세계입니다. 이 작업이 곧 이론화 작업입니다. 이미 만들어진 추상화된 이론을 가지고 곧장 현실을 논할 때는 다양한 변수가 등장합니다. 그것은 마치 사물의 법칙성을 찾는 물리학과 그것을 실생활에 응용하는 공학의 차이와 같습니다.

도법 현실 삶의 문제를 풀어내지 못한다면 불교 이론이 무슨 의미가 있겠습니까?

다른 예를 들어보겠습니다. 며칠 전 실상사 템플스테이 프로그램에 참가한 요가 전문가 한 분이 있었습니다. 이분은 생존에 필요한 최소한의 조건만 충족되면 오로지 내면적 수행에 집중하는 것을 최고라고 보고 명상해왔다고 합니다. 그리고 자신을 검증하고 싶어 프로그램에 참여했는데, 실상을 있는 그대로 직시하는 삶, 여실지견, 중도행과 같은 이야기를 들으며 내면으로 들어가 무엇인가를 찾으려 했던 것이 무지와 착각의 단견이었다며 감격스러워했습니다.

그분의 이야기를 들으며 선방 수좌들이 생각났습니다. 붓다는 늘상 중도, 있는 그대로의 길을 가라고 했습니다. 직면한 실상을 직접 대면하여 있는 그대로 보는 것으로부터 시작합니다. 실상을 있는 그대로 보았는데 내면으로 들어가야 할 필요가 있으면 내면으로, 외부로 관심을 둬야 할 필요가 있으면 외부로 관심을 두는 것이 중도적인 태도입니다.

늘상 따로 또 함께, 있는 그대로를 직시하는 것입니다. 그렇게 보면 의상대사의 「법성게」, '일미진중함시방一微塵中含十方(작은 티끌 속에 시방세계가 모두 들어 있다)'이라는 손가락과 약이 가리키는 동체대비同體大悲의 뜻을 잘 알고 그 삶을 살게 됩니다.

담정 스님 말씀처럼 필요에 따라서 내면으로도 가고 외면으로도 가야 하는 것에는 절대적으로 동의합니다. 그렇지만 현실적인 문제는 현실적인 문제로, 이론적인 문제는 이론적으로 대하는 게 맞습니다.

내가 관심을 기울이는 부분은 스님의 중도의 실천행이 아닙니다. 스님께서 중도를 여실지견이라고 말씀하시는 순간, 이론적인 문제는 이론적인 문제로 해결해야 하는데 그렇지 않아서 어떤 문제가 발생한다는 점입니다. 지금 스님은 연기 실상의 세계와 언설言說의 세계의 경계를 흩뜨리고 있습니다. 중도를 여실지견이라고 표현하는 것은 진보가 아닌 후퇴입니다!

여실지견의 '여如', 이 글자는 여래·진여 등 있는 그대로의 모습을 뜻할 때 씁니다. '여'의 원어인 산스끄리뜨어 '따타tathā'는 '그대로'라는 뜻의 지시대명사입니다. 말로 표현할 수 없기에 '그대로'라는 표현을 가져다 놓고 이미지를 연상하는 것입니다. 교학이 발달하고 체계화한 이후에, '그냥 그대로의 모습' '분별지가 그친 그 자체'로 다시 돌아가자고 쓴 게 바로 그 '여' 자입니다. 그 여실지견을 풀어쓴 것이 중도인데, 지금 스님은 그것을 되돌리고 있습니다.

스님도 예를 들었으니 저도 예를 들어보겠습니다. 부처님에 대한 존칭 가운데 세상에서 존귀한 자, 신적인 존재를 뜻하는 바가반Bhagavān, 즉 세존世尊이 있습니다. 인도에서는 지금도 바가반이라는 표현을 씁니다. 일상 속에서 사용하는 "에이~ 바가반"은 영어의 '오 마이 갓' 정도의 표현입니다. 이 단어는 부처님을 신의 지위에 올려놓을 때 씁니다. 현장玄奘(602~664)은 이런 의미를 왜곡할 수 있어 바가바婆伽婆나 바가범婆伽梵 등 음차로 썼습니다.

이렇게 여러 의미가 중첩된 단어를 '여如'라는 단어를 쓰면 문제가 해결됩니까? 그렇지 않습니다. 다시 돌아온 명확한 지점을 설명할 수 없는 것을 '그대로'로 되돌리는 것일 뿐입니다.

스님께서 말씀하시는 중도의 여실지견이라는 말도 마찬가지입니다. 이렇게 쓰면 우리가 삶에 대한 실천행, 중도적인 삶으로 올바른 길로 나아갈 수 있는가요? 결과는 그 의도와 반대로 문제를 직시하게 도와주기는커녕 더욱 문제가 무엇인지를 감출 뿐입니다.

스님은 바로 그 '여如'라는 단어를 풀어서 쓴 게 불교 교학이라는 점을 여전히 받아들이지 않고 있습니다.

도법 나는 그렇게 생각하지 않습니다. 한국불교 안에서 내가 보고 들은 것을 쉽게 이야기하면, 불조佛祖의 모든 말씀은 다 달을 가리키는 손가락—표월지지이고, 병에 따른 약 처방—응병여약입니다.

붓다의 말씀도 표월지지·응병여약이고, 조사들이 한 이야기도 표월지지·응병여약입니다. 우리가 불교라는 것을 가지고 무언가를 말하면 그것도 표월지지·응병여약의 성격을 띠고 있습니다. 거기에 무슨 진보·퇴보가 있겠습니까? 다만 실상 그 자체가 있을 뿐입니다. 누군가는 정확하게 지금 여기 보아야 할 달을 잘 가리키기도 하고, 병에 따른 처방을 잘하는 사람이 있을 뿐입니다. 그리고 그 반대의 사람도 있을 수 있습니다. 늘상 상황 따라 그런 모습도 혼란도 있을 수 있지만, 지금 여기 실상 자체에 무슨 진보나 퇴보가 있겠습니까?

담정 스님은 또 이론의 세밀화 작업을 현실의 문제로 덮으려 하고 있습니다. 우리가 지금 진보·보수를 논하고 있습니까! 제가 『불교평론』에 '중도'에 관해 쓴 글을 읽어보았습니까?

도법 읽어보았습니다.

담정 그 내용은 현실 속에서 중도 철학의 적용이라는 방향성에 관한 것입니다.

그 글에서 간디가 모든 인도인에게 했던 이야기를 각주에 달아 놓았습니다. 이 진보나 보수라는 개념은 현 상황 속에서의 어떤 정적인 입장을 이야기할 때는 논의의 가치가 있습니다. 그렇지만 우리가 움직이는 중심을 이야기하는 중도나 부처님 법을 이야기할 때는 정지된 범주와 움직이는 범주를 같이 놓고 말하면 이야기가 매우 복잡해집니다.

인도에서 영국에 협력했던 보수적인 고위 관료들은 친영 매국 세력으로 타도의 대상입니다. 그렇지만 간디는 그들이 할 수 있는 최소한의 행동인 태업을 통한 동참을 강조합니다. 이것은 진보·보수의 문제가 아니고 어떤 목적을 지향할 때 모두가 동참할 수 있는 방법론적인 문제를 다룬 것입니다. 진보·보수라는 정적인 논의의 틀을 가지고 오는 순간, 두 개의 움직이는 축을 중심으로 한 논의와 고정된 축을 중심으로 한 논의 자체가 겹쳐버리는 문제가 발생합니다.

도법 여실지견을 중도의 퇴보라 말하는데, 중도에 무슨 진보·퇴보가 있습니까? 이론이나 실천, 간디 같은 옛날이야기 말고 우리의 지금 이야기를 합시다. '엎어진 물은 다시 주워 담을 수 없다'라는 옛말도 있듯이 과거 문제는 우리가 어떻게 해볼 수 있는 게 아닙니다. 여실지견은 우리가 지금 하고 있는 것을 '직접 대면하여 다루어 보자!'라는 뜻입니다.

담정 스님이 아무도 퇴보가 아니라고 주장해도 문제입니다. 만약에 이런 현실에 살아 있는 예시가 적합하려면 성언량聖言量이나 비유량比喩量을 모두 공감할 수준이 되어야 합니다. 그렇지만 그런 기본적인 게 성립하지 않습니다.

도법 실제 있는 일보다 훨씬 명료한 무엇이 따로 있다는 말입니까?

담정 그렇지 않습니다. 부처님도 실제 있었던 일입니다.

도법 그것은 지금 우리가 직접 직면하는 실제가 아닙니다.

담정 '지금 우리가 직접 직면하는 실제'라니요! 어떻게 스님과 제가 보는 실제가 같을 수가 있겠습니까? 다만 우리는 서로 공감할 수 있는 일반적 예시가 필요할 뿐입니다.

도법 내가 하고 싶은 말은 지금 눈앞에 있는 실제 문제를 지켜보자는 말입니다.

담정 스님에게는 단순한 문제라고 주장하지만 다른 사람에게는 그렇지 않습니다. 스님의 단순한 문제가 저에게는 전혀 단순한 문제가 아닙니다. (웃음)

도법 여기서는 다른 평가가 언급될 필요가 없습니다. 현실적인 한 예를 든 것일 뿐입니다.

여실이라는 말에 대해서 학문적인 내용은 잘 모릅니다. 다만 내가 보고 듣고 배우면서 내가 파악한 의미로 해석해보는 것입니다. 그냥 그것은 과거 문제도 미래 문제도 아니고, 지금 직면하고 있는 지금 여기 사실의 의미를 여실이라는 말로 해석하고 있습니다. 내가 파악한 중도적 사유 방식은 다른 사람이 콩이야 팥이야 하든 말든 실제 있는 것을 직접 대면하여 있는 그대로 보는 것에서부터 출발한다는 말입니다.

예를 들어 어떤 사람을 두고 '빨갱이다, 빨갱이가 아니다'라고 싸웁니다. 실제를 들여다보면 어떨까요? 있는 그대로 보면 한두 색깔이 아닙니다. 색만 가지고 이야기해봅시다. 빨강도 있고, 검정도 있고, 흰색·노란색·초록색도 있습니다. 실제를 들여다보니 그 인물이 가지고 있는 사상이나 정신·이상과 가치, 삶의 방식, 그의 발언·행보·생활 또는 활동 역할을 골고루 짚어보니 색깔이 둘이 아니고 다섯 가지 열 가지였습니다. 누군가가 이 사실을 있는 그대로 보았는데도 어떤 사람을 한 가지 색깔인 빨갱이라고 단정 지을 수 있을까요? 나는 그럴 수 없다고 봅니다.

나는 붓다의 가르침에 따라 중도적으로 접근하여 복잡하지 않게 진실을 잘 드러냄으로써 문제를 잘 정리할 수 있다고 생각합니다. 그렇게 하는 것을 '여실지견행如實知見行'이라고 부르는 것입니다. 여실이라는 말은 내가 만든 개념이 아니고, 경전에 있는 개념입니다. 나는 '있는 그대로!'라는 말의 뜻을 이렇게 해석하고 있습니다.

담정 스님은 정밀한 이론에 대한 논쟁을 시작하려고 하면 '잘 모른다'라고 한 발을 뺍니다. (웃음)

그래서 그저 스님의 논리적 오류만 지적하고 싶습니다. '빨갱이[A]'가 '아니다[~]'라는 명사형 부정은 '빨갱이[A]'라는 전제가 먼저 언급되어야 논의할 수 있는 것입니다. 스님의 예시에 '빨갱이가 아니다'라는 것은 먼저 '빨갱이'라는 것이 성립되어야 합니다. 그다음에 다른 색깔들이 나와야 합니다. 스님이 말씀하신 그것은 올바른 예시가 아니라 이미 어떤 프레임 속에서 노는 것일 뿐입니다.

논리적으로 명사형 부정인 '~이 아니다[~]'는 전제인 '~이다[A]', 즉 어떤 명사가 성립했을 때 논할 수 있습니다. 즉, 스님의 예시는 논리적 적합성을 언급하기 이전에 이미 잡힌 물고기처럼 프레임 안에서 노니는 것일 뿐입니다.

도법 나는 그런 논리적인 부분은 잘 모릅니다.

담정 또 '모른다'로 퉁을 치는군요. (웃음)

도법 하지만 '직면한 문제를 어떻게 풀 것인가?'라는 현실 문제에 대해 해답을 찾을 수 없다면 그 어떤 논리인들 무슨 소용이 있겠습니까! 나는 필요 없다고 봅니다. 그런 논리는 희론에 불과하다고 봅니다. 지금 여기 우리가 직접 대면한 고통의 문제를 직시해야 합니다. 나에게도 좋고, 너에게도 좋고, 모두에게도 좋은 길을 열어가야 합니다. 만일 실제 삶의 문제를 해결하는 데 도움이 되지 않는다면 『중론』 아니라 그 어떤 불조의 말씀도 전도몽상의 놀음에 불과하다고 생각합니다.

담정 저도 그렇게 생각합니다.

도법 아무리 논파를 백번 천번 잘하고, 천하의 모든 철학을 논파한다고 하더라도 현실 삶의 문제를 풀어내고 정리하는 데 도움이 되지 않는다면 마땅히 버려야 옳습니다.

담정 저도 그렇게 생각합니다.

도법 나는 그저 그 이야기를 하는 것입니다.

담정 저도 마찬가지입니다. 보편적인 가치에 방점을 찍는 스님과 달리 저는 구체적인 경우는 구체적인 경우에 맡겨두고 좀 더 깊게 생각해보자는 것입니다. 즉, 그 정도와 깊이에서 스님과 차이가 있을 뿐입니다. 말이 나온 김에 중관사상에 대해서 이야기해봅시다.

첫 번째로, 중관학파가 추구하는 논파는 삶을 직시하기 위한 것입니다. 이론에 갇혀 있는 아상我相을 논파하는 것이지 다른 목적이 있는 게 아닙니다. 만약 다른 것이라면 우리는 소피스트sophist, 즉 궤변론자가 되거나 서양철학이 추구하는 진리의 탐구 그 자체로 만족할 것입니다. 중관학파는 그것을 위한 것이 아니고, 부처님께서 말씀하신 '삶에 대한 직시'를 위해 기존의 이론적 한계의 문제점을 남김없이 논파합니다. 스님께서 말씀하시는 여실지견은 이론이나 중도라는 말에 있는 것이 아니고, 부처님께서 말씀하신 '삶에 대한 직시'에 있습니다.

그리고 두 번째로, 우리가 알고 있는 과학기술의 발달은 우리 인간의 어리석음의 결과를 반증한다는 점입니다. 중세 유럽에 페스트가 퍼졌을 때 어찌할 바를 모른 사람들은 자신들의 두려움을 극복하고자 교회에 모였습니다. 지금의 '코로나19' 시대에 사람들이 교회나 신천지로 모여 감염을 확산하듯, 그때도 교회를 통해 페스트를 확산했습니다. 중관사상은 이러한 맹신의 체계에 대해서 강력한 무기로 작동하고, 과학기술의 발달에 대해서 열린 자세를 취하게 합니다.

역사란 우리의 의지와 상관없이 실패를 남깁니다. 그래도 옳은 방향으로 나아간다면 어떤 결론을 내지는 않더라도 다른 문제에 대한 해결의 단초를 제공해줄 수 있습니다. 그렇기에 실천해나가는 테제를 위해 이론을 논파하는 것은 여전히 의미를 지닙니다.

결론적으로 스님의 여실지견에서 '여如'라는 말은 문제를 감추는 도돌이표일 가능성이 크다는 점입니다. 스님은 과거의 실천행에 대한 경험치를 가지고 말씀하시고, 저는 어떤 교학적 이론적 배경에서 이야기하기에 서로의 경계는 다릅니다. 스님의 기존 활동의 실패에서 배워야 할 바가 있기에 이런 이야기를 드리는 것입니다.

도법 나는 어떤 의미에선 인생에 실패란 없다고 봅니다. 다만 스스로 의미를 발견하지 못하고 있을 뿐입니다. (웃음)

담정 그렇지 않습니다. 다시 도돌이표입니다. 여如라는 말이 등장하는 순간 모든 이론에는 문제가 발생합니다. 보편적인 가치를 강조하고 그것을 지켜라도 보니 스님은 일체 희론임을 인정하려 들지 않습니다. 그게 스님과 저의 가장 큰 차이입니다.

도법 나는 학문적으로 공부를 하거나 그 부분에서 어떤 역할을 하는 사람이 아닙니다 그러다 보니 어떤 이야기를 할 때 경전 속 근거를 갖고 해석하고 설명하는 점이 부족합니다. 하지만 이론이란 현실 삶을 위해 있는 것이지 현실 삶에 쓸모없는 이론은 이미 이론이 아니라고 봅니다. 그렇기 때문에 내 나름대로 현실 문제에 직면해서 해답이 될 수 있도록 현대적인 언어로 설명하고 있는 것입니다. 사람들이 불교와 관계없이 내 마음대로 한다고 비판하기도 하지만, 내 방식의 불교가 실제 삶의 문제를 다루는 데 옳기도 하고 효과적이기도 하다는 사실을 확인하게 됩니다. 그러면 된 것 아닙니까!

'중도'라는 개념의 위치

담정 '현실의 직시'라는 같은 길에서 스님과 저의 길이 달라진 지점이 어딘지를 종종 생각합니다. 예를 들면 이런 것입니다. 부처님께서 말씀하신 실천행으로써 단견·상견을 여읜 삶을 위한 깨달음의 길, 거기에 대한 중도의 모습까지는 같습니다. 그렇지만 대승에서는 중도보다 공이라는 개념을 강조하는데 스님은 이 문제에 대해서 아예 언급조차 하지 않습니다.

도법 담정은 항상 공은 연기의 다른 표현일 뿐이라고 강조하지 않았습니까?

담정 그렇습니다. 그럼 이제 스님의 중도라는 개념의 위치에 대해 자세히 논해봅시다. 역사적으로 기원전 2~3세기, 대승의 발생기 즈음부터 연기라는 개념 대신 공이라는 개념이 등장합니다. 그렇지만 공이라는 개념이 등장하면서 스님과 같은 문제에 봉착하게 됩니다. 세상의 이치를 설명하는 연기와 삶의 테제로서 중도를 생각할 때, 연기 대신 공이라는 개념이 새로 등장했습니다. 그렇지만 스님의 말씀 가운데 이 대목 전체가 빠져 있습니다.

티벳에서는 법무아法無我와 인무아人無我, 즉 이종무아二種無我를 강조합니다. 다른 표현으로 대승에서는 아공법공我空法空이라고 합니다. 스님이 말씀하는 실천행으로써의 중도는 '나 역시도 연기적인 존재'라는 아공에 들어갑니다. 스님 말씀에는 '각각의 개인의 조건이 다르다'라는 아공 부분을 스님 중심으로만 해석합니다.

도법 그것은 이론가들이 하는 이야기입니다. 붓다 생애의 맥락을 따라 가보면 '나는 중도를 발견했다'라는 대목이 나옵니다. 중도는 실천의 길이고, 그 길에서 얻은 깨달음을 연기라는 말로 표현하고 있습니다.

중도의 길을 갔기 때문에 연기의 실상이 드러나게 된 것입니다. 그리고 연기는 존재의 진리를 뜻하고, 중도는 실천의 진리를 뜻합니다. 적어도 붓다의 생애 자체를 보면 중도가 먼저

고 연기는 그다음입니다. 뒷날 확대해석한 것을 뒤섞어서 다루는 것은 또 다른 이야기입니다.

담정 그렇게 자기 방식으로 정리하면 원래의 불법을 왜곡시킵니다!

도법 그럼 연기라고 하는 말을 무엇으로 바꿔 쓸 수 있습니까? 중도라는 개념과 연기라는 개념은 붓다 생애의 맥락으로 보면 먼저 당신이 발견한 중도의 길을 통해서 연기의 실상을 깨달았습니다. 그렇게 볼 때 중도는 실천의 진리, 연기는 존재의 진리라고 정리하는 것이 왜 문제인가요?

그렇게 하지 않는다면 중도나 연기를 뭐라고 표현할 수 있습니까? 더러 학자들이 중도라는 말을 철학적 중도와 실천적 중도로 설명하는 것을 듣는데, 이론적으로는 그렇게 하는 것이 좋은지 모르겠지만, 굳이 꼭 그래야 하는지 의문입니다.

담정 저는 그런 현대 학자들이 쓰는 개념들을 쓰지 않습니다.

도법 사람들이 이해하도록 하려면 일반 대중의 언어를 쓰지 않고 어떻게 설명할 수 있습니까?

담정 다른 방법도 가능합니다. 연기를 모든 것이 이어져 있는 공간적 개념으로 이미지화 해봅시다.

이미지 작용은 언어가 가지는 분별 이전, 말로 다 설명하지 않더라도 모두에게 있는 느낌, 즉 감수 작용을 통해서도 공감할 수 있습니다. 언설 이전의 것입니다. 이것은 선불교의 장점이자 반야부의 수행자들이 가지고 있던 어떤 것, 요즘 말로 '느낌적 느낌'입니다. (웃음)

이 지점에서 출발해봅시다. 이 느낌이 말로 표현될 때 부처님께서 말씀하신 중도를 자신의 삶을 반추하는 과정에서 ①무엇인가를 여의는 안티테제로 등장한 중도와 ②연기적 존재인 자기 자신이 추구하는 것의 문제로 구분해서 봅시다.

저는 그 중도를 추구한다고 할 때, 단견·상견의 양견을 여의는 견해는 부처님의 생을 통해서 충분히 설명된다고 봅니다. 부처님께서는 극단적인 사마타, 즉 고행 수행과 선정 수행, 무색천 천신이 되는 수행을 부정하고, 관법을 개발하셨습니다. 혹은 왕궁에서 누린 절대적인 쾌락, 그러나 삶의 목적을 찾지 못했던 그런 삶에 대한 안티테제, 중도의 가치는 이 정도입니다.

도법 향락주의의 안티테제는 고행주의가 아닙니까?

담정 그럼 고행주의의 안티테제는 무엇일까요?

도법 그것은 향락주의가 아닌지?

담정 다시 한번 강조하건대 명사형 부정은 '~이 아닌 것'입니다.

도법 중도가 비판·부정의 논리인가요? 나는 아니라고 봅니다.

담정 스님께서 인정하든 인정하지 않든, 바로 이 지점부터 역사적인 견해와 종파 간, 또는 학파 간의 견해 차이가 드러납니다.

도법 중도적으로 했을 때 결과가 부정으로 드러날 수는 있겠지만 중도가 부정의 논리는 아닙니다 천태삼제게天台三諦偈와 『중론』「제24품 (사)성제에 대한 고찰」의 18번 게송을 봅시다.

> 연기緣起인 그것
> 바로 그것을 공성空性이라고 말한다.
> 바로 그것에 의지하여[緣] 시설施設된 것[=假名]
> 그 자체가 바로 중도中道이다. -Tib., 담정 역.

> 여러 가지 인연으로 생生한 존재를
> 나는 무無라고 말한다.
> 또 가명假名이라고도 하고

또 중도中道의 이치라고도 한다.

衆因緣生法 我說卽是無

亦爲是假名 亦是中道義 -Chi., 김성철 역.

연기인 것 그것을 우리는 공성空性이라고 말한다.

그것(=공성)은 의존된 가명假名이며

그것(=공성)은 실로 중도中道이다. -Skt., 김성철 역.

인因과 연緣들에서 발생하는 법을

나는 '공한 것(無)'이라고 말하네.

가명假名이라고도 하고,

중도中道의 이치라고도 하네. -Chi., 박인성 역.

연기를 공성이라고 우리들은 설명한다.

그것은 (타자를) 취取하여 (성립하는) 시설施設이다.

실로 그것은 중도中道이다. -Skt., 김정근 역, 『쁘라산나빠다』

다양한 번역을 보면 표현은 약간씩 다르지만, '인연으로 이루어진 것, 나는 공이라고 한다. 가명이라고 한다. 중도라고 한다'라고 거의 비슷하게 되어 있습니다. 나는 그렇게 해석하면 안 된다고 봅니다. 번역한 내용으로 보면 공이 곧 가명이고 가명이 곧 중도라는 말인데, 나에겐 그 말이 그 말로 읽힙니다. 만약 같은 뜻이면 왜 글자를 달리했는지에 대한 설명이 있어야 하는데, 그런 게 없습니다. 그동안 천착해온 내 사유방식으로 번역을 해보겠습니다.

> 인연으로 이루어진 것을 나는 말한다.
> 공이라고, 또한 가명이라고,
> 또한 이렇게 하는 것이 중도의 뜻이다.

어떻습니까? '역시亦是'를 '또한 이렇게 하는 것'이라고 번역하면 중도가 실천의 진리임이 확연해집니다. 경전이든 직면한 현실이든 실천의 진리인 중도의 눈으로 읽고 해석해야 그 실상이 잘 드러난다는 사실을 명심했으면 하는 마음 간절합니다.

담정 어떤 개념이 오염되었다고 생각되면 새로운 개념을 가져다 쓰는 게 '개념의 역사'입니다.

도법 그럼 중도라는 말도 쓰지 말아야 하는 것 아닌가요?

담정 그렇습니다. 저는 가급적 쓰지 않습니다.

도법 담정만 쓰지 않을 뿐, 다 씁니다. 앞에서 '연기'라는 말을 부파불교 시대에 구사론자들이 오염시켜놓으니까 『중론』에서 용수보살이 공이라고 설명했다고 했습니다. 그렇다면 중도라는 말도 오염됐으니 다른 말로 바꿔야 하는 게 아닌가요? 그런데 왜 다른 개념을 만들지 않고 공이 곧 중도이고 중도가 곧 공이라고만 하고 있습니까?

담정 중도의 개념이 첫 번째 팔정도, 두 번째 양견에 대해 여의는 것, 그리고 그 삼제게의 공가중空假中처럼 시대에 따라 달리 해석된 것일 뿐입니다. 이 이상의 설명이 더 필요한가요?

도법 당연히 더 필요합니다. 나도 시대에 따라 달리 해석되고 사용된다는 이야기는 필요하다고 봅니다. 하지만 왜 그렇게 하는지에 대해 납득이 되도록 해야 합니다. 그렇지 않고 모호하게 들리기에 문제를 제기하는 것입니다. 우리 한국불교 현실에서 보자면, 성철 스님처럼 그 연배에 그렇게 박학다식한 분은 드물었습니다. 그분은 교학도 나름대로 체계적으로 관통시키셨습니다. 그리고 그 내용을 관통하는 맥락이 곧 중도입니다. 중도로 초기불교부터 대승 선종까지 관통시키고 있습니다.

담정 그것은 그 당시의 것입니다. 아직도 성철 스님 이야기나 하고 있으면 어쩌자는 것입니까!

도법 성철 스님은 일본의 스즈끼, 나까무라 하지메 등 세계적인 불교학자들의 이론을 많이 참고하셨습니다.

담정 그분들 역시 그 당시 '최신' '최고' 이론가였습니다.

도법 성철 스님은 그분들의 연구를 참고해서 당신 방식으로 정리하셨습니다. 결론은 중도라는 말이 폐기되기는커녕 오히려 불교 전체의 핵심 개념으로 정리하여 강조하고 있습니다.

『중론』을 번역한 이 책 저 책들을 참고해 보지만 대부분 그 말이 그 말처럼 이야기하고 있습니다. 담정의 번역도 그 범주에서 벗어나지 않는다고 봅니다. 지금 이러쿵저러쿵 이야기하고 있지만, 실제 하고 싶은 이야기는 삼제게의 내용을 연기가 공이고 가명假名이고 중도라고 해석하고 있지만 그렇게 하면 안 된다는 것입니다.

『중론』에도 중도라는 말이 있는데 『중론』을 버리지 않는 한 중도라는 말을 쓰지 않을 수 없습니다.

담정 스님 말씀도 이해가 됩니다. 『중론』 449개의 게송을 자세히 읽어보아도 「귀경게」와 회향문을 제외하고는 오직 「제24품

(사)성제에 대한 고찰」의 18번 게송에서만 '중도'라는 말이 나옵니다. 그렇지만 그것은 『중론』 전체를 관통하면서 '왜?'라는 질문에 답을 위한 것이지 다른 것이 아닙니다

도법 일반적으로 '또한 이것이 중도다'라고 번역하고 있는데, 나는 '이렇게 하는 것이 곧 중도의 뜻이다'라고 번역해야 한다고 봅니다. 이렇게 해야 정확하다고 봅니다.

담정 제가 옮긴 것은 티벳어 원문으로, 그 뜻은 매우 간단합니다. 그 실천행을 다른 이름으로 부른다는 뜻일 뿐입니다.

도법 그것을 내 방식으로 하면 불교 언어를 현장 삶의 실상에 직접 접목해보는 것입니다. 전통적인 불교 언어는 실상이언實相離言, 즉 '실상은 말을 떠나 있다'라고 하거나 '궁극의 상태는 말로 표현할 수 없다'라고 합니다. 그렇지만 우리는 부득이하게 '말로 한다'라고 말합니다.

담정 여기까지는 우리의 견해가 같습니다. (웃음)

도법 내가 볼 때 이것이 기본입니다. 이제 이 사고방식을 삼제게에 적용해봅시다.

중인연생법 衆因緣生法

아설즉시무 我說卽是無

역위시가명 亦爲是假名

역시중도의 亦是中道義

'인연으로 이뤄진 것, 그것을 공이라고 한다. 그리고 공이라고 말하는 것 자체가 가명이다'라고 옮길 수 있습니다. 나는 이것을 방편이라는 말로 바꿔도 된다고 봅니다. 방편 상, 말로 할 수밖에 없으므로 불가피하게 공이라고 말했다는 뜻입니다.

'역시중도의亦是中道義'는 말로 할 수 없다는 사실을 알지만, 그럼에도 불구하고 부득불 말로 합니다. 이렇게 하는 것이 중도의 뜻입니다. 말로 할 수 없는 줄 알면서도 말로 한다고 풀어야 합니다. '실상이언'도 마찬가지입니다. '이것이 중도다!'가 아니고 '이렇게 하는 것이 중도다'라고 해석해야 합니다.

담정 그 생각은 어떻게 하시게 되셨습니까?

도법 나는 현장파니까 현장에서 했습니다. (웃음)

담정 현장에서 이 정도 생각하셨다니 대단합니다. (웃음)

도법 수십 년간 나는 늘 현장에 직결시켜서 불교 교리를 해석해왔습니다. 현장에서 보면 교리가 맞지 않는 경우도, 교리적으로 하면 안 되는 경우도 있습니다. 그럴 경우 알 만한 사람들에게 물어봤지만, 답은 항상 거의 비슷했습니다. 그것이 그것이라고 하는 것처럼 모호하게 들렸습니다. 그 과정에서 불교의 최초 원형인 부처님 생애를 천착하게 되었습니다.

담정 스님께서 만나 보신 분들이 한역 전통이라는 공통분모 위에서 교리를 해석한 분들이었으니 거기서 거기이지 않았겠나 싶습니다. 한역 전통에서는 공이나 공성을 하나의 개념으로 파악하다 보니 '중도=공=연기'라는 것을 체계적으로 접근하지 못하고 있습니다.

『중론』이라 알려진 책은 청목靑目, 즉 삥기라Piṅgala(賓伽羅)가 원 주석자이고 편역한 사람이 구마라습鳩摩羅什(Kumārajiva, C.E. 343~413)으로 되어 있습니다. 제가 옮긴 티벳 역 『중론』과 게송 수에서도 약간의 차이가 있습니다.

이 두 번역의 차이에 대해서 지금까지 본격적인 논의를 한 적이 없습니다. 어떤 것을 제대로 알기 위해서는 논論이 있고 그것에 대한 쟁爭도 있어야 합니다. 서로 주고받으며 발전해야 합니다. 그렇지만 지금까지 이런 본격적인 과정이 없었습니다.

도법 승예僧叡(378~444?)가 지은 『중론』 서문에 청목의 문장이 세련되지 못하여 구마라습이 그 내용을 다듬었다는 것을 봤습니다.•

담정 구마라습의 원문을 제대로 따라가는 게 아니라 듣는 사람의 근기에 맞게 옮긴다면서 자기 생각을 넣어버립니다.

도법 잘한 것입니다. (웃음)

담정 아닙니다. 역경사는 그런 자세를 취하면 안 됩니다!

도법 나는 그렇지 않다고 봅니다. 내가 승예 서문에 관심을 가지는 부분이 바로 그 대목입니다.

• '듣건대 천축天竺의 여러 나라에서 감히 불교를 공부하려고 하는 사람들 중에 이 논문을 읽고 또 읽어서 요해처로 삼지 않는 사람이 거의 없다고 한다. 붓에 먹물을 찍어 이 논문에 해석한 사람 또한 적지 않다. 지금 여기에 해석을 펴낸 사람은 빈가라賓伽羅라는 이름의 천축국 바라문이다. 진秦나라 말로는 청목靑目이라고 하는 사람의 해석이다. 이 사람이 비록 법에 대한 깊은 믿음을 갖고 이해하고 있기는 하지만 문장이 세련되지 못하기에 그중에서 어긋나거나 이지러지거나 번잡하거나 중복된 것은 구마라집 법사께서 모두 잘라내고 보탤 것은 보태어서 경전과 통하는 이치에 있어서 완벽하게 하였다. 그러나 문장은 간혹 좌우左右가 썩 좋지 못한 것도 있다.'
-김성철 역, 『중론中論』, '승예僧叡 서문序文'에서, pp. 21~22.

담정 그렇지 않습니다. 구라마습의 자세에 반기를 든 인물이 바로 현장玄奘입니다. 일곱 개나 되는 한역본 『반야심경』 가운데 오늘날 우리는 현장 역을 독송합니다. 외국인이었던 구마라습이 낯선 언어인 한문으로 옮긴 것에 비해 중국인이던 현장은 모국어로 원래의 정확한 의미가 전달되기 바랐습니다. 그는 구마라습을 넘어 정확한 의미를 위해 오종불번五種不飜• 이라는 역경의 원칙을 세웠습니다. 인도 유학파인 현장은 원문을 제대로 옮겨 놓아야 그 의미를 제대로 이해할 수 있다고 봤습니다.

구마라습은 반대입니다. 외국인 관점에서 '너희들은 이 정도밖에 이해하지 못할 것'이라는 생각으로 원문을 축약하고 변조합니다. 청목소 『중론』에 나오는 승예의 서문에는 구마라습이 원문의 부족한 글과 내용을 채운 것처럼 말하지만, 구마라습의 역경 특징을 봤을 때, 당시 중국인들을 위해 자기 나름대로 원문을 축약 편역해서 옮겼습니다. 역경사라는 동종업종 종사자의 처지에서 보자면 구마라습의 자세는 문제가 많습니다.

• 첫째, 다라니와 같은 비밀스러운 어휘는 번역하지 않는다. 둘째, 산스끄리뜨어 '바가와뜨(bhagavat)'와 같은 여러 가지 뜻이 있는 어휘는 번역하지 않는다. 셋째, 인도에는 있으나 중국에는 없는 사물을 가리키는 어휘는 번역하지 않는다. 넷째, 이전 시기에 음역을 하여 이미 관용어로 굳어진 어휘는 따로 번역하지 않는다. 다섯째, 산스끄리뜨어 원어에 워낙 심오한 의미가 담겨 있는 경우, 이런 경우는 번역하지 않는다.

전통에 따른 중도의 역사적 해석과 차이

담정 천태삼제게로 다시 돌아가봅시다. 스님은 중도를 강조하지만 저는 실천 테제로서의 공을 강조합니다. '공가중空假中'의 가장 큰 문제는 '연기가 곧 공'이라는 부분이 빠져 있다는 점입니다.

도법 '시설施設된 것'을 '방편方便'으로 바꾸면 안 됩니까?

담정 바꿔도 되지만 바꾸기 전의 이야기를 정확하게 해봅시다.

도법 방편이라 바꾸면 쉬울 것 같습니다.

법인 나는 바꾸는 것을 위험한 생각이라 봅니다. 맥락은 같을 수 있으나, 방편은 요구와 근기에 따라 시설된 것입니다. 여기에서 가명, 시설된 것은 연기법에 따른 현재화, 그리고 개념화되어 있는 일체를 말하고 있습니다. '방편과 같다'라고 등치等値하는 것은 위험합니다.

담정 방편은 1:1 대응입니다. 마늘이 필요한 사람에게 생강을 주면 안 됩니다.

도법 보통 방편 가설이라고 쓰지 않습니까? 가설이나 시설은 뜻으로 달라 보이지 않습니다.

담정 그렇습니다. 달라 보이진 않습니다. 그러나 오해의 소지가 매우 많습니다.

도법 시설이나 가설이라는 표현이 어려우니 '바꾸면 안 되는가?'라고 생각해본 것입니다.

법인 경전에 '중도=팔정도'라는 언급이 나오는가요?

도법 『니까야』에 보면 다 나옵니다.

담정 그것에 대한 자세한 내용은 각묵 스님에게 물어보시면 됩니다. (웃음) 각묵 스님이 그 내용을 자세히 밝혀 대중화되었으니 말입니다.

도법 초기불교에 관한 관심이 고조되기 전에도 그 내용에 대해서는 알고 있었습니다. 경전이나 석학들의 글을 봐도 '중도=팔정도'라는 언급만 있을 뿐, 더 나가지 않습니다. 경전에 있는 내용 그대로 따라 할 뿐입니다. 나는 그렇게 보면 정확한 뜻이 드러나지 않는다고 봅니다.

담정 논의의 집중을 위해서 중도의 세 가지 뜻 가운데 공가중의 중도만 다뤄봅시다. 불교 전통 중 남방에서는 '중도=팔정도'를 전면에 내걸고 있습니다. 그리고 역사와 시대에 따라 한역 전통이나 티벳 전통에서는 차이가 있습니다.

김법영 불교 공부를 대승 경전부터 공부하다가 기초를 더 다져야겠다는 생각에 각묵 스님이 번역한 책을 봤습니다. 그러다가 빠알리어 원문도 비교하며 공부하는 것이 필요하겠다 싶어 그렇게 해오고 있습니다. 한문 경전에서는 중도의 뜻이 너무 포괄적으로 사용되고 있었습니다. 그래서 『니까야』에는 어떻게 되었는지 살펴보게 되었습니다.

각묵 스님도 『쌍윳따 니까야(Saṃyutta Nikāya)』에 이에 대한 각주를 한 페이지 반을 할애하여 '중도는 팔정도'라는 내용을 적어 놓았습니다.

한역 경전만 보면 '맛지마 빠띠빠다(majjhimā paṭipadā, 중도)'와 '맛제나majjhena(중)'를 둘 다 중도로 번역하고 있어 구별할 수 없습니다. 『니까야』와 율장을 보면, '맛지마 빠띠빠다'는 6개 경(『니까야』 5, 율장 1)에서 25번, 14문단에 걸쳐 나옵니다. 그중 5개 경은 팔정도를 이야기하고, 다른 한 경에서만 '37보리분법'을 설명하고 있습니다. 그리고 '맛제나'는 9개 경, 13문단에서 '맛제나 타따하또 담맘 데세띠(majjhena tathāgato dhammaṃ deseti)', 즉 '중에 의해서 여래는 법을 설한다'라는 정형구로 사용되고 그 뒤에 십이연기가 나옵니다.●

● ■majjhimā paṭipadā(中道): 6개 경(『니까야』 5, 율장 1), 14문단
① S56:11 전법륜경, ② S42:12 라시아경, ③ M139 무쟁의 분석경,
④ M3 법의 상속자경, ⑤ A3:151~152 나체수행자경
⑥ Vin 4, 1.마하박가-율장대품, 제1장 크나큰 다발, 6.가르침의 바퀴를 굴림에 대한 이야기.
→ 5개 경에서 팔지성도八支聖道(ariyo aṭṭhaṅgiko maggo, 八正道)를 이야기하고, A3:151~152 나체수행자경에서는 7보리분법(37도품)을 설명함.
■majjhena tathāgato dhammaṃ deseti 중中에 의해서 여래는 법을 설한다.
-십이연기 : 9개 경(S12 인연 상윳따 8개, S22 무더기 상윳따 1개), 13문단
① S12:15 깟짜나곳따 경 [잡아함경301 가전연경]
② S12:17 나체수행자 깟사빠 경 [잡아함경302 아지라경]

중도라는 말에는 중용中庸과 도道라는 개념들이 뒤섞여 사용되고 있습니다. 우리는 김치라고 하면 백김치, 겉절이, 갓김치 등등 여러 가지를 사용하고 있는데, 외국인들에게 김치는 일반적으로 알려진 배추김치 정도로 생각하는 것과 비슷합니다.

중도라고 번역한 '맛지마 빠띠빠다'에서 '도道'를 의미하는 '빠띠빠다'는 발로 실제 길 위를 걸어가는 실천적 의미가 강합니다.•

중中의 사용 예로 『깟짜나곳따경S12:15 Kaccānagotta-sutta, 잡아함 301, 가전연경』을 살펴보면, '이러한 양극단에 접근하지 않고 중中에 의해서 여래는 법을 설한다'라고 하며 양극단에 의지하지 않는 중中에 관한 내용과 연기법의 내용을 설명하고 있습니다

---

③ S12:18 띰바루카 경 [잡아함경303 점모류경]
④ S12:35 무명을 조건함 경1 (4문단)
⑤ S12:36 무명을 조건함 경2 (2문단)
⑥ S12:46 어떤 바라문 경 [잡아함경300 타경]
⑦ S12:47 자눗소니 경
⑧ S12:48 세상의 이치에 능통한 자 경
⑨ S22:90 찬나 경 [잡아함경262 천타경]

• 중국에서 '도道'라고 번역한 빠알리 원어
① magga : 道, 길, path
② paṭipadā : 行道, 도닦음〈초〉, 실천〈전〉, 길걸음 실천행〈해〉, 실제 도를 닦는 행위. padā : 길, 발 / prati(~에 대하여) + √pad(가다, to go)에서 파생된 여성명사. 발로 실제 길 위를 걸어가는 실천적인 의미가 강하다.

다.• 지금 우리는 지구가 둥글다는 것을 다 알고 있습니다. 지구가 평평하다고 알고 있을 때는 계속 가면 끝이 있는지 없는지를 놓고 논쟁을 할 수 있었습니다. 그렇지만 지구가 둥글다고 하면 '지구의 끝이 있냐, 없냐?'라고 논쟁하지 않습니다.

부처님께서 지구가 둥근 줄 알고 계시지만 다른 사람들이 평평하다고 알고 있을 때, 지구의 끝이 있는지 없는지를 물어보면 어떻게 대답하셨을까요? 부처님께서는 질문이 잘못되었다고도 하시고, 무기無記여서 답을 안 하신 때도 있을 것입니다.

만약 타임머신이 있어 우리가 부처님 재세 시로 돌아가 "지구는 둥글다!"라고 말한다면, 사람들이 이해할 수 있을까요? '지구가 둥글다'라는 말은 희론만 더해줄 뿐일 것입니다. 14난難도 이와 같습니다. 그래서 부처님께서 '이 양극단을 떠나 중에서 설한다'라고 설하신 것 같습니다.

• "깟짜나여, '모든 것은 있다'는 이것이 하나의 극단(상견)이고 '모든 것은 없다'는 이것이 두 번째 극단(단견)이다. 깟짜나여, 이러한 양극단에 접근하지 않고 중中에 의해서 여래는 법을 설한다.—'무명無明의 조건으로부터 행行들이 있다. 행行의 조건으로부터 식識이 있다. … 이렇게 이 모든 괴로움 무더기의 일어남(집集)이 있다. 그러나 무명無明의 남김없이 빛바랜 멸滅로부터 행멸行滅이 있다. 행멸行滅로부터 식멸識滅이 있다 … 이렇게 이 모든 괴로움 무더기의 소멸(멸滅)이 있다'라고."
– 『깟짜나곳따 경(S12:15 Kaccānagotta- sutta)』 [잡아함301 가전연경]

도법 양극단을 버리고 중中에 의지해서 법을 설했다고 했습니다. 그렇다면 의지할 곳은 중인데, 그 중은 무엇입니까?

김법영 '중中에 의해서 법을 설했다'라는 이 부분에서 '중'을 중요하게 생각하지는 않으셨던 듯합니다. 여기에서 질문에 '있는가(有—常見) 없는가(無—斷見)'에 대해서 '중', 즉 양극단을 떠나서 설한 것이라고 나옵니다. 그렇지만 그 내용은 연기를 설하셨습니다.

도법 그럼 '중'이 '연기'인가요?

김법영 '중'은 어떤 기준이 아니고, 연기를 설하기 위해 말씀하신 내용입니다. 그리고 '있는가, 없는가?'가 아니라 '지구가 끝이 있는가, 그렇지 않은가?'의 예처럼, 지구가 둥글다는 답은 또 다른 희론 같습니다.

부처님께서는 경전에서 어떤 질문이나 견해에 대해서 '틀렸다'라고 말씀하지 않으십니다.

도법 붓다께서 그렇게 하지 않으셨다는 것에 전적으로 동의합니다.

김법영 비구들에게는 '어리석은 자여!'라고 말씀하셨던 때도 있지만, 외도와 논쟁을 할 때는 '무언가 없다'라고 말하면 '나도 없다'라고 말씀하셨습니다. 물론 그 '없다'라는 것을 잘 살펴보면, 외도의 이야기와 다른 의미이긴 하지만 상대의 말을 바로 끊지는 않으셨습니다.
경전에 '중中'은 9곳에 나오는데, 이런 질문에 대한 답에만 '중에 의해 설한다'라고 하십니다. 물론 경전 용례 중, 세 갈래 길에서 가운데 길을 뜻할 때도 있지만 여기서는 제외했습니다. 부처님께서는 바라문의 '신이 있다'라는 견해(상견)라든가, 육사외도의 순세외도(단견론자) 등의 '신이 없다'라는 주장에 '그런 것이 아니다'라고 하시면서 '중中'을 언급하셨습니다. 그만큼 연기라는 것이 심오하고 설명하기 어려운 것 같습니다.

의학적 관점에서 우리 육체를 살펴보면, 부모님 정자와 난자가 수정되어 태중에 10달 있다가 태어납니다. 정자와 난자도 내 것이 아니고, 태중에서 어머님 탯줄을 통해 들어온 것도 내 것이 아닙니다. 태어나서도 어머님 젖 먹고, 음식 먹어서 지금 내 몸이 존재합니다. 이 몸은 모두 외부의 것이 모여서 존재합니다.

그렇지만 사람이 크면서 자의식이 생기면, 그때부터 나를 인식하기 시작하고 '내가 있다'라는 생각을 하게 됩니다. 그러다 보니 나는 나로 존재한다고 생각하게 되는데, 실제 이 내 몸은 바깥 것들이 모여 이루어집니다. 그리고 사람은 10분만 숨을 안 쉬면 나를 유지할 수 없습니다. 그리고 10일만 물도 먹지 않고 단식하면 나를 유지할 수 없습니다. 즉, 10분 또는 10일이라는 시간 동안 외부와 상호교환을 하지 않으면 이 몸은 유지할 수 없습니다. 인간의 발생과 유지에서 보면 그렇게 외부의 것들이 모여서 형성되고 유지되고 있습니다.

부처님 경전을 보면 연기에 대해서 참으로 많은 이야기가 나옵니다. 그 연기는 교학불교를 통해 변화를 겪었고, 용수보살이 그 뜻을 밝히고자 노력하셨습니다. 불교가 종교를 넘어 인류의 보편 사상이 되고, 특히 우리의 실상인 연기의 가르침이 종교라는 개념과 틀을 넘어서 보편적인 사상이 된다면, 스님께서 강조하는 '붓다로 살자'라든가, '생명평화 운동' 등도 보통 사람들이 모두 그렇게 생각하게 될 것이고, 그것이 '불국토'일 것입니다.

도법 '연기'를 '중'으로 표현했다고 보는 것입니까?

김법영 그렇습니다.

도법 '중'에 의지한다고 하였는데요?

담정 '~에 의해서(by~)'와 '~에 의지하여(depend on~)'는 다른 것입니다.

도법 '~에 의한다'는 말이 무슨 뜻인가요? '중으로'라고 이해하면 되는 것입니까?

담정 앞에서 설명했던 비구니 출가의 문제와 동물 희생제의 문제에서 보았듯, 어떤 문제를 다룰 때 모두가 공감할 수 있는 정도에서 멈추는 것, 그것이 곧 '중'입니다. 양극단을 여읜다고 할 때 양극단이라고 정리하다 보니, 단견·상견이 같이 있을 것이라 여기는데 그렇지 않습니다.

상견이 있으면 상견을 논파하고, 단견이 있으면 단견을 논파하는 것이 곧 '중'입니다. 여름에 겨울옷을 입고 있는 사람에게는 겨울옷을 벗고 여름옷을 입으라 하고, 겨울에 여름옷을 입고 있는 사람에게는 여름옷을 벗고 겨울옷을 입으라고 하는 것, 그것이 곧 '중'입니다.

김법영 예로 들었던 『깟짜나곳따경』뿐만 아니라 다른 곳에도 외도의 질문이 있습니다.

그 질문은 대부분 '있는가, 없는가?'라는, 즉 상견과 단견에 관한 질문입니다. 그리고 부처님께서는 그 질문에 대한 답으로 상대에게 틀렸다고 하지 않으시고, '중에 의해서 법을 설한다'라면서 연기법을 설하셨습니다.

그렇지만 이 표현이 중요한 것은 아니라고 봅니다. 다시 말하면, 부처님께서 '어떻게 대화를 이끌어가셨을까? 상대가 기분이 나쁘지 않게 어떻게 대화를 하셨을까?'라고 그 화법을 생각해보면 좋을 것 같습니다. 연기와 공, 그리고 중을 같은 의미로 봐도 괜찮습니다. 그러나 중도는 '중을 실천하는 방법'으로 불교를 실천하는 방법인 팔정도입니다. 그렇지만 팔정도까지 연기라고 한다면 너무 나아간 것입니다. 한역 경전에는 '연기를 이야기하는 중'과 '팔정도를 이야기하는 중도'가 뒤섞여 있어 굉장히 헷갈립니다.

김치라고 적은 것이 겉절이를 의미하는 건지 동치미를 의미하는 건지 모르면 그 맛을 정확히 알 수 없는 것과 같습니다. 그러므로 '중中'이라는 말의 의미나 왜 그렇게 썼는지보다는 경전 전체 맥락에서 이해해야 할 필요가 있는 것입니다. 전제가 틀리면 그에 따라오는 논의는 의미가 없는 것입니다. 즉, '의미가 있는가, 없는가?'라는 질문에 '내가 있다'나 '내가 없다'라는 답은 각각의 질문과 답이 다른 것입니다.

그것에 대해 부처님께서는 그침 없는 연기를 말씀하십니다. 연기를 생각하면 질문 자체가 나올 수 없습니다. '내가 있어야 하지 않는가?'라는 질문에 부처님께서는 '틀렸다!'라고 말씀하신 게 아니라, '나는 이렇게 이야기한다'라고 한 것입니다. 경전에 나오는 중도가 팔정도임은 명확합니다. 그러나 '중'은 '양극단에 접근하지 않고 중에 의해서 법을 설한다'라고 나옵니다.

담정 부처님의 그 대답 이전에 앞의 질문 내용을 자세히 살펴보아야 합니다. 질문을 명확하게 이해하면 대개 그 답을 알 수 있습니다. 이 '중'이라는 부분이 부처님 전체 가르침에 어느 정도 될까? 당대 최고 지식인들이 가지고 있던 인식론적 존재론적 질문을 몇 명이나 했을까? 0.1%도 안 되었을 것이라고 봅니다.

도법 그렇지 않습니다. 당대 내로라하는 사람들이 와서 물어봤을 것입니다.

김법영 당시 그런 질문을 할 수 있는 사람들은 그렇게 많지 않았을 것입니다. 당대 최고의 지적 의심을 품었던 사람들이 와서 물어봤을 것입니다. 그 질문에 대해서 부처님께서는 그런 소리 말고 똑바로 살라고 하신 것입니다. 그것이 부처님 법의 핵심입니다.

도법 중국에서는 '중中'을 대개 중도로 번역했다고 말했는데 이렇게 번역한 최초의 인물이 누구입니까?

김법영 중국에서는 청목의 『중송』을 구마라집이 '실천행이 바로 그 중中이다'를 뜻하는 '쁘라띠빠뜨사이바 마드야마(pratipatsaiva madhyamā)'를 '역시중도의亦是中道義'라고 번역하면서 '중'을 '중도'로 옮겼습니다. 구나발타라求那跋陀羅도 『잡아함경』을 번역하면서 '중도'를 보편적으로 사용했습니다.

도법 그렇게 '중'이라는 말이 연기를 뜻한다면, '연기에 의해서 연기를 설한다'가 되므로 나는 동의하지 않습니다.

담정 부처님 말씀 중에 '중에 의해서 법을 설한다'라는 경우가 몇 번 정도 되고, 그 질문을 한 사람이 누구인지 생각해봅시다. '세계가 유한한가, 무한한가? 나는 유한한가, 무한한가?'라는 질문에만 이 '중'이 등장합니다. 그 질문이 무엇인지를 빼놓고 스님처럼 말씀하면, 말로 말을 짓는 옥상옥이 됩니다. 당시에 이것을 질문한 자들이 있었기에 이렇게 답하신 것입니다.

김법영 『중론』 「제24품 (사)성제에 대한 고찰」의 18번 게송 원문을 다시 봅시다.

【원문】

yaḥ pratītyasamutpādaḥ śūnyatāṁ tāṁ pracakṣmahe/

sā prajñaptirupādāya pratipatsaiva madhyamā//

【구마라집 한역】

衆因緣生法중인연생법 我說卽是無아설즉시무

亦爲是假名역위시가명 亦是中道義역시중도의

【김성철 역】

여러 가지 인연으로 생生한 법을 나는 '무無'라고 말한다.

또 '가명假名'이라고도 하고 또 '중도中道의 이치'라고도 한다.

원문은 '마드야마madhyamā'에는 '중'이라는 말만 있고 '도'는 없습니다. 구마라집이 '도'를 넣은 것입니다. 도교의 영향 아래 있던 중국 사람들이 '도'라는 말을 좋아했을 수도 있을 것이고, '중도'가 아닌 '중'이라고 했으면 중국 사람들이 받아들이기 어려웠을 것 같습니다.

중도라는 용어를 사용하지 않을 경우, 구마라집이 어떤 단어를 선택했을지 생각해본 적도 있습니다. '가운데'로 '본다'라고 '볼 관觀'을 덧붙인다면 중관中觀이 되고, '살필 간看'을 쓰면 '역시중간의亦是中看義'라고 하지 않았을까 싶습니다. 도법 스님께서 이것이 고민된다면, '만약 나라면 무엇이라 쓸까?'를 생각해보면 좋을 것 같습니다.

어찌 되었든 용수보살은 『중론』 원문에 '중'이라고만 썼습니다. 이렇게 되면 '무자성=연기=공=중'이 성립됩니다. 그렇지만 한역 경전처럼 '도'를 넣어 중도라고 쓰면, 연기가 팔정도를 의미하는 것도 되니 오해를 낳습니다.

도법 구마라집이 당시 대단한 안목으로 번역하셨을 것인데, 원전에 '중'으로 된 것을 중도라고 번역한 것이 잘못되었다고 하니 그것이 좀 걸립니다.

김법영 나는 잘못되었다고 생각하지 않습니다. 구마라집이 할 수 있는 최선이었을 것입니다. 그 이후 후대가 이 부분으로 논란이 있으니, 만약 구마라집이 이런 논란이 있을 것이라는 점을 알았다면 어떻게 번역했을까를 생각해보자는 것입니다.

담정 스님은 언제나 자기가 알고 있는 것 이상의 내용이 등장할 때마다 걸린다고 말씀하십니다. (웃음)

나 같으면 '그 이상'의 것으로 자기 생각을 다시 한번 되돌아볼 것입니다. 스님 같은 경우는 '양극단'이라는 표현이 마치 어떤 축이 있는 것처럼 생각하는 것에서 비롯된 오류입니다. 상견이면 상견, 단견이면 단견, 각자의 근기가 다르듯, 각자의 치우침도 다 다릅니다. 그것을 그치고 끌어당기는 것이 '중'이라는 개념입니다. '양兩'이라는 말을 붙이는 순간 중심축이 있는 것처럼 오해가 생깁니다.

자기 자신을 볼 때, 스스로 치우침이 있는지를 살펴보면 양극단이라는 말이 안 나옵니다. 저는 어차피 한쪽에 치우쳐 서 있습니다. 그것이 전제입니다. 그렇지만 양극단이라는 관용화된 표현을 쓰는 순간, 전혀 다른 길로 가버립니다.

당시에는 중도라고 번역할 필요가 있었을 것입니다. 그리고 지금은 그 번역으로 인해 헷갈리니 다시 그 원래의 뜻은 '중'이라는 것을 확인하는 것입니다. 시대에 따라 그 필요가 다른 것입니다.

도법 『초전법륜경』에는 어떻게 나오는가요?

김법영 중도로 나옵니다. 『초전법륜경』을 포함해서 중도는 6개의 경(『니까야』 5, 율장1)에서 나옵니다. 그 가운데 37보리분법을 설명하는 『나체수행자경(A3: 151~152)』에 나오는 한 번을 제외하고 총 5차례(『니까야』 4, 율장1)에서는 모두 팔정도를 말하고 있습니다.

도법 '중도=팔정도'라고 경전에 언급되고 있고, 석학들도 다 그렇게 쓰지만 나는 문제가 있다고 생각합니다. 그렇게 해석하면 현실 문제를 불교적으로 다루는 데 적절하거나 효과적이지 못합니다.

담정 자기 해석과 다르다고 해서 경전에 언급된 것 자체를 부정하십니까!

김법영 당시에는 '중'을 '중도'로 번역한 것이 맞았을 것입니다.

도법 외아들을 잃은 어머니가 붓다를 찾아왔을 때, 그 말할 수 없는 슬픔과 고통, 절망에 시달리는 어머니에게 붓다께서는 '중에 의해 말씀하셨다'라고 한다면, 그 '중'은 무엇일까요? 내 식으로 풀면 고통에 절규하는 어머니에게 지금 여기 있는 그대로의 실상에 의지해 말씀하셨다고 봅니다. 그렇다면 중은 지금 여기 있는 그대로의 사실을 뜻한다고 할 수 있지 않을까 싶습니다.

김법영 그와 비슷한 경우로 손주를 잃은 위사카가 부처님에게 질문하는 장면도 있습니다. 부처님은 상황에 따라 다른 답을 방편으로 말씀하십니다. 생사에 대해 문답도 하셨고, 겨자씨 이야기도 하셨습니다. 나는 이것들이 모두 연기의 가르침을 설하는 방편이라고 봅니다.

도법 중도·중은 실제 문제를 어떻게 다룰 것인가에 대한 태도와 방법이라고 봅니다. '중에 의하여'를 '중도적으로'라고 해도 괜찮다고 봅니다. 붓다께서는 외아들을 잃은 어머니에게 겨자씨 이야기를 하셨습니다. 나는 이 부분이 붓다께서 가르침을 어떤 태도와 방법으로 펼쳐 보여주셨는지를 보여주는 중요한 사례라고 봅니다. 그것은 한 아이의 어머니가 자식을 잃고 아픔과 슬픔에 빠진 것에 대한 처방, 응병여약입니다.

자식을 잃은 어머니의 고통과 슬픔에 대해 있는 그대로 직면하는 태도, 그 있는 그대로에 직면하는 태도가 '중도', '중'이라고 봅니다. 있는 그대로 직면해서 봤더니, 위빠사나나 37조도법을 설명해서 될 일이 아니었습니다. 그보다는 '태어난 자는 반드시 죽는다. 죽지 않는 사람은 없다'라는 사실을 알게 함으로써 죽음의 슬픔에서 벗어나도록 하는 것이 바람직하다고 보셨습니다. 그러므로 죽은 사람이 없는 집을 찾아 겨자씨를 얻어 오라고 하셨습니다.

그리고 그 과정에서 태어난 자는 반드시 죽는다는 진리를 깨달음으로써 아픔과 슬픔에서 벗어나게 되었습니다. 겨자씨 이야기야말로 있는 그대로의 실제를 뜻하는 '중'과 있는 그대로의 길을 뜻하는 '중도'를 잘 말해주고 있다고 봅니다.

김법영 스님의 말씀처럼 응병여약, 실상을 보면서 처방하는 것이 중도의 태도라 볼 수 있겠습니다.

도법 중도는 가야 할 길이고, '중'은 있는 그대로의 사실. 그렇게 보면 되지 않을까요? 여실지견을 중도행의 하나로 보면, 여기서 보는 것은 행위이고 그 과정에서 드러난 것이 연기라고 볼 수 있지 않을까요? 그렇게 하면 붓다 생애의 맥락과도 잘 맞는다고 여겨집니다.

붓다 생애의 맥락을 일차적으로 말하면 양극단을 버리고 중도, 자신의 방식으로 관찰사유해서 연기 실상을 깨달았다고 하는 것이 초기 자료에 나오는 내용입니다. 『초전법륜경』의 첫 언급이 중도이고 중도가 깨달음과 열반으로 안내하는 길이라고 나옵니다. 다시 말하면 중도의 길을 가서 연기법을 깨달았다는 이야기인 것입니다.

담정 그것은 그야말로 스님의 자의적인 해석입니다. 스님은 지금까지 우리가 추적해왔던 중과 중도의 차이를 다시 뭉뚱그리고 있습니다. 중과 중도는 다른 것입니다!

중도는 딱 하나입니다. 팔정도의 다른 이름일 뿐입니다. 그것이 중도가 경전에 등장하는 유일무이한 장면입니다. 『초전법륜경』을 보면 '중도·사성제·팔정도'만 나옵니다. '연기'라는 말은 아예 나오지도 않습니다. 초전법륜의 대상자인 오비구에게 이 '중도·사성제·팔정도'는 그들에게 맞는 가르침이었습니다. 오비구에게 '우리 이전에 고통에서 벗어나자고 했잖아! 그러려면 이렇게 해야 하지 않겠느냐? 한번 생각해보자' 그래서 이렇게 말씀하셨을 것입니다. 부처님의 깨달음을 다르게 받아들였을 사람들에게는 어떠했을까요?

부처님께서는 처음 깨달으신 이후 외도의 두 스승을 찾아가려고 했습니다. 하지만 두 스승은 이미 다 돌아가셨습니다. 만약에 이 두 스승을 찾아갔다면 부처님께서 오비구에게 했던 것처럼 말씀하셨을까요? 저는 달랐으리라 봅니다. 그들에게는 선정 수행의 한계를 지적하는 장치가 먼저 필요했을 것입니다. 적어도 오비구는 6년 동안 같이 고행하며 같은 목표로 수행해 왔던 도반들이었습니다. 그렇지 않은 사람들에게는 다른 장치, 다른 설명이 필요합니다. 그렇다면 부처님께서 깨달은 내용인 연기는 어디에 두어야 할까요?

이 문제를 고민하던 사람들이 초전법륜 앞에 '범천권청梵天勸請'● 이라는 신화적 내용을 첨부하면서 부처님께서 깨달으신

● 이때 세존께서는 이런 생각을 하셨다.
'내가 증득한 이 법은 매우 깊어 보기 어렵고 알기 어려운 것이 마치 미세한 먼지와도 같아서 살필 수 없고 헤아릴 수 없고 생각하거나 말로 표현할 길이 없다. 나는 스승도 없었고 방편에 능숙하거나 지혜로운 분이 나를 가르치지도 않았다. 나 홀로 이 법을 증득하였다. 그런데 중생들은 그저 아라야阿羅

내용이 연기임을 강조하고 있습니다. 『불본행집경』을 보면 『초전법륜경』과 비슷한 「제37 전묘법륜품轉妙法輪品」● 앞에 「제36

耶(수나라 말로는 소착처所着處라고 함)에 집착하고 아라야를 좋아하고 아라야에 머물며 기뻐하고 좋아하며 그것에 집착한다. …

내 이제 힘들게 이 법을 증득했지만 그러나 활짝 펼 수가 없구나. 모든 중생들은 온갖 탐욕과 어리석음, 성냄에 얽매인 이런 어려움이 있다. …

이때 범천궁에 있던 사바세계의 주인인 대범천왕은 세존께서 이런 마음을 내시는 것을 알고 곧 이렇게 생각하였다.

'이 세계에 사는 모든 중생들은 많은 것이 파괴되고 많은 것을 잃게 되었구나. 오늘 여래, 다타아가도, 아라하, 삼먁삼불타께서 이미 이런 위없는 법보法寶를 증득하셨지만 세간에서는 알지 못하므로 홀연히 아란야를 즐기고 설법하려 하지 않으시는구나.'

그때 범천왕은 마치 힘센 장사가 팔을 굽혔다 펼 정도의 짧은 시간에 대범천궁에서 사라져 땅으로 내려와 세존 앞에 이르러 발에 머리 대고 절을 하고서 한편으로 물러나서 합장하고 아뢰었다.

"장하십니다, 세존이시여. 지금 이 세계 중생들은 귀의할 데가 없어 선善이 다 무너졌습니다. 오늘 세존께서 이렇게 위없는 법보를 증득하고 보셨으면서도 홀연히 아란야에 들어가 기꺼이 설법하려 하지 않으시니, 저는 이제 위없는 세존께서 모든 중생들을 위하여 고요히 머물지 마시기를 권청합니다. 오직 원하옵건대 세존이시여, 자비로 법을 설하소서. 원하옵건대 수가타修伽陀시여, 불쌍히 여기시어 법을 설해주소서. 지금 모든 중생들은 먼지와 때가 적으며 모든 근根이 무르익었고, 번뇌가 엷으며 근기根機가 예리하여 쉽게 교화될 수 있지만 법을 듣지 못한 까닭에 자연히 줄어듭니다. 여래께서는 그들을 위하여 법의 요체를 설하셔서 세존의 법상法相을 증득해 알게 하옵소서."

그때 사바세계의 주인인 대범천왕은 이런 말을 하고 나서 다시 게송으로 거듭 권청하였다.

-『불본행집경』「36. 범천권청품梵天勸請品」에서 발췌.

● 이때 세존께서는 이런 생각을 하셨다.

범천권청품梵天勸請品」이 들어 있습니다. 내용의 순서를 바로잡은 것이라 볼 수 있습니다. 이것은 경전을 해석하는 저의 방법입니다. 경전은 시대순으로 읽을 필요도 있지만, 왜 이 내용이

'… 내가 이제 처음으로 법을 설할 때, 나를 괴롭히지 않고 속히 나의 법을 증득하며 내가 법륜을 굴리는 데 방해되지 않을 중생이 누가 있을까?'
그러자 세존에게 이러한 생각이 났다.
'다섯 선인仙人이 있구나. … 내가 처음으로 법륜을 굴리며 설하는 미묘한 법을 감당할 수 있을 것이다. … 나는 이제 저 다섯 선인들에게 가서 처음으로 그들을 위하여 법을 설해야겠다.'
…
그때 부처님께서는 비구들에게 이르셨다.
"너희는 알아야 한다. 나는 두 극단을 버렸으므로 중도中道가 있어서 내 스스로 증득해 알았다고 말하는 것이니, … 너희 비구들이 만약 알고자 한다면 중도로 나가야 하니, … 이른바 정견正見 정분별正分別(正思惟) 정어正語 정업正業 정명正命 정정진正精進 정념正念 정정正定을 위하는 까닭이다. … 이것이 바로 중도이니 내 이미 증득해 안 것이다. … "
그때 부처님께서는 모든 비구들에게 이르셨다.
"너희 비구들이여, 지극한 마음으로 자세히 들어라. 사성제가 있으니 네 가지란 무엇인가. 이른바 고성제와 고집성제와 고멸성제와 득도성제得道聖諦이니, 이것을 사성제라고 부른다.
…
비구들이여, 나는 이 사성제를 세 번 굴려 진실하게 12가지 상相을 증득한 뒤에 비로소 아뇩다라삼먁삼보리를 증득하게 되었으며, 그러므로 나는 완전히 깨달음을 이루었다고 말할 수 있게 되었다.
비구들이여, 나는 그때 지견智見이 생겨나고 어지럽거나 흩어지지 않은 마음으로 올바르게 해탈을 얻었던 것이다.
비구들이여, 이것이 나의 최후의 생이며, 다시는 유有를 받지 않을 것이다."
-『불본행집경』「37. 전묘법륜품轉妙法輪品」에서 발췌.

삽입되었는지 생각해볼 필요가 있습니다.

도법 내가 하고 싶은 이야기는 일단 중·중도를 다른 것으로 확대하지 말고 붓다의 삶 자체의 맥락에 따라 확인해보자는 것입니다. 그렇게 하면 '범천권청'을 굳이 후대에 삽입된 것으로 보지 않아도 됩니다. 붓다의 생애 맥락으로 볼 때 오히려 자연스럽게 읽힙니다. 다만 그 내용에 대해서는 충분한 토론을 통해 정리되었으면 합니다.

담정 불교가 발달하면서 초전법륜의 내용에 대해서는 지금 우리가 하고 있는 것과 같은 논의가 있었을 것입니다. 부처님께서 깨달은 내용을 처음 설한 것이 초전법륜이니 그 내용을 따라 살아야 하는데, 그럼 그 깨달은 내용은 무엇일까요? 부처님께서 깨달은 내용이 연기법이라는 것을 강조하기 위해서 앞에 그 내용을 삽입했을 것입니다. 당대와 당대에 대한 해석의 역사는 각기 다른 층위를 이루고 있습니다. 지금 우리는 어떤 모습을 봐야 할지, 그 층위들을 한꺼번에 봐야 할지, 나눠서 봐야 할지를 논하고 있습니다.

도법 내용으로 볼 때 고의 발생과 소멸의 체계를 사성제로 정리한 바 있으니 깨달은 내용인 연기법도 이미 그 안에 다 들어 있다고 볼 수 있지 않을까요? 어딘지 기억이 명료하지는 않지만 깨달음 직후에 읊었다고 하는 시가 있습니다.

고요히 관찰사유하는 수행자에게
연기의 실상이 환하게 드러났다.

뭐 이런 내용입니다. 그렇게 보면 굳이 권청을 후대에 삽입하지 않아도 되지 않을까 싶습니다.

담정 지금 스님과 같은 질문을 불전 문학의 시대에도 했기 때문에 '범천권청'이 등장한 것입니다. 『초전법륜경』의 내용만 강조하다 보니, '연기법이 더 중요한 게 아닌가?'라는 의문이 생겨났던 것입니다. 그것을 피하기 위한 장치가 『불본행집경』에서처럼 「제37 전묘법륜품」앞에 「제36 범천권청품」을 가져다 놓은 것입니다.

도법 중도의 길에 의지해 연기를 깨달았다고 하는 점은 분명한 것 아닙니까?

담정 아닙니다. 그 반대입니다! 지금과 같은 논의가 생기는 것을 없애기 위한 장치를 해둔 것입니다. 이렇게도 저렇게도 말은 다 되는데, 『초전법륜경』만 강조하면 지금과 같이 말이 오가니, 그 불필요함을 없애기 위해 그 앞에 점을 찍어놓은 것입니다.

도법 좀 억지스럽군요. (웃음)

담정 스님 억지에 비하면 뭐. (웃음) 불교의 변화를 시대순으로 봅시다. 부처님도 우빠니샤드 시대 속에서 당대의 고민을 하고 계셨습니다. 그 이후 대승이나 밀교의 수행자들도 시대의 고민을 했을 것입니다. 그처럼 우리도 우리 시대의 고민을 해야 합니다.

불멸 후 최소 5백여 년 동안 『초전법륜경』에 나오는 '중도·사성제·팔정도'를 재해석하기 위하여 사용한 장치가 바로 불전 문학입니다. 부처님 생애를 재구성하는 방법을 쓴 것입니다.

『불본행집경』 「제36 범천권청품」에서는 자기 권위를 높이기 위해 창조의 신인 범천을 등장시켜 그의 권위를 빌려왔습니다. 범천이 내려와 전법을 청했다고 하는데, 누가 시비를 걸 수 있었겠습니까? 누구도 시비를 걸 수 없는 장치를 해둔 것입니다.

도법 오히려 중, 있는 그대로의 실상에 의지하여 누구나 이해하고 공감할 수 있도록 하자는 것이 붓다의 뜻입니다. 그렇게 보면 방편을 쓰더라도 응병여약이 되도록 하는 데 충실해야 합니다. 자기 또는 집단의 권위와 이익에 초점을 맞추는 방식은 하지 말자고 하는 것이 붓다의 뜻이 아닐까요?

담정 그건 그렇습니다. 그렇지만 부처님 말씀의 권위를 높이기 위해 이 방법을 적절하게 사용했습니다. 중생구제를 위한 방편교설로 쓸 수 있는 모든 방법을 동원한 셈입니다. 비록 과장되었지만 이런 대중들에게 인정받을 수 있는 작업을 통해서 불전 문학은 형성되었고 오늘날 우리가 불교를 재해석하는 데 크나큰 도움을 주고 있습니다.

대승불교는 지금 우리가 질문과 대답을 주고받는 것처럼 불전 문학 형성기 속에서 주고받은 무수한 질문과 답 속에서 체계화된 것입니다. 경론에 적힌 글자 그대로를 해석하기보다 오늘날의 눈으로 부처님의 생애를 재구성할 때, 초전법륜의 내용에 방점을 찍기보다 불교의 전체 흐름을 살펴보아야 합니다. 이렇게 보면 범천권청에 언급된 연기법을 이해할 수 있습니다.

눈을 중국 쪽으로 돌려봅시다. 중도라는 표현이 왜 한역 경전권에서 인기가 있었을까요? 중도를 비불교적으로 이해했기 때문입니다. 팔정도를 뜻하는 중도가 아닌, 유교의 중용과 도교의 도를 합친 두루뭉술한 것으로 해석할 수 있었기에 인기가 있었던 것입니다.

스님의 관심처럼 이 '중도'라는 말 대신에 어떤 말을 쓰는 게 좋을까요? 『중론』 「제24품 (사)성제에 대한 고찰」의 18번 게송 원문을 다시 풀어봅시다.

【원문】

yaḥ pratītyasamutpādaḥ śūnyatāṁ tāṁ pracakṣmahe/
sā prajñaptirupādāya pratipatsaiva madhyamā//

【구마라집 한역】

衆因緣生法중인연생법　我說卽是無아설즉시무
亦爲是假名역위시가명　亦是中道義역시중도의

구마라집은 '공성'을 뜻하는 '순야따śūnyatā'를 '무無'로 옮겼습니다. 거기다 다양한 뜻이 있는 '빠르띠빠드pratipad'• 를 '도道'로 옮겼습니다. 산스끄리뜨어의 특징 가운데 하나가 한 단어에 뜻이 많다는 점입니다. 즉, 같은 단어라 하더라도 의미가 그만큼 폭넓게 움직인다는 뜻입니다. 구마라집이 중도라고 옮긴 것은 잘못된 것이 아니고 당시 대중의 눈높이에 맞춘 것입니다. 이것을 다시 풀어봅시다.

• pratipad; to undertake, begin (acc. dat. or inf.), practice, perform, accomplish Nir. MBh. Ka1v. &c.

원문 3, 4행 가운데 4행 마지막에 '사이바 마디야마(saiva madhyamā)',• 즉 '그것이 곧 중中이다'라고 나옵니다. 그럼 '그것', 즉 그 앞에 나오는 '쁘라갸쁘띠루빠드야prajñaptirupādāya'가 무엇인지 찾아봅시다. 구마라집은 '쁘라갸쁘띠흐prajñaptiḥ'를 '가명'이라고 옮겼습니다. 그렇지만 이 단어에는 '교훈, 진술' 등의 긍정적인 의미만 있을 뿐, '가명'이라는 뜻은 없습니다. 내 생각에는 김성철 선생님도 구마라집의 '가명'을 그대로 가져다 쓰신 것 같습니다. 그다음의 '쁘라디빠드pratipad'에는 '연습, 실천, 실행' 등의 뜻이 있습니다. 모두 합쳐보면 다음과 같습니다.

연기인 것 그것을 공성空性이라고 말합니다.
그와 같은 가르침에 따른 실천행이 바로 그 중中입니다.

이전에 중도로 번역한 것은 이해가 됩니다. 그렇지만 지금 스님처럼 '중'과 '중도'를 섞어 쓰는 게 문제라 원문을 다시 해자해 보았습니다. 티벳역도 '중도'로 되어 있습니다. 스님의 질문인 '중도의 팔정도행'이라는 말은 동어반복이니 더 말할 것이 없습니다. 다만 '일체 희론'이라고 했을 때 '중도가 희론인지, 아

• sa=tad:(f. nom., 그것)+eva(실로, 곧)+madhyamā(madhyama. (a.)=중中
자세한 내용은 김성철 역, 개정본 『중론』, pp. 397~398(오타쿠, 2021) 참조.

닌지'에 대해서 생각해봅시다. 답은 '중도 또한 희론이다'라는 점입니다.

연기법의 기본인 '이것이 있음으로 저것이 있다'에 대해서도 『중론』에서는 '저것에 의지한 이것이 어떻게 있겠느냐?'며 '이것'조차 논파합니다. 그렇게 일체 희론임을 강조하고, 그 희론이 그친 상태에서만 연기 실상이 드러난다고 합니다. 부처님 말씀 중에 지킬 것은 지켜야 한다고 하는 순간, 어떤 것이 있게 되어 '일체 희론'의 '일체'가 깨져버립니다. 그래서 이 공부는 끝까지 밀고 나가서 끝까지 갈 수 있는 사람, 혹은 끝까지 가려고 하는 사람에게만 의미가 있습니다. 『중론』 [356. (24-12)번] 게송이 바로 이 이야기입니다.

> 그러므로 (근기가) 약한 이(들)이 이 (수승한) 법의
> (심오함을) 철저히 깨닫기 어렵다는 것을 아셨던
> 능인能仁의 바로 그 마음 (때문에) 교법教法으로부터
> (공성에 대한 가르침이) 매우 후퇴하게 되었던 것입니다.
>
> - 『중론』 「제24품 (사)성제에 대한 고찰」 [356. (24-12)번] 게송

스님에게 중요한 것은 '중과 중도의 원래 의미는 다르다'라는 점을 '인정'해야만 한다는 것입니다. 양극을 여읜다는 경계, 내가 물들어 있는 것을 고쳐가는 노력이 중도입니다. 그리고 이

것이 바로 '중'의 의미입니다. 이때는 같이 써도 됩니다.

상견을 여윌 때도, 단견을 여윌 때도 마찬가지입니다. '연기적인 존재인 나'는 어차피 한쪽으로 기울어진 존재이기 때문입니다. 내 문제를 고쳐가는 것이 곧 '중에 의함'이고, '중도'인 것입니다.

그렇지만 양견이라는 문제를 평면적으로 생각하면 반드시 문제가 발생합니다. 그때는 중도가 아니고 '중'의 의미가 통용됩니다. 그것은 기울어진 것을 고친다는 의미만 남습니다. '중'과 '중도'를 이렇게 봐야 지난 1천여 년 전 구마라집이 옮겼던 구역舊譯의 오류에서 벗어날 수 있습니다.

도법 연기를 공성이라고 하고 그에 따른 실천이 '중'이라고 했는데, 그럼 공성에 따른 실천은 구체적으로 어떻게 한다는 뜻입니까?

담정 달라이 라마 존자님은 늘 '공성의 지혜'를 말씀하십니다. 그 '공성의 지혜'는 어떻게 하라는 것이 아니라 '삶의 자세'를 뜻합니다. 티벳불교 공부하는 사람들 가운데 라마나 린포체를 보면 좋아하는 분들이 있습니다. 한국 스님들에 대한 '팬심'이 사라지니, 좀 멀리 있는 티벳 스님들에 대한 '팬심'이 이어지는 것으로, 그 대상만 바뀐 것입니다.

존자님은 이렇게 하지 말라고 합니다. 무엇인가 있어 보이고 좋아 보이는 것을 쫓아다니지 말고, 자기 삶을 매 순간, 매 행위를 분석하고 뜯어보는 것이 공성의 지혜입니다. 그것이 곧 '중'의 진정한 의미입니다.

도법 그렇습니다. 지금 여기 현장 삶을 직접 다루는 것이 중, 또는 중도입니다. 그렇게 접근하여 살펴보니 삶 또는 문제가 연기로 이루어지고 있더라는 말 아닙니까? 나는 경전을 볼 때 불교 교리의 내용을 중심에 두고 본 게 아니라, 그 교리가 '어디에서 나왔는가?'를 중심에 두고 봤습니다. 그리고 그 교리는 바로 붓다의 삶에서 나온 것임을 주목하는 것입니다.

따라서 붓다 생애의 맥락을 보면, 출가 이후의 길은 두 개로 나타나 있습니다. 삿된 길인 양극단의 길과 바른 길인 중도의 길입니다. 양극단의 길에서는 6년 고행, 장좌불와 용맹정진을 했지만 답을 못 찾았습니다. 그리고 그다음에 자신의 방식으로, 즉 중도의 길에서는 얼마 되지 않아 바로 깨달으셨습니다.

경전상 표현을 보면, 양극단을 버리고 나무 아래 앉으실 때 깨닫지 못하면 일어나지 않겠다는 각오를 합니다. 그리고 깨달음 내용인 존재의 실상, 자신의 참모습을 '주의 기울여 관찰사유하는 수행자에게 연기 실상이 드러났다'라고 말하고 있습니다. 초전법륜 때 오비구에게 처음 설명한 내용에 연기라는 개념은 없고 중도, 사성제를 말하고 있습니다.

그렇게 봤을 때 실제 붓다 생애의 맥락으로 보면, '중도에 의지해서 연기의 실상이 드러났다'라고 정리됩니다. 그렇기 때문에 그 내용에 맞추어 정리하면 중도는 실천의 진리, 연기는 존재의 진리라는 이야기입니다.

우리가 직접 대면하는 1차적인 대상은 오온인 자기 자신입니다. 그리고 직접 대상인 오온 자체에 있는 그대로 대면하는 것이 중도이고, 필요에 따라 이곳저곳을 관찰사유하는 것이 중도의 팔정도입니다. 직접 오온에 대면하여 관찰사유해보니, 오온이 연기로 이루어져 있다는 설명입니다.

많은 분이 『중론』의 삼제게를 연기가 공이고, 가명이고, 중도라고 설명하고 있습니다. 그런데 붓다의 생애를 따라가 보면 중도는 실천의 길을 의미하고, 그 길에서 확인된 것이 연기법입니다. 따라서 중도에 대한 개념이 매우 혼란스럽게 되어 있는데 이 점에 대한 깊은 토론과 정리가 필요하다고 생각합니다.

담정 스님은 앞에서 언급한 이야기를 반복 또 반복하고 있습니다. 그 점에 대한 이견이 있는 것이 아니라 그것을 좀 더 밀고 나가보자는 것이 핵심임에도!

김법영 중도의 가르침에 따른 공의 실천행, 그것이 연기를 실천한 것입니다. 이 몸이 다양한 외부의 것들이 조건 지어져 존재할 수 있다는 것을 정확히 알면 주위의 모든 유정과 무정에게 감사할 수 있습니다. 그리고 그 감사의 마음에서 타인의 환경이 나와 다르지 않음을 알고 행동하는 것이 보리행, 자비행입니다. 그렇게 신구의身口意 삼업三業을 쌓아가는 것입니다.

도법 당연히 반복되고 있는 부분이 있습니다. 그럼에도 불구하고 내가 하고 싶은 말은 중도로 접근해서 알고 보니 이 세상이 연기더라, 이렇게 봐야 한다는 것입니다.

김법영 『중론』도 기존의 교학불교에서 집착하고 있는 것들을 논파하여 연기 실상을 드러내기 위한 것입니다.

도법 붓다의 본의와는 다르게 불교가 혼란스러운 이유는 붓다처럼 '바로 이해 실현 증명된다'라는 방식으로 불교를 하지 않았기 때문에, 중도적으로 하지 않았기 때문이라고 봅니다. 『중론』에 대해서도 대부분 '중도를 논한다'라고 하는데, 나는 '중도로 논한다'라고 해야 한다고 보는 것입니다.

담정 저도 그 점에 대해서는 동의합니다. 중도라는 것은 고정된 것이 아닌 자세의 문제이기 때문입니다. 그렇지만 스님의 영원

한 난제인 '중'의 정확한 의미를 파악하지 않거나 못하는 자세에는 변함이 없습니다. (웃음)

도법 전해오는 설화를 예로 이야기해보겠습니다. 재가불자 가운데 깨달은 이로 신라 때 부설거사浮雪居士가 있습니다. 부설거사는 출가했었는데 부인을 만나 환속을 했습니다. 그래도 열심히 정진하여 본인과 부인, 그리고 자식들까지도 모두 깨달았습니다. 변산 월명암 등이 그분들이 만든 도량들입니다.

부설거사는 불교 수행을 '맨손으로 기름을 바른 둥근 기둥을 타고 올라가기처럼 어렵다'라고 했습니다. 내가 불교를 해보니 그런 거 같습니다. 60년 가까이 해봤는데, 기름 바른 둥근 기둥 타고 올라가는 격입니다. 불교가 이렇게 어렵다면, 나는 도망가고 싶은데 누구에게 불교를 권하겠습니까?

반면 부인은 '세수하다 코 만지는 것처럼 매우 자연스럽고 상식적이다'라고 했습니다. 두 분의 이야기를 들은 딸은 '어렵기도 하고 쉽기도 하다', 또는 '어렵지도 않고 쉽지도 않다'라고 했습니다. 그러면 실상은 어떠합니까? 중도적으로 하면 세수하다 코 만지듯이 되고, 62견, 즉 삿된 길인 양극단으로 하면 소 타고 있으면서 소를 찾는 꼴이 된다는 이야기입니다.

담정 스님의 중도에 대한 천착과 과잉은 끝이 없습니다. 스님은

그저 부설거사 부인처럼 불교를 하십시오. (웃음)

스님의 중도 가운데 대부분을 '연기'로 바꾸면 과잉의 문제는 많이 해소될 것입니다. 과도한 중도라는 표현이 줄 수 있는 오해를 해결하기 위해 연기로 바꾸고, 그 실천 전체를 달라이 라마께서 항상 강조하는 '공성의 지혜'라고 한다면 교학 안에서 큰 틀이 맞춰집니다.

저는 다른 사람과 어떤 문제를 논의할 때 지금 답을 찾자는 게 아니고 '다름'을 인정하고 드러내는 것에 더 집중합니다. 스님께서 중도를 강조하는 것은 어떤 의미에서는 지금 한국불교에서 선불교 중심이라는 과잉 문제를 실천으로 해결하고 싶은 욕망의 산물이라고 봅니다.

진리는 언제나 구체적입니다. 이론은 오직 추상적·보편적 가치로 의미가 있는 것입니다. 그저 구체적 상황에 적용할 때마다 기준점을 잃지 않으면 됩니다. 구체적인 사례는 구체적으로 다루면 됩니다. 그것이 곧 실천 테제입니다. 그 추상적인 실천 테제를 구체적으로 적용하면 어떻게 되겠습니까? 1:1의 경우가 무수하게 생깁니다. 그렇지만 스님은 그 두 가지를 같이 놓고 하나를 찾아내고 싶어 합니다.

도법 나는 반대로 연기의 과잉, 공성의 과잉이라고 반론하겠습니다.

담정 제가 어떤 주장을 한 적이 없는데 무슨 반론을 하십니까! 중관학파는 남이 논하지 않는 것은 논파하지 않습니다. 스님은 앞에서 '중이라는 말이 연기를 뜻한다면, 연기에 의해서 연기를 설한다가 되기에 나는 동의하지 않는다'라고 하면서도 자신의 책인 『붓다, 중도로 살다』에서는 '중도의 팔정도행'이라고 했습니다.

주장이 없고 그 주장을 구체적으로 설명하고 논파하는데도 이해하지 못하는 스님은 자기주장의 모순에 대해서 절대 인정하지 않습니다.

도법 그런 면이 있을 것입니다. 이론가들의 이야기를 이해하는 능력이 매우 부족한 것은 맞습니다. 그럼에도 끝내 '중도의 팔정도행'이라고 하는 이유는 붓다의 생애 맥락에 따른 것이고, 다른 하나는 현장 삶의 경험에 의지하기 때문입니다. 그러므로 나름 확신을 갖고 '중도의 팔정도행'이라고 정리했고, 그 중도의 팔정도행이 붓다의 삶 전반에 작동하도록 배치한 결과물이 얼마 전에 출판한 『붓다, 중도로 살다』입니다.

담정 이런 자의적 해석이 바로 스님의 문제, 중도의 과잉 문제입니다. 그래서 바로 그것이 실천적 행보로서 '중도'를 '중재의 노력'으로 해석하고 그것만 실천이라고 강조하고 있습니다.

도법 중도를 중재의 논리로 보고 해석하지 않습니다. 다만 사람들에게 쉽게 설명하려는 과정에서 '싸움은 말리고 흥정은 붙인다'라고 전해오는 이야기를 하다보니 중재 운운하는 것처럼 회자되고 있는 것입니다. 여전히 비판과 논란 중에 있지만, 그래도 나는 경전 상의 중中과 중도는 같은 내용으로 봅니다.

담정 반복되는 질문에 대해서는 답을 할 필요를 느끼지 못합니다. 그저 스님과 저의 차이만 확인할 뿐입니다.

도법 구마라집도 중을 중도로 풀었습니다. 구마라집 당시 중국의 상황은 이해되고 동의하지만, 붓다의 말씀을 함부로 취급하진 않았을 것입니다.

담정 구마라집이 함부로 하지 않았을 것이라는 점은 동의합니다. 그리고 사람들이 그렇게 생각하는 것이 불만족스럽지 않습니다. 하지만 스님처럼 '중'과 '중도'에 대한 의미를 명확히 밝혀내고 다시 생각해봐야 하는 자리에서도 반복되는 주장만 계속하시는 건 오로지 스님의 몫입니다.

『불설전유경佛說轉有經』을 다시 봅시다. 『불설전유경』에서 만동자鬘童子(Māluṅkyāputra)의 경우, 부처님께 자신의 질문에 답을 못하면 '나는 떠날 것'이라 했습니다. 그래서 부처님께 꾸지

람을 듣습니다. 그리고 당신의 가르침을 독화살의 비유를 통해서 설명하셨습니다.

다른 곳에서 부처님께서는 신심 깊은 제자에게는 '그 질문의 답을 찾으면 고통에서 벗어날 수 있겠느냐?'고 물으시고는 삶의 고통은 실제적인 문제이니 '형이상학적인 질문은 하지 말라!'고 자세히 설명해주십니다. 그리고 염화미소拈華微笑의 예처럼, 대가섭에게는 그저 지긋한 웃음으로 답을 주십니다. 형이상학적인 주제라 할지라도 내용이 아니라 자세를 더욱 중요하게 보신 것입니다.

도법 내가 볼 때 그렇게 하는 것이야말로 바로 중에 의지한 행이고, 중도의 행이라고 봅니다. 이쯤에서 삼제게를 내 방식으로 다시 풀어보겠습니다.

> 인연 화합의 진리로 이루어진 이것을
> 나는 말한다, 공이라고.
> 또한 방편일 뿐이라고.
> 방편으로 공이라고 말하는 이것이 바로 중도의 뜻이다.

대부분은 '연기인 것 그것이 공이다, 가명이다, 중도다'라고 번역하고 설명하는데, 나는 중도의 의미를 그렇게 풀면 안 된다고 봅니다. 그리고 그것을 명확히 해야 합니다. 1, 2행의 해석은 동의가 됩니다. 그렇지만 그 뒤에 따라 나오는 3, 4행의 '역위시가명亦爲是假名 역시중도의亦是中道義'는 말로 할 수 없는 것을 불가피하게 공이라고 말하는 것, 그렇게 하는 것이 중도라는 뜻으로, 말로 할 수 없지만 방편으로 공이라고 말하는 것, 그렇게 하는 것이 중도의 뜻이라는 의미입니다. 그렇게 풀어야 본래 취지에 맞는다고 봅니다.

담정 스님이 어떻게 해석하든 그것이 문제가 될 것은 없습니다. 다만 구마라집이 '가명'이라 번역한 산스끄리뜨어 원문인 '쁘라갸쁘띠흐prajñaptiḥ'에는 그런 뜻이 없다는 점만 명심하시기를 바랍니다.

도법 그렇다면 산스끄리뜨어에 부족한 문제가 있는 것은 아닙니까?

담정 그 '가명'이라는 단어는 구마라집의 번역어입니다.

도법 그렇다면 구마라집이야말로 참으로 탁월하다고 할 수 있지 않습니까?

담정 그렇지 않습니다. 원래의 의미를 정확하게 옮겨야 하는데 긍정적인 단어를 부정적인 단어로 바꾸었으니 자기 해석이 지나치게 들어간 것입니다. '그와 같은 가르침'이 정확한 뜻입니다. '가르침'을 '가명'으로 바꾼 것입니다.

도법 크게 다르지 않은 것 같습니다.

담정 '가르침'이 '가명'과 같은 뜻인가요!

도법 공이라고 말하는 붓다의 가르침도 모두 응병여약의 방편이라는 의미로 보면 그렇다는 말입니다.

담정 아닙니다. '그것에 의한 가르침'을 '가명'이라고 한 한역은 구마라집이 만들어낸 뜻입니다. 가명이라는 말을 쓰는 순간, 우리 생각은 본뜻과 다르게 가버립니다. 가명이 아니라 가르침입니다! '이 가르침의 실천행이 중中'이라는 것이 정확한 뜻입니다. 즉, 그 가르침의 내용이 1, 2행의 내용입니다. 그 가르침의 실천행이 곧 중이라고 이해할 때 '왜 가명이라는 말이 등장하는지'를 추적할 수 있습니다.

스님처럼 '중도'를 강조할 때, 우리의 의지와 상관없이 다시 유교와 도교의 영향 아래에 빠져버리게 됩니다. 더 나아가 정치적 중앙파와 불교의 지향점인 연기 실상을 파악하려는 자세가 헷갈리게 되어 '삶의 괴로움'에서 벗어나고자 하는 우리가 무엇을 추구하는지도 놓치게 됩니다. 이런 이유로 양견을 말하지 말고 한쪽만 보자고 하는 것이고, 말을 먼저 보지 말고 그 조건을 보자는 것입니다.

스님처럼 같은 주장을 무한반복하는 일이 일어나지 않았다면 이렇게 강조하지 않았을 것입니다. (웃음)

도법 산스끄리뜨어를 번역한 것이 '연기인 그것을 공성이라고 말한다. 그와 같은 가르침에 따른 실천이 중中이다. 이것을 공성이라고 한다. 그와 같은 가르침에 따른 실천이 중中이다'라고 풀고 있는데, 이렇게 번역하면 문제가 있다고 봅니다. 오히려 '공이라고 한다. 가명이라고 한다. 이렇게 하는 것이 중도의 뜻이다'라고 한 구마라집의 안목이 훨씬 탁월하다고 봅니다.

담정 지금 하시는 말씀은 '천안에 있는 호두과자 원조집에 가서 우리 호두과자가 더 맛있다'라고 말하는 것과 같습니다.

도법 '연기를 공성이라고 한다. 그와 같은 가르침에 따른 실천이 중中이다'라고 하면 '실상은 말로 할 수 없다. 그런데도 말로 한다'라는 표현에서 실상은 말로 할 수 없다는 뜻이 살아나지 않습니다.

담정 『중론』이 449게송인데, 고작 한 게송에서 끝장을 보려 하십니까? (웃음) 앞뒤로 그 이야기가 나옵니다.

도법 그럴지 몰라도 이 게송만 보면 그렇습니다. 내용을 씹어보면 씹어볼수록 '역시 구마라집이 탁월하구나!'라는 생각이 듭니다. 나는 현실에 적용했을 때 경험되지 않고 실현되지 않는다면 그것이 붓다의 말씀이든 그 무엇이든 필요 없다고 봅니다. 그러므로 현재 직면한 문제, 우리가 직접 대면한 문제를 내 방식으로 하든, 『중론』의 방식으로 하든 구체적으로 이야기해 보자고 줄기차게 말하는 것입니다.

담정 추상적인 내용 속에서 합의된 것의 구체적인 부분은 각자의 몫으로 남겨둡시다. 그것이 스님과 저의 차이, 우리 조건의 차이입니다. 스님이 생각하시는 '중도'와 각자가 생각하는 '중도'는 다릅니다.

도법 함께하는 사람들이 바로 이해할 수 있고, 동의할 수 있도록 해보자는 것입니다. 경전 근거만이 아니라 실제의 사례를 갖고 구체적으로 답이 나오도록 이야기를 해봅시다. 만약에 지금 지산재에서 저녁 공양으로 돌솥밥을 먹자고 하는데, 견해가 달라서 다툼이 생기면 어떻게 할 것입니까?

담정 제일 연장자인 스님이 돌솥밥을 먹자고 하는데 누가 반대하겠습니까!

'논리'는 힘이고 권력이고 폭력입니다. 우리는 '논리'라고 하면 이론적·합리적인 말이라고만 생각합니다. 그렇지만 실상은 그렇지 않습니다. 이것은 어떤 논리, 즉 주의·주장이 펼쳐지고 있는 조건을 무시한 것에서 비롯되는 오해입니다. 논리도 조건 속에 놓여 있고 그 논리를 펴는 자에 따라 달리 해석됩니다.

'조건'이란 어떤 특정한 상황 속에서 논리가 진행되는지 보지 못하면 그 안에 빠져버립니다. 논의가 진행되는 전체 판을 봅시다. 말의 함정에 빠져들어, '돌솥밥이냐? 수제비냐?'를 두고 말을 잇기 시작하면, 그 함정에서 빠져나올 수 없습니다. 어떤 담론이 한 사회의 주류를 차지하는 순간, 그렇지 않음을 증명하기 위한 안티테제도 그쪽으로 끌려갑니다.

도법 복잡한 것은 놔두고 저녁 공양을 무엇으로 할까 갈등이 생겼는데, 그것을 어떻게 해결할 것인가요? 나는 중도, 있는 그대로인 중中에 의지해서 하면 바람직하게 해결할 수 있다고 봅니다.

담정 그냥 돌솥밥 먹읍시다. (웃음)

도법 양극단을 타파해야 벗어나게 된다고 하는 것을 담정은 논파의 방식이라고 강조하지만, 나처럼 중도적인 방식으로 하면 양극단은 저절로 떨어져 나갑니다. 양극단이 떨어져나가면 바로 길이 환해지기 때문에 복잡하지 않습니다. 반면 논리적으로 접근하면 너무 복잡해집니다. 그리고 그렇게 하면 내가 감당하기 어려우니 가장 단순한 원형인 붓다의 삶 자체에서 찾아보자는 것입니다. 붓다의 삶에 나타나 있는 '중도'와 『중론』에서 말하는 '중도'는 많이 다릅니다. 기회를 만들어 깊이 논의하여 가닥을 쳤으면 하는 마음입니다.

담정 논파 가운데 논이 없는데 파가 어떻게 있겠습니까? 부처님 생애를 촘촘하게 엮지 않아서인지 스님은 언제나 같은 주장을 반복하고 있습니다.

도법 내 나름대로는 실제 삶과 연결해 촘촘하게 봤기 때문에 줄기차게 물고 늘어지는 것입니다.

양극단을 어떻게 정의할 것인가

담정 다시 부처님 재세 시로 돌아가봅시다. 어떤 식으로 불교를 대하든, 부처님처럼 불교의 가장 큰 목적은 자기 괴로움을 벗어나겠다는 것입니다. 여기서 벗어나 스님처럼 사회적 실천 테제를 이 앞에 두고 불교를 상정하면 문제가 발생합니다.

부처님 재세 시에는 자신을 괴롭게 하는 욕망의 불길을 끄는 것을 열반, 즉 '니르바나nirvāṇa'라고 썼습니다. 그리고 이후에는 해탈을 뜻하는 '목샤mokṣa'라는 단어도 자이나교에서 빌려왔습니다. 저는 '니르바나'나 '목샤'라는 말의 그물에서도 벗어나야 한다고 봅니다. 그래야만 말의 그물에 묶여 있는 삶의 직접적인 모습이 드러납니다.

저는 '고苦·고통·괴로움'이라는 저의 불편함을 먼저 보고 그것을 없애려 할 뿐입니다. 자기 자신을 돌아보면 구체적으로 문제가 드러나지만 무언가 있어 뵈는 불교의 단어를 쓰는 순간 추상적인 것만 생각하게 됩니다.

도법 나도 그 말을 하는 것입니다.

담정 그런데 왜 불교를 사회 참여적 관점에서만 해석하십니까? 내가 평소에 잘 쓰지 않는 말이 바로 공입니다. 될 수 있으면 불법도 직접 언급하려 하지 않습니다. 그 대신에 주로 어떤 일을 구체적으로 분석합니다. 추상적인 언어를 쓰는 순간, 추상적인 반응이 따라오기 때문입니다.

어떤 개념이든 그 사용 빈도수가 많아지면 개개인의 견해가 반영됩니다. 유명인일수록 지켜보는 사람이 많아지는 것처럼 개념도 마찬가지입니다. 이때 다양한 해석이 가능한 만큼 오해의 여지도 생겨납니다. '중도'라는 말도 '나의' 중도와 '스님'의 중도는 결이 다릅니다. 그것은 이 중도라는 '말'을 대하는 우리의 조건이 다르기 때문입니다.

『중론』에서 강조하는 것은 어떤 고정된 시각에서 벗어나는 것입니다. 그래서 극도의 추상적인 논쟁을 끌어오는 것입니다. 실제로 살아 움직이는 세계는 다루기 쉽지 않기 때문입니다. 구체적 사례로 가면 경우의 수가 너무 많아져 논쟁하기 어렵지만, 추상적인 개념·여래·열반 등을 자세히 분석해보면 말의 그물이 보입니다. 이 분석지分析知로 불교적 개념도 실체가 없다는 것을 알게 되면 삶의 직접성이 드러납니다.

내 괴로움의 실체, 부처님 말씀도 실체가 없는데 내 괴로움이 어찌 실체가 있겠습니까? 고苦도 실체가 없는데, 나는 왜 고라 부르고, 그것은 또 어떻게 작동하는가? 이렇게 하나하나 뜯어보면 궁극적인 삶의 자세가 변하게 됩니다.

도법 나도 그렇게 생각합니다. 다만 '사회참여' 관점에서 불교 이야기를 하고 있다는 말은 동의하지 않습니다. 삶이란 도심에 있든, 산중에 있든 매우 사실적입니다. 나는 매우 직접적이고 사실적이고 구체적인 삶 자체와 연결해 불교를 다뤄야 한다고 강조하고 그렇게 하는 것이 중도적이라고 말하는 것입니다.

논리적으로 돌고 돌지 말고, 생물학적으로 앞 못 보는 사람이 아니라 실상에 대한 무지와 착각이라는 눈병에 걸린 사람을 비유한 장님과 코끼리 이야기를 봅시다. 장님들이 각자 자신이 알고 믿는 코끼리만 진짜 코끼리라고 주장하면서 다툼이 생겼습니다. 다툼은 고통과 불행의 다른 이름입니다. 이 문제를 어떻게 해야 할까요? 붓다는 중도적으로 해야 한다고 하셨습니다.

내가 파악한 '중도'는 단도직입적으로 '코끼리라는 실물에 직면하는 하는 것'입니다. 그것이 있는 그대로의 길, 현장의 길입니다. 실물 코끼리에 직면하는 순간, 각자 하던 코끼리에 관한 주장이 멈추지 않겠습니까? 실물을 대면하는 순간 자기 정보만으로 판단했던 주장을 멈추게 됩니다. 바로 싸움도 멈춥니다. 멈추면 다툼으로 인한 고통도 해결됩니다. 고통이 해결되면 된 것 아닙니까. 그밖에 무엇이 더 필요합니까.

실물에 대면하는 것이 중도이고, 중도에 의해 떨어져 나간 주장이 바로 양극단입니다. 단순명료하지 않습니까. 바로 이해 실현 증명된다는 붓다의 말씀 그대로 아닙니까!

담정 저는 그 비유가 중도를 설명하는 데 적절하지 않다고 봅니다. 코끼리의 실체를 알고 있는 '제3의 관찰자'로서 장님을 보기 때문입니다. 이 '장님의 코끼리'는 우리의 직접지나 경험지, 즉 감각기관에 포착된 세속적인 지식을 가리킵니다.

코끼리가 무엇인지 모르는 장님은 자신이 만진 것만을 코끼리라고 주장합니다. 장님은 자신이 만져보고 인식한 것만 말할 수밖에 없습니다. 그것은 인간 이성의 한계를 뜻합니다. 그리고 이것은 출세간의 꿈을 꾸지 않은 채 언어를 통해 세상을 분석하고 알려는 자세를 비판하는 비유일 뿐, 중도에 대한 적절한 비유가 아닙니다

제3의 관찰자, 즉 코끼리의 실체를 알고 있는 자는 일체지

자, 즉 부처님입니다. 일체지자가 보기에는 무명에 빠진 우리가 모두 장님입니다. 그렇다면 우리는 이 코끼리를 어떻게 다뤄야 할까요? 각자 자신의 주장만 내세우면 다른 이의 주장이 옳지 않다고 다투기만 할 뿐입니다. 그렇지만 제가 만진 것만큼 말하면, '저 사람도 저 사람이 만진 것을 말하는구나'라는 다른 이의 견해에 대해 그럴 수 있다는 가능성을 열어놓게 됩니다.

그렇게 하기 위해서는 일체지자, 즉 '부처님은 코끼리 전체를 보신 자이고, 우리 모두 장님이다'라는 생각을 먼저 가져야 합니다. 그렇지만 스님처럼 '나는 전체를 보는 자'라는 견해를 세우고 중도를 실천한다고 주장하면, 불법을 오해하는 아상만 생깁니다. '장님의 코끼리 만지기'는 비유량譬喩量입니다. 적절할 때 적절한 비유를 해야지 중도를 주장하면서 이 비유를 가지고 오는 것은 옳지 않습니다.

스님과 저의 견해 차이는 '양극단을 어떻게 정의하느냐?'에서도 드러납니다. 다시 부처님께서 지적하신 상견은 무엇이고, 단견은 무엇인지부터 되짚어봅시다.

도법 붓다의 삶으로 보면 첫 설법에서 '양극단을 버리고 중도로'라고 표현하고 있습니다. 불교학자들은 '고락중도'는 실천적 측면의 중도이고, '유무중도'는 사상적 측면의 중도라고 이야기합니다. 그런데 나는 굳이 그럴 필요가 있을까 싶습니다.

이론이 아니고 실제 중도적으로 해보면, 실천적이든 사상적이든 양변 양극단 전도몽상이 떨어져나가고, 실상—참모습이 드러납니다. 그러면 되는 것 아닙니까?

담정 일반적으로 고락중도를 설명할 때 '낙樂'을 부처님 출가 이전, 즉 왕궁에서 경험한 오욕락을 말합니다.

도법 보통 출가 이전을 '낙樂', 출가 이후를 '고苦'로 해석하는데 나는 달리 생각합니다.

담정 저도 출가 이전만 '낙樂'이라 보지 않습니다.

도법 나는 '낙樂'을 추구하는 것, 즉 향락주의의 본의는 오욕락보다는 정신적인 신비하고 황홀한 기쁨을 추구하고 탐닉하는 것을 의미한다고 봅니다.

겹치는 경우들이 있겠지만 일단 붓다의 생애를 따라가봅시다. 첫째, 세속의 욕망을 좇는 것은 출가할 때 버리고 떠나왔기 때문에 당시 이야기되고 있는 향락주의와는 관계없는 내용입니다. 둘째, 오욕락을 추구하는 것에 수행의 의미를 부여하는 경우는 없습니다. 셋째, 수행의 이름으로 다뤄지고 있는 당시 출가의 향락 추구는 당연히 정신적 황홀함에 대한 신비 체험 같은 것으로 보아야 합니다. 넷째, 그래야 붓다의 중도설이 명료하게 드러나게 됩니다.

담정 그 점에 대해서는 동의합니다. 스님의 의견을 듣고 새롭게 해석해봅니다. 왕궁에서 누린 오욕락도 쾌락이지만, 정신적인 선정도 상견론 안에서 쾌락이라 해석할 수 있습니다. 그리고 이 부분은 불교 교학의 논리적 체계와도 맞물려 있습니다.

용수보살의 『보행왕정론』 『권계왕송』 그리고 샨띠 데바의 『입보리행론』을 보면 단견·상견 가운데 반드시 단견을 먼저 논파하고 상견을 논파합니다. 이 지점에서 스님이 하신 말씀과 접점이 생깁니다. 단견은 '죽으면 다 끝'이라는 생각으로 그 모습은 향락주의와 회의주의로 나타납니다. 단견인 향락주의(오욕락)를 논파한 후, 그다음 상견(선정 수행)을 논파하면서부터 불교와 힌두교는 길이 갈립니다.

그다음이 고苦의 문제인데, 부처님께서 출가하신 후 선정 수행에서 답을 찾지 못하자 6년 고행을 하셨습니다. 일반적으로 고행 수행을 고락의 고苦라고 생각하는데, 고행 수행도 아뜨만이 있다고 여기는 사람들이 절대적 쾌락을 추구하기 위한 수행법입니다. 요즘 잘 쓰는 말로 하면 진아眞我를 추구하는 것입니다. 외도가 굳이 고행 수행을 하는 것은 무색천의 천신으로 태어나 다함 없는 안락을 추구하기 위한 것이니, 그들도 지금을 희생해서 미래의 '낙樂'을 추구하였던 셈입니다. 결국, 인간은 어찌 되었든 자기 편함을 추구하는 그저 그런 존재입니다. 다만 불교는 그것 너머를 추구한다는 데서 결정적인 차이가 있습니다.

연기법은 본래법인가

도법 여래의 출현과 깨달음 여부와 상관없이 법은 본래 있었다고 하는데, 그 본래법은 무엇을 말하는 것입니까?

담정 연기법을 말합니다.

도법 본래 있었다… 있다는 것은 존재한다는 뜻으로 해석되지 않습니까? 연기법이 자연법칙이란 말입니까?

담정 그렇지 않습니다. '연기법을 존재론이다'라고 말하는 순간, '무언가 고정불변하는 것이 있다'라는 생각이 생겨나 '무언가 의지하여 존재한다'라는 연기법의 의미가 퇴색해버립니다.

인식론의 기본은 있는 것을 논하는 것입니다. 불교는 있는 것을 부정합니다. '고정불변한 채 존재하는 것은 없다'라고 주장합니다. '연기적'이라고 표현하는 순간, 이미 존재론은 성립하지 않습니다.

도법 대승의 언어로 '실상이언實相離言 법신무적法身無跡', 즉 '실상은 언어를 떠나 있고, 진리의 몸은 자취가 없다'라는 말이 있습니다. 언어를 떠난 것이 인식을 떠나 있다는 뜻 아닙니까? 대부분 선사들도 '진리는 언어로 말할 수 없지만, 그렇지만 말로 한다'라고 합니다.

담정 그렇습니다. 그것을 좀 더 정련하여 말하면, '연기 실상의 세계'와 '언설의 세계'의 차이입니다. 이것이 곧 이제론二諦論의 배경입니다. 연기 실상의 세계이기에 존재론이 성립할 수 없습니다.

예전의 선사들은 본격적인 교학을 통해서 이제론을 공부하지 않으셨습니다. 그분들의 위대한 점은 이런 문제를 경험적으로 아셨다는 것입니다. 이것이 불립문자不立文字의 올바른 의미입니다. '언설의 세계를 뛰어넘어 바로 보자!'라는 것입니다. 그래서 간화선看話禪에서 살필 '간看'을 쓰고 있습니다.

도법 붓다의 생애에서 파악되는 중도는 비판철학이 아니고 실천의 진리입니다. 우리가 삶에서 풀어야 할 문제는 결국 양극단입니다. 양극단은 논리가 아니고 중도로 접근하면 양극단이 바로 떨어져나간다는 것이 붓다의 말씀입니다.

그리고 붓다가 뜻한 중도 연기의 의미를 충실하게 따른 사람이 대표적으로 용수이고, 『중론』을 한역한 구마라집입니다. 이들은 붓다께서 말씀하신 중도 연기의 뜻을 잘 살렸던 것 같습니다. 그 외에는 의심스럽습니다. 중도적으로 하면 실상이 드러나고 양극단이 떨어져나간다는 점에 대해서는 어떻게 생각하십니까?

담정 바로 앞에서는 고락중도와 유무중도를 이야기하더니 이제는 왜 유무중도를 부정하십니까? 이런 견해는 그저 단견·상견에 '중中'이라는 극단을 더해 3극단을 만드는 것입니다.

도법 중도가 무엇인지에 대해 정리하는 것이 중요하기 때문에 복잡해지기 이전의 원형에 대해 짚었으면 하는 마음입니다.

담정 그럼 그 부분부터 살펴봅시다. 부처님 당시로 돌아가, 그 당시 지적 수준을 생각해봅시다.

부처님 당시에는 오늘날 철학이라는 단어를 붙이는 것이 낯

부끄러웠던 수준의 지적 논의만 이루어졌던 시대입니다. 그러므로 당시의 논의는 그렇게 사변적이지 않았을 것입니다. 그리고 그 시대 최고의 의문은 '영혼', 즉 '아뜨만'의 존재 여부였을 것입니다. 그리고 부처님께서는 '그런 고정불변하는 속성을 가진 영혼 같은 것은 없다'라고 말씀하셨습니다. 그것이 곧 무아 이론이고, 당시에는 그 정도 답만으로도 충분했다고 봅니다.

도법 원형을 확인해보자고 한 이유는 '있는 그대로의 길'인 '중도'를 실천의 진리보다는 비판철학이라고 규정하는 점에 대해 의심이 가기 때문입니다.

붓다의 삶과 나의 일상적 경험을 연결해보면 분명 중도는 실천의 진리, 연기는 존재의 진리라고 파악됩니다. 6년 고행 후 양극단의 길을 버리고 떠난 사실, 초전법륜 때에 양극단을 벗어난 중도를 말하고 있는 점, 일생 한결같이 응병여약의 정신으로 가르침을 펴신 점 등을 고려해보면 더욱 확실해보입니다.

그리고 불교냐 아니냐를 판가름할 수 있는 핵심 개념이 중도임을 생각하면 중도의 개념을 현실성 있게 이해하고 적용할 수 있도록 돕기 위해서라도 중도에 대해 잘 짚어보고 우리말로 번역도 해보면 좋겠다는 이야기입니다.

담정 나 역시 부처님의 삶에서 저의 불교 원형을 찾으려 합니다. 그렇지만 같은 이야기를 반복하면 강조가 된다고 여기는 스님과는 결이 다릅니다.

다시 초전법륜의 '조건'인 누가 그 법문을 들었는지 생각해 봅시다. 스님 말씀에는 항상 이 부분이 빠져 있습니다. 그리고 범천권청에 대한 배경이나 역사의 해석 등, 부처님의 후대 사람들은 왜 이런 장치를 했는지에 대해서 고민하지 않는다는 점도 문제입니다.

부처님께서는 항상 자신의 이야기를 듣는 대상에 따라서 말씀하셨습니다. 따라서 초전법륜의 가르침은 오비구를 위한 가르침이었습니다. 다른 조건의 사람들이라면 다른 이야기를 하셨을 것입니다. 스님은 경전을 지나치게 평면적으로 봅니다. 그냥 '부처님께서 말씀하신 것'이라고만 생각합니다. 어떤 사람에게 하신 말씀인지 그 대상을 자세히 보아야만 구체적인 부처님 말씀을 제대로 이해할 수 있습니다.

도법 그렇습니다. 나도 붓다는 중생의 근기에 따라 설법했다는 점에 공감합니다. 보통 연기라고 하면 십이연기를 떠올리는데 설명들이 복잡합니다. 십이연기 외에도 이지연기, 팔지연기 등 다양합니다. 물론 듣는 대상에 따라 다르게 설명할 수도 있고 더 확대될 수도 있습니다. 그러나 이것저것을 다 따져봤을 때 그나마 적절하다고 정형화된 것이 십이연기입니다.

그리고 연기라는 같은 내용을 대상과 상황에 따라 다르게 설해진 것이 여러 개의 연기라고 봅니다. 잘 알다시피 십이연기를 실천 체계화한 것이 사성제입니다. 당연히 사성제에 연기가 포함되어 있습니다. 일반적으로 사성제를 말할 때 고의 발생과 소멸을 말하지, 생물학적 윤회를 말하지 않습니다. 붓다의 생애에서 확인해 보면 십이연기는 고의 발생과 소멸론입니다.

그런데 왜 고의 발생과 소멸, 그리고 생물학적 윤회를 뒤섞어서 삼세양중인과三世兩重因果로 설명하는 것입니까? 아무리 해도 삼세양중인과론에 두 가지를 뒤섞어서 다루는 한 어렵고 혼란스러움에서 벗어날 길이 없어 보입니다. 그러므로 분리해 따로 다루던가, 아니면 삼세양중인과로 하더라도 윤회의 문제를 별도로 다루고 고의 발생과 소멸론으로 해석하면 훨씬 명료해질 것으로 보입니다.

담정 부처님 이야기부터 해봅시다. 오비구는 무슨 수행을 했겠습니까?

도법 붓다께서 전법을 시작할 때 제일 먼저 말을 잘 이해할 대상을 찾았습니다. 첫 번째가 선정 수행의 두 스승이고, 그다음이 오비구입니다. 오비구는 선정과 고행을 다 했습니다. 물론 붓다께서 상대를 고려했다고 하더라도 기본 입장은 바로 붓다 자신이 경험하고 터득한 것을 중심으로 말씀하셨을 것입니다. 그리고 그 내용을 요약한 것이 중도와 사성제입니다. 대상의 차이가 있다고 하더라도 기본 기조는 다르지 않았다고 봅니다. 선정 수행자에게도 고행 수행자에게도 당신이 해보니 이러이러하다고 말씀하셨을 것입니다.

그런 차원에서 볼 때 실천 진리로서의 '중도'는 어떤 대상에 따른 대응보다는 뭇 생명들이 보편적으로 앓고 있는 양극단이라는 병에 대한 처방인 것입니다. 따라서 여러 가지 측면을 고려하고 보면 정리가 잘 안 되기 때문에 현장의 실제와 연결할 수 있도록 '중도'를 우리말로 풀어보자고 하는 것입니다. 나는 '중도'를 '있는 그대로의 길'이라고 풀어보았는데 이 점에 대해서 논의를 해보면 좋겠습니다.

담정 부처님께서 고행을 그만두고 앉으셨을 때 무엇을 하셨다고 생각하십니까?

도법 붓다께서 출가 이후 스승이 시키는 대로 하셨는데 여기에서 길이 어긋났다고 봅니다. 끝내 해답을 못 찾았기 때문에 그 길을 버리고 떠났습니다. 그리고 백지 상태에서 자기 방식으로 자신과 직접 대면했고, 그 길에서 해답을 찾았습니다. 뒷날 스스로 간 길을 중도라고 했습니다.

담정 부처님께서 고행을 멈춘 후, 유미죽을 얻어먹고 어떤 각오로 다시 앉으셨는지 제대로 알아야 한다고 봅니다. 이 자세가 더 중요하기 때문입니다.

부처님께서 유미죽을 얻어 잡수셨던 때는 이미 지나친 고행으로 피폐해질 대로 피폐해진 자기 몸을 제대로 다룰 수 없었을 것입니다. 그리고 유미죽을 드시고 조금이나마 기운을 차렸을 것입니다. 그러고는 다시 나무 아래 앉으셨을 때 무엇을 하셨을까요?

출가 전에 한 왕국의 태자로서 오욕락을 누렸습니다. 그렇지만 그 길은 아니기에 출가를 하셨습니다. 출가 후 선정 수행도 끝까지 해봤으나 그것으로는 윤회에서 벗어날 수 없었습니다. 그리고 고행도 끝까지 해봤지만 그것도 아니었습니다. 그런 상황에서 다시 기운 차리고 앉아 무엇을 하셨을까요?

부처님께서는 그렇게 앉으신 후에 어릴 때부터 자신이 해온 것을 되돌아봤을 것입니다. 그러면서 자기가 놓친 부분을 재해석하셨을 것입니다. 물론 저도 보리수 아래 다시 앉으신 후 깨달음에 이르시는 그 과정에 대한 경전의 설명들이 궁색한 면이 없지 않다고 봅니다. 그렇지만 중요한 것은 부처님께서 자신의 생애 초기에 초점을 두었다는 점입니다. 그러면서 출가 이후 수행을 다시 돌아봤을 것입니다. 바로 그 생애 초기의 경험, 초기 위빠사나라고 하는 그 지점, 다시 말해 작은 새가 벌레를 잡아

먹고, 그 작은 새를 다시 큰 새가 낚아채 가는 농경제의 경험입니다.

그리고 스님 말씀처럼, 남들이 가본 길 지법 수행을 왜 버리셨을까요? 목적이 달랐기 때문입니다. 선정 수행은 무색천의 안락을 추구합니다. 그렇지만 부처님께서는 윤회에서 벗어나는 것이 목적이었습니다. 부처님께서는 무색천의 경지까지 다 다른 후 외도의 스승에게 '그다음은 무엇이냐?'라고 물었습니다. 바로 그 질문에서 드러나는 것이 선정 수행과 부처님의 목적이 다르다는 것입니다. 문제는 남들이 해본 길이 아니라 그 목적이 다른 것입니다.

도법 간단하게 이야기하면, 그 길에서는 자신이 찾고 싶은 고의 발생과 소멸의 길을 못 찾았습니다. 미련 없이 버리고 나왔고, 그리고 자기 방식의 길을 갔는데 그 길에서 해답을 찾고 뒷날 그 길을 중도라고 표현한 것입니다.

담정 스님은 부처님의 일생 가운데 이제야 중도를 언급하고 있습니다! 자기 문제를 고치는 것이 곧 중도이지, 스님처럼 중도를 추구하는 것은 또 다른 극단을 세우는 것일 뿐입니다.

도법 나는 중도라는 말에 담긴 내용을 잘 알고 싶은 것입니다.

그래서 중도라는 말이 가지는 내용을 우리말로 '있는 그대로의 길', 다른 표현으로는 '현장의 길'이라고 풀면 중도라는 말의 내용이 무엇인지 실제 삶에 어떻게 적용하는 것인지가 분명해지지 않을까 하는 마음입니다.

담정 스님은 '왜 항상 중도라는 말로 말을 낳으려 하는가?'에 대해 생각해봤습니다. 그것은 바로 앞에서 언급한 것처럼 '여如'라는 개념에 대한 오해 때문입니다.

도법 그래도 명료하게 이해되지 않기 때문에 길 찾기 차원에서 이야기해보자고 하는 것입니다. 중도도 그렇습니다. 명료하지 않은 부분들이 전문적으로 교학을 공부하는 사람들에게는 괜찮을지 몰라도 나 같이 실제 삶을 기본으로 하는 보통 사람들에게는 괜찮지 않습니다.

담정 스님은 다른 사람들에게 연기와 공을 설명할 때 어떻게 말씀하십니까?

도법 왜곡된 연기론에 대한 대책, 같은 개념으로는 안 될 때 공으로 설명합니다.

담정 바로 그것이 역사의 산물입니다.

도법 그렇게 설명해도 여전히 명료하지 않습니다.

담정 불법을 체계적으로 해석했던 구사론자들이 부처님의 가르침을 분석하기 시작하면서, 불교가 삶에서 멀어지고 스콜라불교가 되었습니다. 그러니 삶을 직시하라고 했던 부처님의 가르침을 따르던 수행자들은 새로운 개념으로 '공'을 가지고 온 것입니다.

도법 왜 구사론자들이 그렇게 갔겠습니까? 나는 그 출발이 불교를 중도적으로 공부하지 않았기 때문이었다고 봅니다.

담정 다시 또 중도입니까! 모든 역사적인 결과물은 작용과 반작용의 결과입니다. 부처님 사후에 힌두교가 체계를 정비하고 불교와 본격적인 논쟁을 벌였습니다. 그리고 불교 또한 지역적 편차를 두고 발달했습니다. 부처님의 활동무대였던 중인도나 북인도에서는 부처님께서 남긴 말씀들에 대해 학술적으로 발달했습니다.

그와 달리 남인도에서는 부처님을 초월적 존재로 보았습니다. 그러다 보니 부처님 말씀에 대한 논쟁이 일어나지 않았습니다. 그런 흐름 속에서 반야부의 『팔천송반야경』에서 공이나 대승이라는 개념이 맨 처음 등장했습니다. 교학이 아닌 삶으로 살아내고자 하는 수행자들 사이에서 연기가 곧 공이라는 새로운 개념이 등장한 것입니다.

도법 붓다 당신이 깨달은 것을 중도 연기라고 표현했습니다. 그리고 당시에도 자신이 발견한 중도 연기를 가지고 많은 도전을 헤쳐나갔습니다. 물론 후대보다 덜 정교했겠지만, 교학 체계는 있었습니다. 하지만 자신이 깨달은 중도 연기를 가지고 투철하게 대응했을 터이지만 잘 된 때도 있고, 잘 안 된 때도 있었을 것입니다.

담정 시대 상황이라는 조건에 따라 달리 해석한 것일 뿐입니다.

도법 『아비달마구사론』의 발달도 그런 도전의 산물이라고 알고 있습니다. 그렇지만 그런 도전들은 어느 때나 있는 것인데 붓다의 방식과 구사론자들의 방식이 중도적으로 했는가, 이론적으로 했는가의 차이라고 봅니다. 결국 이론적으로 접근했기 때문에 실제 삶에 적용하기에 적절하지 않은 내용으로 복잡하고 어렵고 혼란스럽게 된 것이 아닐까 하는 생각입니다.

담정 ‘중도의 과잉’에 빠져 있는 스님은 이론과 실천을 분리해 생각하고 불교 교학 발달사에서 구사론자들의 업적을 깎아내리고 있습니다. 구사론자들도 당시 시대 상황 속에 놓여 있었습니다. 당시 시대 상황은 『아비달마구사론』을 발달시킬 수밖에 없었다고 보면 그들도 중도를 실천한 것입니다.

도법 『중론』도 마찬가지로 시대 상황물 아닌가요?

담정 맞습니다. 『중론』은 대놓고 그렇게 합니다. 더욱 철저하게!

도법 그리고 대승불교 전체도 그렇지 않습니까?

담정 그렇습니다. 그리고 이런 자세는 오늘날 교학도 마찬가지입니다. 자기 자신이 사는 시대의 고민이 곧 ‘나의 세계’의 고민입니다.

도법 담정의 말처럼 당시 구사론자들도 나쁜 마음으로 불교를 함부로 했다고 생각하지는 않습니다. 그 시대 상황에서 최선의 판단과 선택을 한 것이고 그 결과가 『아비달마구사론』이라고 봅니다. 그렇지만 올바른 관점인지 잘못된 관점인지는 잘 살펴야 할 일입니다.

무엇이 문제였을까? 바로 중도에 대한 바른 이해와 실천의 여부가 문제인 것입니다. 희론戱論은 소멸되어야 하는데, 오히려 더 확대하는 결과를 낳았습니다. 『니까야』에 없는 것이 대승에 와서 있을 수도 있고 바뀔 수도 있습니다. 중도를 '있는 그대로의 길'이나 '현장의 길'로 번역할 수 있는 것처럼.

담정 스님이 백만 한 번 '중도에 대한 바른 이해와 실천의 여부가 문제'라고 반복해도, 바뀌지 않는 것은 바뀌지 않습니다. 그것은 스님이 가진 '조건'입니다. 무한반복되는 주제보다 다른 이야기를 해봅시다.

십이연기와 삼세양중인과

도법 법法, 즉 다르마dharma를 우리말로 바꾸면 어떻게 됩니까?

담정 '현상現象'이 제일 적합한 개념입니다. 존재, 사태事態, 현상 등은 각기 다른 개념입니다. 아공법공我空法空의 법을 현상으로 놓으면 그 뜻이 명확해집니다. 구사론자들의 시대에 '현상은 바뀌지만 바뀌지 않는 근본 물질이 있는가?'에 대한 논쟁이 있었습니다. 불교는 힌두 육파철학六派哲學에 대응이 필요했습니다.

부처님 재세 시에는 '무엇인가 있다'라는 실체론적 사고방식이 주류였습니다. 부처님은 연기법으로 그것을 깼습니다. 그리고 그 이후에도 불교와 힌두교는 계속 논쟁을 통해 자기 교리를 발전시켰습니다.

도법 붓다의 깨달음 내용을 십이연기라고 하는데, 『중론』을 보면 십이연기를 고의 발생과 소멸, 그리고 생물학적인 윤회를 뒤섞어 삼세양중인과三世兩重因果로 설명하고 있습니다. 붓다의 생애에서 십이연기는 윤회가 아니고 고의 발생과 소멸에 관한 설명으로 되어 있습니다. 십이연기를 실천 체계화한 것이 사성제인데, 사성제도 고의 발생과 소멸 체계라고 설명하지, 윤회를 설명한다고 하지 않습니다. 『니까야』나 『아함경』에서도 그 관점과 입장은 마찬가지입니다. 그런데 『중론』을 포함한 대부분의 불교 이론들이 십이연기를 삼세양중인과에 맞춰 윤회와 고의 문제를 함께 다룹니다. 내 경험으로는 그렇게 하면 혼란스러움만 더하지, 명료해지지 않는다고 봅니다.

담정 스님은 무언가를 잘못 알고 있습니다. 『중론』에 나오는 삼세양중인과는 주석에서나 나오지, 본 게송에서는 언급조차 없습니다. 그리고 지금까지 제가 살펴본 바로는 『중론』「십이연기에 대한 고찰」에 한 차례 설명되어 있을 뿐입니다.

도법 각묵 스님은 『니까야』에 근거해 삼세양중인과론이 맞다는 논리를 폅니다. 이 문제를 묻고 따져보고자 해도 너무 어려워 충분한 대화를 못하고 있습니다. 거듭 말하지만 『니까야』나 『아함경』에서는 십이연기가 고의 발생과 소멸을 말하는 것이지, 윤회를 설명하는 것으로 되어 있지 않음은 분명합니다.

삼세양중인과도 윤회 말고 고의 발생과 소멸로 해석하면 어렵거나 복잡하지 않게 정리될 수 있다고 봅니다. 그렇게 하면 고집멸도 사성제와도 잘 맞아떨어집니다.

십이연기를 내 경험으로 설명해보겠습니다. 언젠가 일본에 갔을 때입니다. 어떤 분이 '일본에 왔으니 온천에 가자!'라고 해서 온천에 갔습니다. 아침에 혼자 온천을 하고 돌아와 방문을 두드렸는데 내 방이 아니었습니다. 아무리 방을 찾아도 찾을 수 없었습니다. 말도 안 통하고 글도 모르고 전화도 없었습니다. 비행기 시간은 다가오고 전전긍긍했습니다. 허둥대다가 하나하나 짚어봤습니다. 어디에서 빗나갔을까, 길을 잃었을까, 왜 이렇게 되었을까? 가만히 생각해보니 층수에 대한 기억이 잘못되었음을 알게 되었습니다. 기억을 따라가 문을 두드려보니 내 방이었습니다. 바로 그 순간 한숨이 툭 터져 나왔습니다. 편안해지고 홀가분해졌습니다.

중도, 있는 그대로 보면 실상에 대한 무지, 자기 방이 있는 곳에 대한 무지가 무명입니다. 그때부터 모든 것이 어긋나고 마침내 전전긍긍하는 고통에 시달렸습니다. 실상에 대한 참된 앎, 자기 방이 있는 곳을 참되게 아는 것이 깨달음입니다. 깨닫는 순간 전전긍긍하는 지옥에서 벗어나게 되고, 바로 편안해지고 홀가분해졌습니다.

다시 말해 실상에 대해 아는가 모르는가 하는 문제입니다. 앎은 깨달음이고 빛입니다. 모름은 무명이고 어두움입니다. 이것이 붓다가 우리에게 알려주는 내용 전부라고 해도 무방합니다. 어두움은 오직 빛으로만 해결됩니다. 무지는 참된 앎으로만 해결됩니다. 그래서 불교를 깨달음의 종교라고 합니다.

무명은 어릴 때부터 화두였습니다. 십이연기의 다른 것들은 대충 수긍이 가는데, 무명은 늘 이해가 안 되었습니다. 스님들께 물으면, '홀기무명忽起無明', 문득 무명의 바람이 일어나 생사의 풍파가 벌어졌습니다. 언제 일어난 것인지 물어보면 알 수 없는 아득한 옛적이라고 합니다. 그리고 미세번뇌 상태이기 때문에 말로 설명할 수 없다고 합니다. 오로지 참선 수행을 해서 깨달아야 알 수 있다고 합니다. 여전히 오리무중이었습니다. 결국 『아함경』과 『니까야』까지 열어 보게 되었습니다.

삼세양중인과로 보더라도 고의 발생과 소멸 체계로 정리하면 명료해집니다. 앞서 말한 경험들과 연결해보면 더 확실합니다. 다시 말하면 내 방은 실제 2층인데, 3층이라는 생각으로 3층에 가서 아무리 찾아도 당연히 내 방이 거기 있을 리 없습니다. 즉, 있는 그대로의 실상에 대해 무지한 것, 그것이 무명입니다. 그다음에 불안, 초조로 나타나는 과정을 12가지로 설명한 것이 십이연기입니다.

담정 왜 그렇게 다 설명하는 겁니까?

도법 내가 이해하기 위해서입니다.

담정 교학 쪽으로 가기 시작하면 교학에 빠집니다.

도법 모든 논리는 알아야 할 것을 제대로 알아보자고 하는 것입니다. 앞서 보았듯이 경험과 연결해보면 복잡하고 어려울 게 없습니다. 고통의 발생과 소멸, 결국 아는가 모르는가 하는 문제입니다. 중도적으로 삶을 다루면 단순해집니다. 그렇지 않으면 복잡하고 혼란스러울 수밖에 없습니다.

삶이 단순 명료해지는 것을 『중론』에서는 '희론의 소멸'이라고 하고 있습니다. 그리고 『중론』「귀경게」 내용에도 핵심은 바로 이 희론의 소멸입니다. 『니까야』나 『아함경』에도 같은 맥락의 내용이 나오는 것이 기억납니다. 중도적으로 하면 희론이 소멸하지만, 중도적으로 하지 않으면 무엇을 다루든 희론이 확대 재생산됩니다.

담정 우리가 사용하는 개념들을 추적해보면, 어떤 개념이 생기고 이후에 추가 해석한 것이 눈에 띕니다. 어떤 개념이라는 그릇이 생기면 그 안에 이것저것 좋은 것을 다 집어넣은 것입니다. 그렇지만 그렇게 되면 대중들은 어려워하고, 불교 공부 안 하게 됩니다.

용수보살은 그런 거 하지 말라고 하신 것입니다. 교학 체계는 한 번은 뻥 치는 것을 배우고, 그다음에는 뻥 치지 말라는 것을 배웁니다. 그럼 대중들은 무엇을 하고 하지 말라는 건지 헷갈리게 됩니다. 이것 때문에 용수보살은 '부처님께서 그 마음을 후퇴하셨다'라고 '해석'하고 있습니다.

공성에 대해서 그릇된 견해(邪見)를 (갖는다)면
조그만 지혜들마저도 파괴됩니다.
마치 뱀을 잘못 잡은 것이거나
그릇된 주술呪術을 성취하는 것과 같이.

그러므로 (근기가) 약한 이(들)이 이 (수승한) 법의
(심오함을) 철저히 깨닫기 어렵다는 것을 아셨던
능인能仁의 바로 그 마음 (때문에) 교법教法으로부터
(공성에 대한 가르침이) 매우 후퇴하게 되었던 것입니다.

-『중론』「제24품. (사)성제에 대한 고찰」 [355.(24-11)], [356.(24-12)번] 게송.

용수보살은 열반·여래·사성제·오온·육근 등은 실체가 존재하지 않는 것이라고 강조합니다. 구사론자들에게 너희가 부처님 법을 설명한다고 『아비달마구사론』을 만들었지만, 괴로움에 빠져 있는 대중들은 다 떠나고 지금 너희끼리 떠들고 있다고 지적하는 것이 『중론』에 등장하는 논파의 의미입니다.

그리고 앞으로 어디 갈 때 열쇠 꼭 챙겨 다니기를 바랍니다. (웃음)

03

중론과 이제론

부처님과 14난難

도법 불교학자들이 불교 교학을 단지 형이상학적이고 철학적으로만 다루는 것을 자주 볼 수 있습니다. 그런데 붓다께서는 분명 철학적인 주제도 중도적으로 다루셨습니다. 그것을 잘 보여주는 것이 『불설전유경』의 14난難에 대한 침묵입니다. 그 14난難은 형이상학적인 주제입니다. 그 질문에 대해서는 대응하지 않으시고 침묵하셨습니다. 이 부분을 철학자들이 놓치고 있습니다.

『중론』에 대해서도 중도적으로 다루어야 갈등과 반목의 원인인 양극단이 떨어져 나간다고 봅니다. 그렇게 하지 않으면 말이 말을 낳게 됩니다. 이것이 불교학자들의 사고방식과 부처님의 차이라고 봅니다. 어떻게 생각하십니까?

담정 부처님 당시 형이상학은 걸음마 단계였습니다. 당시는 철학적 단초만 있었고, 이것을 깊은 사유로 끌고 나갈 정도는 되지 못했습니다. B.C. 4세기경 빠니니에 의해 산스끄리뜨어 문법이 완성된 이후에야 무수한 불교 이론과 불전 문학이 형성됩니다. 이 시기부터 브라만교도 본격적인 반격을 시작합니다.

이런 새로운 상황 속에서 부처님께서 말씀하신 연기법도 다시 다듬어야 했습니다. 그것을 제일 먼저 한 사람이 바로 '대승불교의 아버지'라고 불리는 용수보살입니다. 불법은 시대 상황에 따라 달라지고 발전해왔습니다. 부처님도 용수보살도 그러하셨습니다. 그럼 우리는 어떻게 해야 할까요?

도법 용수보살처럼 중도적으로 해야 합니다. 그래야 양견이 떨어지고 희론이 적멸합니다.

담정 저는 용수보살이 '논리로 논리를 논파했다'라고 생각하지, 그것이 중도적이라고는 생각하지 않습니다. 같은 이론이라도 다른 조건 속에 다르게 해석되듯, 요즘 시대의 조건을 냉철하게 살펴야 제대로 된 부처님의 그 뜻이 와 닿습니다. 지금의 조건을 한번 살펴봅시다.

불교는 소수입니다. 동양철학도 소수입니다. 오늘날 세상을 지배하는 것은 서양의 물질문명입니다. 물질문명은 신에 대한 반대급부로 극대화된 인간의 이성과 이 지구를 절멸로 끌고 가는 인간 욕망의 무한한 팽창을 이끌고 있습니다. 그렇다면 이런 시대적 조건 속에서 우리는 무엇을 해야 할까요?

우리가 속한 시대적 고민을 전제로, 각자의 위치에서 불법을 따라 산다는 서원을 실천하는 방법의 공통분모를 어떻게 만들어 갈지에 대한 기본적인 합의가 필요합니다. 그 합의가 어렵고 잘 안 되는 이유부터 살펴봅시다.

저는 항상 나를 먼저 돌아봅니다. 저는 이 하루를 얼마만큼 부처님 말씀에 따라 추스르며 살고 있나 돌아보면 항상 반성하게 됩니다. 어떤 지향점을 찍고, 그것에 대해 반성·비판하는 것입니다. 그럼 그 지향점은 무엇일까요?

대승의 길은 '더불어, 함께, 서로 나누는 삶'입니다. 그 길에서 나를 보면 스스로 부끄럽습니다. 이 부끄러움(恥心)을 공유할 사회적 요건이 되어 있을까요? 서양 물질문명이 지금처럼 계속되면 현 인류 문명은 멸절됩니다. 그렇게 되기 이전에 이런 삶을 얼마나 밀고 나갈 수 있고, 이런 생각을 얼마나 공유할 수 있을까? 항상 이런 생각으로 내 발밑부터 살핍니다.

도법 시대적 상황을 잘 파악하여 적절하게 응답해야 하고, 자기부터 살펴야 한다는 말에 동의합니다. 그렇게 잘 하려고 붓다의 말씀과 불교, 『중론』을 공부하는 것입니다. 그렇기 때문에 결과적으로 붓다와 용수보살에 대해 잘 알아야 합니다.

그런데 『중론』을 다루는 학자들 대부분이 『중론』에 대해 '중도를 논한다'라는 방식을 취하고 있습니다. 내가 보기에 용수는 '중도로 논한다'라는 관점을 가지고 있습니다. 오직 '중도로 논한다'라고 했을 때만 붓다와 용수보살의 뜻이 제대로 살아납니다.

담정 스님께서 중도라는 말을 내려 놓는 순간, 그 뜻이 살아날 듯합니다. (웃음)

논파를 하려면 상대의 논점을 알아야 합니다. 『중론』의 구조는 14난難으로 대표되는 형이상학적인 주제를 알기 위해서 부처님 입멸 후 약 5백 년 동안 발달한 『아비달마구사론』 체계를 하나하나 논파합니다. 『아비달마구사론』 같은 방법으로는 고통에서 벗어나지 못한다는 것을 보여주기 위해 '논리로 논리를 논파'하는 것이 『중론』의 테제입니다.

그것은 '묻지 않으면 답을 하지 않는다'라는 기본 테제 위에서 있습니다.

도법 나는 14난難을 붓다께서 일반적인 상식으로 명료하게 현실 검증이 안 되는 주제들에 대해서는 침묵하는 태도를 보이신 것으로 해석합니다.

담정 그렇지 않습니다. 부처님 말씀을 8만4천 법문이라고 합니다. 즉, 각자의 의문과 지적 욕구에 따라 답을 하셨습니다. 그리고 『불설전유경』에 질문자로 등장하는 만동자鬘童子(Māluṅkyāputra)의 경우, 부처님께서 이 질문에 대해 답을 못하시면 부처님 곁을 떠나겠다는 그 자세 때문에 '독화살'의 비유를 하신 것입니다. 그렇지 않은 제자에게는 다르게 설명하셨습니다. 부처님의 말씀을 어느 부분만 떼어서 다룰 경우, 그것이 일부임을 명확히 해야 합니다.

도법 나는 누구나 이해할 수 있는 상식, 일반의 수준에서 말해야 한다고 생각합니다.

담정 그 '누구나'에 나 같은 사람은 빠지는 겁니까? 각각의 '경우의 수'를 보면 그것은 거의 무한대로 확장됩니다. 보편적 대중이라고 이야기하면 간단하지만, '1:1'의 구체적인 경우는 그렇지 않습니다. 부처님 법은 유효하다는 것이 중요합니다. 평균치만 강조하면 개인이 가진 직접적인 문제에 대한 답을 할 수 없습니다.

도법 나는 평균이라 해도 관계없다고 봅니다. 구체적인 것은 심오한 사람에게도, 그렇지 않은 사람에게도 누구에게나 적용됩니다. 중도 연기라는 말로 돌아가서 이야기해보면, 붓다께서 말씀하신 중도 연기의 내용으로 당대 최고 지식인들을 교화할 수 있었을까요? 답은 당연히 '그렇다!'입니다.

담정 저는 그렇지 않다고 봅니다.

도법 그리고 일반 대중들도 그러했을 것입니다. 연기법으로 설명을 할 수 없기에 다른 방법을 쓰신 것이 아니고 같은 연기법이지만 상황과 근기에 따라 다른 방식 또는 여러 가지 방식으로 설명한 것이 붓다의 설법입니다.

담정 부처님 당시에는 그런 형이상학적인 문제를 고민하는 사람도 질문하는 사람도 거의 없었을 것입니다.

도법 14난難은 붓다 재세 시 문제 아닙니까?

담정 맞습니다. 그렇지만 중요한 것은 만동자의 마음 상태입니다. 만동자는 부처님께서 질문에 답을 하지 못하면 떠나겠다고 마음먹었습니다. 그것을 부처님께서 신통으로 아시고는 꾸짖은 후 독화살의 비유를 하신 것입니다. 그리고 진심으로 그것을 알고 싶어 하는 제자에게는 설명해주셨습니다.

도법 신통으로 알았다고 하는 부분은 전설 따라 삼천리 이야기라고 봅니다.

담정 저도 그렇게 치장되었으리라 봅니다. 즉, '신통으로 알았다'라는 부분은 문학적 장치입니다. 우리가 누군가와 대화를 할 때 그 사람의 자세를 자세히 살펴보면, 어떤 의도가 있는지 대충이나마 파악할 수 있습니다. 만동자에게는 어떤 의도가 있었을까요? 정말 궁금했던 것인지, 아니면 뽐내기 위한 것인지. 어쩌면 만동자는 자신의 형이상학적 관심을 뽐내기 위함이었다 할 수 있을 것입니다.

도법 만동자의 의도가 불순했다는 대목에 관해서는 이야기가 더 필요합니다.

담정 그렇습니다. 그래서 '신통으로 알았다'라는 점이 더욱 강조됩니다. 어찌 되었든 14난難의 주제는 '이 문제를 풀면 고통에서 벗어날 수 있는가?'라는 점입니다. 실천이 중요한 것이지, 머리가 아니라는 것이라고 저는 그렇게 생각합니다.

14난과 같은 형이상학적 질문은 고통의 문제를 해결하지 못합니다. 이렇게 불교를 하면 불교를 안다고 할 수는 있겠지만, 고통은 해소되지는 않습니다. 그리고 부처님 당시에는 『아비달마구사론』도 없었습니다. (웃음)

도법 14난으로 고통이 해소되지 않는 경우 붓다는 어떻게 하셨을지 생각해봅시다.

담정 부처님 당시에는 그런 질문을 할 만큼 논의가 발달하지 않았습니다. 부처님 당시에는 이제론二諦論이라는 말도 없었습니다. 당시의 형이상학적 질문이 바로 이 14난입니다.

14난은 4구四句로 되어 있습니다. 당시에 이 4구가 있었을까요? 오늘날 서양에는 2구二句(① A, ② ~A)만 있지만, 인도에는 4구가 있었습니다. 그리고 지금 우리도 2구, 즉 '있다'와 '없다'만 주로 다룹니다. 그렇지만 인도에서는 부처님 재세 시부터 4구로 논의했습니다. 엄청나게 지적으로 발달했던 것입니다. 4구부터 살펴봅시다.

① A : A이다.

② ~A : A가 아니다.

③ A and ~A : A이거나 A가 아니다.

④ ~A and ~(~A) : A가 아니거나 A가 아닌 것이 아니다.

14난難은 다음과 같습니다.

① 세계는 영원한가[A], 아닌가[~A], 양자[영원하면서 영원하지 않은 것, A and ~A]인가, 양자가 아닌가[~A and ~(~A)]?

② 세계는 (공간적으로) 유한한가, 무한한가? 양자인가, 양자가 아닌가?

③ 여래는 사후에 존재하는가, 아닌가? 양자인가, 양자가 아닌가?

④ 영혼은 육체와 같은가, 다른가?

도법 일반 사람에게 4구는 쉽지 않습니다. 붓다께서 14난에 대해 직접 답하지 않고 침묵한 이유가 어려워서가 아니라 질문자의 의도 때문이라는 것입니까?

담정 그렇습니다. 『전유경』에서는 의도가 불선不善했기에 꾸짖으며 독화살의 비유를 하셨고, 『사유경蛇喩經』에서는 의도가 선善했기 때문에 그런 질문으로는 고통이 해소되지 않는다고 설명하셨습니다. 부처님 재세 시에는 그 이상의 논의도 없었습니다.

부처님과 용수,
그리고
시대 상황

도법 나는 그렇게 생각하지 않습니다. 붓다께서는 누가 공격하면 방어하는 방식으로 하지 않았습니다. 그럼 어떻게 하셨을까요?

공격받을 수도 있고 문제 삼을 수도 있지만, 붓다의 대응은 기본적으로 질문하는 사람으로 하여금 실상에 직면하여 문제가 무엇인지를 바르게 알도록 하는 데 초점을 맞추었다고 봅니다. 달리 말하자면 그렇게 하는 것이 중도적인 태도라고 생각합니다. 그러므로 중도를 무엇에 대한 비판이라고 하는 것이나, 공사상을 논리적으로 논파하는 것이라고 보는 관점과 태도에 대해서 '과연 붓다께서 그렇게 하셨을까?'라는 의문이 듭니다.

담정 스님 말씀도 일리가 있습니다. 그렇지만 부처님 재세 시는 교조教祖들의 시대였습니다. 새로운 이론이 나오면 사람들이 그 밑으로 모여들었습니다. 그 이후 제자들의 시대에는 부처님 말씀을 어떻게 해석하는지를 가지고 경쟁했습니다. 그러나 그 이후는 각자 교주의 가르침에 대한 자기 해석의 시대였습니다. 불교도 시대의 아들입니다.

부처님의 조건과 용수보살의 조건에는 차이가 있습니다. 독각의 시대에 반야부는 공空(śūnya)이라는 개념을 새로 만들어 구사론자들을 비판했습니다. 그리고 반야부가 주장한 공空을 논리로 정형화하여 설명한 것이 용수보살이었습니다. 경론은 당대 시대를 반영합니다. 그리고 우리 역시 이것을 기본으로 지금 시대를 해석해야 합니다.

도법 붓다와 용수보살의 시대 상황이 다르고 문제의식이 달랐다는 점, 그에 따라 다른 또는 여러 가지 방법들이 불가피했다는 것은 동의할 수 있습니다. 하지만 그때나 이때나 이 사람에게나 저 사람에게나 삼계화택三界火宅이라는 표현처럼 세상은 대부분 비슷하다고 봅니다.

담정 그렇습니다. 그런데 스님은 어떤 불인지 알아야 불을 끌 수 있는데 소방차인 중도만 출동하면 불을 끌 수 있다고 합니다. (웃음)

역사적 맥락을 살펴보면 용수보살 재세 시에 무슨 일이 있었고, 무엇 때문에 용수보살이 『아비달마구사론』을 그렇게 비판했는지 추측해볼 수 있습니다. 남인도 출신인 용수보살은 인도 역사상 유일무이하게 북인도를 장악했던 남인도 정권, 사따바하나Śātavāhana 왕조의 가우따미뿌뜨라 샤따까르니(Gautamīputra Śātakarṇī)왕의 종군사從軍師였습니다. 남인도는 반야부般若部의 고향이고, 북인도는 유부有部의 고향입니다. 이런 점을 살펴봤을 때, 남인도 정권이 북인도를 장악했던 정치적 이유도 있었을 것입니다.

도법 기본적으로는 붓다나 용수보살의 시대적 상황이 크게 다르지 않다고 봅니다. 붓다도 전쟁 한복판에 서 계셨습니다. 그리고 평화적인 방식으로 문제를 풀려고 하셨지만 잘되지 않았습니다.

당시 종군사였던 용수보살이 했다고 하는 역할은 다른 정복군이 하는 모습과 크게 다르지 않아 보입니다. 용수보살이 붓다의 뜻을 잘 계승하려고 했을 터인데, 지금 그 해석은 붓다의 관점과 태도와는 너무 다릅니다.

담정 저는 스님의 관점과 태도가 더 이해되지 않습니다. 부처님과 용수보살의 재세 시의 상황이 다르고, 이전에 『아비달마구사론』과 반야부의 시대가 있었는데 크게 다르지 않다니! 다른 만큼 그 맥락의 변화를 같이 봐야 합니다.

도법 오히려 나는 용수보살의 제자였던 제바提婆(Āryadeva)에게서 더 붓다다운 모습을 봅니다. 그는 자기 스승을 논파한 것에 앙심을 품은 외도의 제자가 암살하러 왔을 때, 자신을 찌른 암살자에게 안전하게 도망칠 방법을 가르쳐주었습니다. 지금 내 용으로 보면 용수보살에게서는 그 면모가 보이지 않습니다.

담정 그렇지 않습니다. 스님은 용수보살에 생애에 대해서 전혀 모르고 있습니다. 그도 마찬가지였습니다. 아니 한 걸음 더 나갔습니다. 그는 자신을 죽이는 방법도 가르쳐주었습니다.• 스

• '용맹보살은 약학藥學에 자상하여 묘약을 복용하면서 양생하고 있었다. 나이가 수백 세에 이르렀으나 기력이나 용모 역시 쇠퇴해짐이 없었다. 인정왕引正王 또한 그에게서 묘약을 얻고 있었으므로 그 나이 수백 세였다. …
"… 그렇다고 해도 왕자에게는 한 가지 어려운 일이 있습니다. 그것은 이 몸이 만약 종명하게 되면 부왕 또한 돌아가시게 되는 것입니다. 이를 생각할 때마다 마음이 걸립니다. 누가 부왕을 구할 수 있겠습니까?"라고 말했다. 그런 다음 용맹은 그 언저리를 배회하면서 자신의 목을 끊을 곳을 찾은 끝에 마른 띠잎으로 스스로 그 목을 잘랐는데 예리한 칼로 벤 듯이 목과 몸뚱이가 떨어져 나갔다. 왕자는 이를 보고 놀라 도망쳤다. 문지기가 왕에게 그 시말을 자세하게 아뢰었더니 왕은 슬퍼한 끝에 과연 얼마 되지 않아 역시 사망해버렸다.' -신상환, 『용수의 사유』, 현장의 『대당서역기』 재인용, pp. 112~113.

님은 부처님의 시대와 용수보살의 시대의 차이가 중요하지 않다고 보지만 그렇지 않습니다.

예를 들어, 동네에 가게가 하나면 할인을 안 해줘도 됩니다. 어차피 독점이니 말입니다. 그러나 경쟁업체가 생기면 할인도 하고 이벤트도 합니다. 그와 마찬가지입니다. 부처님께서는 육사외도 가운데 경쟁할 필요도 없는 독점업자였습니다. 용수보살 재세 시는 지역마다 자기 고장의 불교를 가지고 있었을 뿐만 아니라 힌두 육파철학이 정립되던 경쟁 시대였습니다. 스님 말씀은 독점하고 있는 부처님에게 할인하라는 것이고, 용수보살에게는 치열한 경쟁업체니 뭐니 그냥 무시하고 그냥 배짱 장사하라는 것입니다.

도법 그렇게 볼 수도 있습니다. 왜냐하면 『중론』을 보면 용수보살까지는 붓다의 태도를 견지하는 게 보이기 때문입니다. 최근 김성철 교수가 번역한 청목소 『중론』을 다시 봤습니다.

청목의 주석은 붓다의 관점에서 더 멀어진 것으로 보입니다. 청목은 십이연기를 삼세양중인과로 설명하고 있고 김성철 교수도 그렇게 파악하고 있습니다. 한문으로 된 게송을 봤을 때, '꼭 삼세양중인과로 다룰 수밖에 없는가?'라는 의문이 듭니다. 나는 그렇지 않다고 봅니다.

기본적으로 붓다의 법문은 고苦의 발생과 소멸에 맞춰져 있습니다. 십이연기 또는 삼세양중인과도 그렇게 해석하고 설명하고 쓰여야 합니다. 그리고 내용을 보면 그런 관점에 맞춰 해석하는 것이 가능하다고 판단됩니다. 십이연기를 고와 윤회를 뒤섞는 삼세양중인과로 보는 것과 고의 발생과 소멸로 보는 것은 전혀 다릅니다. 붓다의 기본 관점은 윤회설을 설명하는 데 있지 않습니다. 그런 면에서 보면 청목과 용수보살도 차이가 있어 보입니다.

담정 그런 차이가 곧 시대의 변화에 따르는 불교를 뜻합니다. 용수보살 이후 중기 중관학파도 용수보살의 철저함에서 멀어집니다. 그 후 티벳불교는 보리도차제菩提道次第에 따라 모든 교학을 끼워 맞춰버립니다. 거기에는 당대의 치열한 사상 투쟁의 역사가 없습니다.

현실의 치열함이 반영된 것이 이론입니다. 부파불교 시대에는 각 부파마다 경률론 삼장을 갖추고 누가 더 철저한지 경쟁을 했습니다. 그러나 부처님 말씀이 아닌 내 생존, 내 부파의 생존을 위해서 다른 부파와 경쟁을 했습니다. 그러다 보니 점점 더 미세한 것을 두고 경쟁하게 됐습니다. 현실의 이론투쟁은 정치투쟁을 반영합니다.

도법 그렇게도 볼 수 있겠습니다. 일반적으로 『중론』을 '중도를 논한다'라고 합니다.

담정 그렇지 않습니다.

도법 거의 그렇게 알고 있습니다. 그렇지만 내 생각에는 그렇지 않은 거 같습니다. 나는 그런 관점에 문제가 있다고 봅니다. '중도를 논한다'라는 관점으로 접근하면 중도라는 개념을 붙잡고 개념 논쟁을 하게 되므로 매우 복잡해질 수밖에 없습니다. 『중론』에 '중도'가 몇 번 나오는가요?

담정 『중론』 「제24품. (사)성제에 대한 고찰」 [352. (24-18)번] 게송에 딱 한 번 나옵니다.

도법 그것은 좀 의외군요. 왜 그럴까? 나는 '중도를' 논하는 것이 아니라 '중도로' 논하기 때문에 굳이 중도를 언급할 필요가 없었다고 봅니다. 중도를 논하는 것이 아니라 '중도로' 논하는 것, 그것이 『중론』의 기본이라고 봅니다. 중도를 개념으로 설명해봐야 희론이 재생산될 뿐입니다. 그렇지만 '중도로 논한다'라고 하면 필연적으로 희론이 적멸하게 됩니다.

이 즈음에서 '중론'과 귀경게 '팔불중도'를 일반적인 우리말로 풀어봅시다. 먼저 중론中論에 대해 살펴보겠습니다.

① 중도(中)를 논한다.

② 중도(中)로 논한다.

익숙한 사고방식으로 풀면 이 정도가 될 듯합니다. 쉽게 생각하면 둘 다 괜찮은 것 같기도 하고 어느 것을 선택해도 무방할 듯도 합니다. 그런데 '귀경게'의 내용과 연결시켜 생각하면 아무래도 '중도를 논한다'보다 '중도로 논한다'라고 하는 것이 타당하지 않을까 싶습니다.

다음으로 팔불중도八不中道를 살펴보겠습니다.

① 여덟 가지 중도(中)가 아닌 것을 논한다.

그러면 여덟 가지 중도가 아닌 것은 무엇일까요? 바로 여덟 가지 단견(생멸·단상·거래·일이)입니다. 단견병, 다른 이름으로 희론병은 반드시 치료해야 합니다. 그렇다면 여덟 가지 단견병에 대한 여덟 가지 중도의 약은 무엇입니까? '불생불멸·부단불상·불래불거·불일불이'입니다. 정리한 내용이 매우 분명해보입니다. 그런데 연기의 뜻이 드러나지 않는 문제가 있습니다.

② 중도로 팔불연기八不緣起를 논한다.

③ 팔불연기를 중도로 논한다.

④ 팔불연기로 중도를 논한다.

⑤ 중도를 팔불연기로 논한다.

평범하게 접근하면 이 정도로 풀어볼 수 있습니다. 그 뜻을 좀 세밀하게 하나하나 짚어보겠습니다.

①은 연기의 뜻이 드러나지 않습니다. ②③은 중도의 뜻과 연기의 뜻이 잘 드러납니다. ④⑤는 왠지 어색하고 억지스럽습니다. 여섯 가지 중에 제일 괜찮은 내용이 ②③이라고 여겨집니다. 내 생각으로는 ②③의 관점과 태도로 『중론』을 읽고 공부해야 그 공부가 희론의 함정으로 빠져들지 않고 희론적멸, 즉 여래의 진실한 뜻인 열반적정의 길을 열어가는 공부가 될 것으로 여겨집니다. 진지한 논의와 모색을 통해 명료하게 정리되고 제시되었으면 하는 바람 간절합니다.

담정 좋은 말씀입니다. '중도로 논한다'라는 말씀에 동의합니다. 참 좋은 표현입니다. 다른 곳에 가서 써먹어야겠습니다. (웃음)

용수의 사유와 『중론』

담정 『중론』에서는 유부의 『아비달마구사론』, 형이상학적 견해를 논파합니다. 이 구축적인 세계를 이해하지 못하면 반反-구축, 비非-구축적으로 논파할 수 없습니다. 논지를 명확히 하기 위해서는 상대의 논리도 알아야 논파를 할 수 있습니다. 용수보살은 삶을 직시하는 철학을 위해 이론에 얽매이는 이들을 논파했습니다. 그것은 논리의 핵심을 이해하고, 그것을 논파할 때만 가능합니다.

저는 대승불교의 근간을 자비와 연민 즉 자비심으로, 그 수행법을 육바라밀다로, 그리고 그 사상적 체계를 공사상으로 정리합니다.

용수보살은 『중론』이나 『회쟁론廻諍論』 등에서 형이상학적 철학을 논파했지만 『권계왕송勸誡王頌』이나 『보행왕정론寶行王

正論』 등에서 불법에 따르는 도덕적 삶을 강조했습니다. 우리 불교가 놓치고 있는 지점이 바로 이 도덕적인 삶의 강조입니다. 이 점이 항상 아쉽습니다.

◉— 팔불중도八不中道와 이종무아二種無我

도법 나도 그렇게 생각합니다. 나는 철학적이고 논리적인 것에 대한 이해가 턱없이 부족합니다. 하지만 짚어야 할 것이 있어서 보탤까 합니다. 자비에 대해서입니다. 나는 『중론』이 말 그대로 자성론자에 대한 큰 자비심 때문에 지었다고 봅니다. 실상에 눈뜨도록 하는 것보다 더 큰 자비는 없습니다. 그런데 『중론』 말고 자비행이 따로 있는 것처럼 이야기하는 경우가 있습니다. 『중론』 「귀경게」를 보면 팔불중도八不中道가 나옵니다. 팔불중도가 중관사상의 핵심이고 기본 아닙니까?

담정 티벳불교에서는 『중론』 「귀경게」를 주목하지 않습니다.

도법 그럼 무엇을 주목하는가요?

담정 이종무아二種無我, 즉 아공법공我空法空에 주목합니다. 아공법공은 인식 주체와 대상의 연기성을 의미합니다. 한역 전통에서는 청목소靑目疏『중론』을 보지만, 티벳 전통은 월칭소月稱疏『중론』인 『명백한 언어(名句論)』를 봅니다. 그리고 각 품을 따로 구분합니다.

'팔불중도 연기가 곧 공이다' 이렇게 정리한 것은 길장의 『삼론현의三論玄義』에 따른 것입니다. 이것이 「파사품破邪品」과 「현정품顯正品」을 관통하는 가장 중요한 내용입니다. 그리고 그 내용을 이어온 게 삼론종三論宗뿐만 아니라 한역 전통에서 『중론』 독법입니다.

◉—『중론』에서 말하는 깨달음이란?

도법 얼마 전 성철 스님 법문을 다시 본 적이 있습니다. 『화엄경』의 '일체 현상이 불생不生이고, 일체 현상이 불멸不滅인 것을 만약 제대로 알 수 있다면, 모든 부처님이 목전에 나타난다(一切法不生 一切法不滅 若能如是解 諸佛常現前)'를 언급하며, '이것이 불교의 전부라 해도 과언이 아니다'라고 하셨습니다.

그렇다면 누군가가 '그렇게 되려면 어떻게 하면 되는가?'라고 묻는다면 어떻게 답할까요? 결론적으로 확철대오廓撤大悟해야 알 수 있습니다. 그럼 확철대오하려면 어떻게 해야 하는가?

'바로 화두참선話頭參禪해야 한다, 오매일여寤寐一如해야 한다, 돈오돈수頓悟頓修해야 한다. 그러면 알게 된다'라고 말씀하고 있습니다. 확철대오, 오매일여, 돈오돈수가 성철 스님께서 강조하신 불교 수행의 핵심입니다. 결국은 참선 수행해야 한다는 뜻입니다. 이 말을 꺼낸 이유는 『중론』에서는 어떻게 하면 '불생불멸'을 알 수 있다고 나오는지 묻고 싶기 때문입니다.

담정 참선 수행으로 불생불멸을 알 수 있다고요? 논파로 일관하는 『중론』에서는 '그런 주장은 말도 안 되는 소리!'라고 하고 있습니다.

도법 『중론』이 수행론 아닌가요? 최근 초기 선종 자료인 『달마어록達磨語錄』을 읽었는데 견성하려면 선지식을 찾아야 한다고 나와 있었습니다. 가서 참선해라, 도 닦아라, 수행하라고 하지 않고 견성하려면 스승을 찾으라는 것입니다.

스승을 찾으면 어떻게 될까? 기본적으로 묻고 답하는 대화가 이루어질 터입니다. 묻고 답하며 대화하고 토론하면 견성한다, 깨닫는다는 이야기가 되는 것입니다. 『중론』의 문제의식도 이와 같지 않을까 싶은데 어떻게 생각합니까?

담정 그렇지 않습니다. 『중론』은 논서입니다. 그리고 그 핵심은

'머리로 생각하여 말로 표현한 것은 모두 논파할 수 있다'라는 것입니다.

도법 나는 모든 경전은 수행론으로 이야기되고 있고, 논서도 다르지 않다고 봅니다. 기본적으로 불교가 깨달음의 종교, 수행의 종교라고 한다면, 경전이 되었든 논서나 어록이 되었든 모두 수행론이어야 마땅하다고 봅니다.

담정 그렇지 않습니다. 바로 그렇게 퉁치는 것은 불교를 망치는 짓입니다! 그리고 불교의 핵심적 차이를 놓치게 만듭니다. 예를 들어 인도에서는 '없다'라는 말이 존재하지 않습니다. '존재하는 것(bhāva)'과 '존재하지 않는 것(abhāva)'만 있을 뿐입니다. 그리고 '존재하는 것'만 논할 수 있다고 합니다. 그리고 존재하는 것을 논하기 위해, 그 존재가 무엇인지 파악하는 방법이 발달했습니다.

이것이 불교 전통 안에서는 유식唯識과 중관中觀으로 이어졌습니다. 이런 자세한 분별을 통해서 오늘날 우리가 생각하는 불교의 문제점이 어디에서 비롯되었는지 그 바탕부터 차곡차곡 추적해도 부족합니다. 그런데도 '비슷하거나 같다'라고 퉁치면 제대로 된 문제의 원인을 찾을 수 없습니다. 제대로 된 병을 모르는데 제대로 된 치료를 어떻게 할 수 있겠습니까!

도법 인도인들이 어떻게 생각했는지에 대한 자세한 내용에 대해서는 잘 모르겠습니다. 우리가 가지고 있는 것들은 모두 역사적 경험의 자료라고 할 수 있습니다. 그 안에는 초기불교도 여러 부파도 있고 대승불교의 유식학파나 중관학파도 있고, 중국의 온갖 종파들도 모두 포함됩니다.

그렇지만 각각 가지고 있는 종파의 틀을 넘어 함께하려면 어떻게 해야 할까요? 지금 여기의 길, 지금 여기의 문제를 다루는 것 말고 다른 길이 없습니다.

초기불교, 부파불교, 대승불교의 유식학파, 중관학파 모두 자기 나름대로 경험과 자료에 의지합니다. 그런데 자기도 모르게 초기불교는 초기불교라는 울타리에 갇히고, 유식학파는 유식학파라는 울타리에 갇히고, 중관학파는 중관학파라는 울타리에, 선불교는 선불교라는 울타리에 갇힙니다. 이 울타리를 허물고 모두가 함께할 수 있는 길은 어디에 있을까요?

중도, 있는 그대로의 길, 지금 여기 실상에 직면했을 때 길이 열립니다. 다른 길이 있지 않습니다. 담정은 자꾸 논파, 논파하는데, 그 논파라는 말을 들으면 이런 질문이 떠오릅니다. '논파한 다음에 무엇을 할 것인데?' '그다음은 어떻게 되는 건데?' 이 질문에 대한 답을 듣고 싶습니다.

담정 이전에도 고반재의 종림 스님에게 이런 질문은 많이 들었습니다. 스님은 '중관학파에게 주장은 없다. 오직 논파만 있을 뿐'이라고 하면, "에이~, 이 비겁한 새끼!"라고 말씀하신 적도 있습니다. 그래서 "좀 비겁하면 어떠냐?"라고 답했습니다. 우리가 하는 것은….

도법 논파하는 게 목적입니까?

담정 아닙니다. '논論'이 있어야 '파破'를 하든지 말든지 할 것 아닙니까? 우리 목적은 논파가 아닙니다. 어떤 이론이든 문제가 있으니 그것을 자세히 분석해서 그것이 옳지 않다는 것을 제대로 보여주는 것입니다. 그래야만 이론이 끝나는 지점에서 삶의 실천이 이어집니다.

도법 나는 중관학파의 논파 자체를 굳이 부정하고 싶지는 않습니다. 논파가 그렇게 중요하다면, '논파한 다음은 무엇이냐?'를, 그리고 '현실의 문제를 어떻게 해결할 것인가?'를 알고 싶을 뿐입니다.

담정 일체 희론戱論이 적멸하는 곳, 즉 논파가 끝나는 것이 스님이 강조하는 '날 것 그대로의 모습'이 드러나는 지점입니다.

도법 나도 바로 그 지점이라고 봅니다.

담정 거기에서 출발하자는 것입니다.

도법 그러므로 '있는 그대로의 실상에 직면하도록 하는 것'이 중도라고 봅니다.

담정 저도 그렇게 생각합니다. 어찌 여기까지 스님과 뜻이 통합니다. (웃음)

도법 논파의 형식이 될지는 모르겠지만 일단 실상에 직면하면 양극단은 자연스럽게 떨어져 나갑니다. 그래서 '논파'라는 표현과 방식보다는 붓다께서 발견한 중도라는 표현과 방식이 더 좋지 않은가 하는 것입니다.

담정 또 중도입니까!

도법 실제 삶의 실상을 직접 대면하는 것이 바로 중도적인 삶의 시작입니다. '있는 그대로'의 모습에 직면해서 '있는 그대로' 확인해보면, 양극단이라고 표현되는 것은 다 떨어져 나가게 되어 있습니다. 내가 강조하고 싶은 부분입니다.

담정 만약 스님 말씀도 어떤 이론이라면, 그리고 그것을 실천하기 위해서는 어떻게 해야 합니까?

도법 다른 것은 모르겠고 요즘 하고 있는 내 경험을 예로 들겠습니다. 지리산 운동의 마지막은 생명평화라는 말로 규정지을 수 있습니다. 기존 운동에 대한 많은 분석과 진단을 통해 찾은 것입니다.

이 운동의 중심에 진보·보수, 좌우와 상관없이 나를 포함한 목사, 신부, 교무 등의 종교인을 비롯해 많은 시민이 참여했습니다. 생명평화라는 대의에 공감한 사람들이 모두 모여 하다 보니 어떤 것을 하든 쉽게 되는 게 없었습니다. 생명평화라는 대의에만 공감하고 대충 짐작만 했을 뿐 구체적으로 어떻게 해야 할지 잘 몰랐습니다.

그래서 함께할 수 있는 것을 찾은 것이 지리산이었습니다. 우리가 두 발을 딛고 있는 지리산을 잘 지키고 가꾸어 생명평화가 활발하게 전개되도록 하자. 지리산을 잘 지키고 가꾸고 후손들에게 물려주자. 그래서 인간에게도 좋고, 자연에게도 좋고, 마을 사람들에게도 좋고, 방문객들에게도 좋고, 너에게도 나에게도, 진보·보수에게도 모두 좋게 하자. 이렇게 설득하자 관심 있는 사람들이 모두 모였습니다. 진보라는 울타리, 보수라는 울타리, 온건이라는 울타리, 급진이라는 울타리, 기독교라는 울타리, 불교라는 울타리에 상관없이 모두 모였습니다.

여기에는 보수라고 논파하고, 온건이라고 논파하고, 급진이라고 논파하고, 기독교라고 논파하는 것이 없습니다. 오로지 편 가름을 넘어 함께하는 길을 열자는 뜻으로 그렇게 했고, 제법 활발하게 이루어졌습니다. 왜 그렇게 했을까요? 내 입장에서는 그렇게 하는 것이 중도 연기의 정신에 맞게 하는 것이라고 봤기 때문입니다.

담정 스님은 지금 이론을 현실의 실천으로 바꾸어 말하고 있습니다. 저는 일체 이론이 희론이라고 말했을 뿐, 실천이 희론이라고 말한 적 없습니다. 스님처럼 현실의 예를 들면, 개념의 적확성의 문제를 빼고는 스님에게 다른 말씀을 못 드리겠습니다. '논論'이 있어야 '파破'를 하든지 말든지 하는데, 논이 아닌 실천의 예를 들면 대화의 초점이 맞지 않습니다.

도법 나는 이론은 현실의 실제 삶을 위해 있는 것이라 봅니다. 논파하는 것이 뭐겠습니까. 불교적으로 생각해보면 결국 양극단의 사고방식을 논파하는 거 아닙니까. 왜 논파합니까. 그래야 함께하는 것이 가능하지 않겠습니까? 그런데 이론과 실천이 일치되도록 예를 든 것에 대해 무엇이 문제란 말입니까?

담정 적확한 이론에 적확한 실천이 이루어지고, 그것은 다시 더 나은 이론을 위한 비판의 토대가 됩니다. 그렇지만 스님은 언제나 이론과 실천 사이에서 실천만 강조합니다.

도법 나는 그렇게 생각하지 않습니다. 왜 이론으로 논파합니까? 단견이 타파되어야 실상에 직면하게 되고, 실상이 드러나야 '더불어 함께'를 제대로 다뤄갈 수 있습니다. 나는 지금 그렇게 해야 한다고 이야기하고 있습니다.

◉—『중론』의 전투성

담정 실천을 강조하기 위해서라도 『중론』이라는 텍스트의 '전투성'에 주목해야 합니다. 이것의 잘못된 지점을 이야기하고, 저것의 잘못된 지점을 이야기하면 적을 두 명 만들어 양측에서 공격을 받게 됩니다. 그렇지만 일체 희론을 강조하기 위해서는 이럴 수밖에 없습니다.

용수보살을 비롯해 중관학파의 비판적·전투적 자세는 우리가 함께하는 삶 속에서 이론에 끄달려 삶을 놓치는 것을 끊임없이 비판하는 것입니다.

물질만능, 익명성, 쾌락이 가장 큰 논파 대상이라면, 다른 종교들과도 편을 먹을 수 있습니다. 그러나 그 안에서 우리는 '무아'를 주장하기에 또 견해가 갈립니다. 이 큰 흐름 속에서 좀 더 세밀하게 삶을 나누고 보기 위해 자신의 취모리검吹毛利檢의 칼날을 벼려야 합니다. 그래서 지혜의 불 칼을 가진 문수보살에게도 이 지혜의 칼날을 놓치지 않길 바라며 기도하는 것입니다.

스님이 중도를 강조하면서 하시는 말씀이 어떤 뜻인지 이해는 합니다. 그러나 스님처럼 중도라는 이름, 가명, 그 틀을 세우는 순간, 이 전투성은 상실됩니다. 매 순간 비판할 수 있는 의식을 끝까지 밀고나가는 건 그만큼 어렵습니다.

◉—『중론』과 현실 참여

도법 그렇게 실천을 강조하고 그릇된 견해를 논파하는 것이 중관학파가 추구하는 것이라면 붓다께서도 중관학파 아닙니까? 나는 붓다야 말로 진정한 중관학파인 것 같습니다.

담정 맞습니다. 그렇지만 부처님 재세 시에는 교학 체계를 비롯한 사상적 발전이 그만큼 성숙하지 않았습니다. 『중론』에는 부처님께서 사람들이 못 알아들을까 봐 생각을 후퇴하셨다고 언

급하고 있습니다.●

도법 내가 본 바로는 중도, 연기에 가장 투철한 삶을 살았던 분이 붓다이고 용수보살입니다. 전투성? 글쎄, 공격과 투쟁 방식? 그건 아니라고 봅니다. 또 중도가 가명이듯이 공도 가명인데, 공은 아니라는 것도 동의하지 않습니다.

담정 공도 가명이다! 이것을 인정할 때 일체 희론이 됩니다. 부처님과 비교해 용수보살은 한 걸음 더 나갔습니다. 『중론』에 보면 연기법도 부정하는 내용이 있습니다.●● 부처님께서는 '이것이 있음으로 저것이 있다…'라고 연기법을 가르치셨으나, 용수보살은 '이것에 의지한 저것이 어떻게 있겠는가? 일체 무자성인

● 그러므로 (근기가) 약한 이(들)이 이 (수승한) 법의
(심오함을) 철저히 깨닫기 어렵다는 것을 아셨던
능인能仁의 바로 그 마음 (때문에) 교법敎法으로부터
(공성에 대한 가르침이) 매우 후퇴하게 되었던 것이다.
-『중론』「제24품. (사)성제四聖諦에 대한 고찰」[356. (24-12)번] 게송.

●● 사태(들)란 무자성한 것들의
존재이기 때문에 (이것들이 진실로) 존재하는 것이 아니라면
"이것이 있기에 이것이 생겨난다"는
바로 이 언급은 옳지 않다.
-『중론』「1품. 연緣에 대한 고찰」[12. (1-10)번] 게송.

것을 자성이 있는 것으로 만드는 것 자체가 희론'이라 보고 있습니다.

◉—『중론』의 저술 목적과 희론

도법 김성철 선생의 책 『논리로부터의 해탈, 논리에 의한 해탈』을 읽으며 떠오른 질문입니다. 『중론』은 '달'입니까, '손가락'입니까?

담정 일체 희론! 무조건 '손가락'이고 '약'입니다.

도법 손가락과 약이 희론이라는 것입니까? 희론은 소멸의 대상입니다. 쓸모없는 물건이라는 말인데 과연 그런가요? 그럼 언어를 소멸의 대상으로 보아야 하는 것입니까? 그것은 아니라고 봅니다. 언어는 현실적으로 필요한 것입니다. 언어 전체를 희론이라고 하는 건 언어를 부정하는 극단입니다. 양극단의 사고나 망상의 언어 등을 희론이라 해야 하지 않을까요?

담정 그렇지 않습니다. 논이라는 것은 우리가 바라지 않아도 자연스럽게 소통을 위해 사용되고 세계를 설명하고 이해하는 데

필수적으로 등장합니다. 부정하고 싶어도 부정되지 않습니다.

그렇지만 바로 이 언어를 부정하는 방법이 문제입니다. 언어는 달을 가리키는 손가락일 뿐입니다. 손가락을 통해 달을 볼 수밖에 없기에 일체 희론이어야 합니다. 저는 '희론'이라고 옮긴 '빠라빤짜prapañca'를 '손가락 5개로 헤아리는 것'이라 해석합니다. 즉, 손가락으로 헤아려 알 듯 세계를 설명한다는 뜻이라 여깁니다. 그렇지만 한역되면서 손가락으로 헤아리는 그 이미지를 놓쳤습니다.

도법 언어화된 모든 것을 적멸의 대상인 희론이라고 통칭하게 되면 언어를 부정한다고 해석될 수밖에 없습니다. 언어는 어떻게 다루느냐에 따라서 희론에 빠질 수도 있지만 벗어날 수도 있습니다.

담정 그렇습니다. 그래서 논파를 하기 위해서는 상대방의 논의를 더욱 자세히 알아야 합니다. 『중론』의 구성을 보면 '가는 자와 가지 않는 자'와 같은 일반적인 언어, 그리고 『아비달마구사론』의 '4연' 같은 불교 전문 용어를 각 품에서 논파하고 있습니다. 이런 구체적인 논파를 통해서 어떤 개념도 자성을 가지고 있지 않음을 보여줍니다. 이런 주제들이 희론임을 「귀경게」에서 언급하고 있습니다.

도법 『중론』 각 품의 내용이나 각론을 세밀하게 보지는 않았습니다. 그러나 총론이라고 할 수 있는 「귀경게」를 보면, 붓다께 예경하는 이유는 희론을 잘 적멸해주었기 때문이고, 희론적멸이 열반이라 하고 있습니다.

다시 말해 용수보살이 『중론』을 저술한 이유가 희론을 적멸하게 하여 사람들이 열반에 이르게 하고자 하는 것이 목적입니다. 그런데 언어가 다 희론이라고 하면, 언어를 극단적으로 부정하는 결론에 다다르게 됩니다. 진리는 말로 할 수 없습니다. 하지만 말로 해야 한다는 취지하고도 맞지 않습니다. 당연히 언어를 잘못 알고 잘못 쓰면 희론이 양산됩니다. 반대로 희론에서 벗어나려면 언어를 잘 써야 합니다. 그러므로 '진리는 말로 할 수 없다. 하지만 말로 해야 한다'라는 말의 취지에 맞게 해석되고 설명되어야 바람직하지 않을까요?

담정 그렇지 않습니다. 스님과 같은 해석은 역사적 맥락과 맞지 않습니다. 강조의 방점을 '희론'에 찍지 말고 '일체'에 찍어야 합니다.

『중론』의 저술 목적을 역사적 맥락에서 봅시다. 이 시대는 『아비달마구사론』의 시대이자 구인명舊因明의 시대였고, 힌두 육파철학이 등장한 시대였습니다. 불교 교학을 미세하게 분석해본 구사론자들에게 불법도 자성이 있는 것이 아니라고 논파하는 것이 『중론』입니다. 스님은 지금 이러한 역사적인 맥락을 간과한 채 제가 하지도 않은 언어를 부정한다고 주장하고 있습니다.

『중론』도 시대의 아들입니다. 그 당시 상황에 따른 집필 의도가 있습니다. 그리고 그것은 총론의 주장을 보고 각론을 살피면 됩니다. 각론에서는 사성제·열반·인연 등 불교적 개념들을 모두 무자성한 것이라고 논파를 통해 보여주고 있습니다.

이 지점에서 우리가 확인할 수 있는 『중론』의 집필 의도는 부처님의 원래 목적, 즉 '고통에서의 해방'으로 돌아가자는 것이고, 그 논박자는 주로 구사론자들입니다. 즉, 구사론자의 정교한 이론화 작업이 불법에 따르는 삶에 긍정적이지만 않았다는 것, 불교가 삶과 괴리된 것을 용수보살이 지적한 것입니다.

도법 들을 때마다 문제의식은 다르지 않은 것 같은데 해석은 전혀 다르다는 느낌입니다. 『중론』이 『아비달마구사론』이라는 병에 대한 처방약이라는 점은 동의합니다. 그러나 언어화된 것을 모두 희론이라고 하면 『중론』도 언어이니 『아비달마구사론』과 『중론』 둘 다 부정해야 하지 않겠습니까?

담정 스님과 같은 주장을 피하기 위해 나온 것이 바로 이제론二諦論입니다. 진제眞諦와 속제俗諦를 나뉜 '이제론'이라고 하면 수승함과 천함, 높음과 낮음으로 오해하는데 그렇지 않습니다. 이제는 '진리가 두 가지'라는 뜻입니다. 스님이 지적한 것처럼, 언어로 설명할 수밖에 없는 한계를 인정하는 방어적인 개념입니다.

이제론—
유위법과 무위법

도법 일반적으로 유루법有漏法과 무루법無漏法, 유위법有爲法과 무위법無爲法으로 표현되는 내용을 종합하여 정리한 것이 이제론二諦論 아닙니까?

담정 아닙니다. 이제론은 진제와 속제로 나뉠 뿐입니다. 스님처럼 두 가지로 나누는 것은 문제가 있습니다. 유식학파와 중관학파는 유위법과 무위법을 나누는 방법에도 큰 차이가 있습니다. 중관학파는 '유위법도 없는데, 무위법을 어떻게 논하는가?'라고 합니다.•

• 생기는 것(生)과 머무는 것(住)과 사라지는 것(滅) 등이 성립하지 않는다면 유위법有爲法은 존재하지 않는다.

『아비달마구사론』, 즉 아비달마 불교나 지금의 서양철학이나 세계를 해석하려는 측면에서는 동일합니다. 『아비달마구사론』의 체계를 이어받은 인명因明이나 유식唯識은 세계에 관해 설명하려 하고, 반야般若·중관中觀은 그것을 부수려 합니다.

여기서 '연기 실상의 세계'를 뜻하는 진제와 '언설의 세계'를 뜻하는 속제라는 이제가 중요합니다. '진리가 두 가지'라는 세계를 해석하는 방법을 인정한 후에야 불교 교리를 통합하는 '깨달음의 체계적인 길'이라는 보리도차제菩提道次第가 등장합니다. 그리고 이 이론이 등장한 후 불교 교리의 발달은 사실상 막을 내립니다.

◉— 진제眞諦와 속제俗諦

도법 최근에 『달라이 라마의 지혜 명상』을 읽었는데, '진제가 공空'이라는 언급이 나옵니다. 이 해석이 맞는 것입니까?

유위법이 존재하지 않는데
무위법無爲法이 어떻게 성립할 수 있겠는가?
-『중론』「제7품. 생기는 것(生)과 머무는 것(住)과 사라지는 것(滅)에 대한 고찰」[110.(7-33)번] 게송.

담정 '진제가 공'이라는 말은 맞지 않습니다. 전체 맥락 속에서 무언가 생략된 부분이 많이 있을 것입니다.

진제에 대해서는 『중론』「제24품. (사)성제에 대한 고찰」[354. (24-10)번] 게송● 의 1, 2행을 어떻게 이해하느냐에 따라 중기 중관학파 논사들 사이에서 견해가 갈립니다.

바로 그 (세간의) 언어에 의지하지 않고서는
진제는 가르쳐질 수 없다.

오늘날의 중관학자도 『중론』의 이 원문과 기존 주석가들의 견해를 두루 살펴보며 의견이 갈리고 있습니다.

● 부처님들께서 (행하신) 법에 대한 가르침(教法)은
이제二諦에 근거를 두고 있다.
세간의 진리(俗諦)와
수승한 의미의 진리(眞諦)다.

어떤 이들이 그 두 (가지) 진리의
구별에 대해서 이해하지 못한다(면)
그들은 바로 그 부처님께서 가르쳐주신 것(佛法)(의)
심오한 (진리) 그 자체를 이해하지 못한다.

바로 그 (세간의) 언어에 의지하지 않고서는
진제眞諦는 가르쳐질 수 없다.
바로 그 진제眞諦를 알지 못하고서는
열반은 얻어지지 않는다.

-『중론』「제24품. (사)성제四聖諦에 대한 고찰」[352. (24-8)~354. (24-10)번] 게송

언어에 의지할 때 발생할 수밖에 없는 문제를 피하려면 부처님께서 하신 것처럼 침묵하면 됩니다. 그렇지만 용수보살은 게송에서처럼 '세간의 언어에 의지하지 않고서는 진제는 가르쳐질 수 없다'라고 강조합니다.

이 이제론이 논리학의 영향 아래 있던 중기 중관학파 논사들에게도 두통거리였습니다. 그래서 청변淸辨(Bāviveka)과 월칭月稱(Candrakīrti)은 각기 다른 견해를 세웠습니다. '말로 표현하는 것을 진제의 영역에서 어떻게 볼 것인가?'에 대한 견해 차이였습니다. 그렇지만 말이 말을 낳다 보니 원래 게송의 함의를 놓치게 되었습니다.

게송의 원래 의미는 '진제는 말로 설명되지 않는 것이지만 어쩔 수 없이 말로 할 수밖에 없다'는 것입니다. 우리가 살아가는 삶은 연기 실상의 세계, 즉 진제의 영역에서 이루어집니다. 그리고 그 진제의 영역은 말로 표현됨으로써 속제가 됩니다. 그러나 말로 설명하거나 표현하지 않아도 느낄 수 있는 것들이 있습니다. 이런 부분들은 개인마다 편차가 있을 것입니다. 자기 삶의 변화를 불법을 통해 느낄 수 있다면, 그것이 진제의 가치일 것입니다.

도법 담정의 『용수의 사유』에 나오는 진제와 속제 부분을 보면, 『아비달마구사론』에서는 진속이제를 '옹기병이 부서지면 병이라는 감각이 사라지므로 속제이고, 어떤 것이든 변하지 않는 것은 진제'라고 나옵니다.• 『아비달마구사론』을 지은 세친의 진

• '그와 같이 세존께서, 「진리에 넷이 있다」고 말씀하셨거니와, 딴 경에서는 다시 「진리에 두 가지가 있다」고 말씀하셨으니, 첫째는 세속 진리(世俗諦)요, 둘째는 승의 진리(勝義諦=出世諦)다. 그와 같은 두 진리인 그 모양이 어떤가를 다음 게송으로 말하리라.

저 감각이 부서지면 곧 없으며
지혜로 딴 것을 분석함도 마찬가지라
병이나 물과 같음은 세속 진리요
이와 다른 것은 승의 진리라 이름하네

논하건대, 만일 저 물건에 대한 감각은 저 물건이 부서지면 곧 없어지나니, 저 물건은 응당 세속 진리(世俗諦)라 이름한다고 알아야 한다. 예를 들어 옹기병이 파괴를 당하여 부서진 기왓장이 될 적에는 병이라는 감각은 곧 없어지게 되며, 의욕 따위도 그러하다. 또 만일 어떤 물건을 지혜로써 딴 것을 분석하면 저 감각이 곧 없어지나니, 또한 세속의 진리이다. 마치 물을 지혜로써 물질(色)이라고 분석할 적에는 물에 대한 감각이 곧 없어지며 물도 역시 그러하다. 저 물건인 병 따위가 아직 부서지지 아니했거나 분석하지 아니했을 적에 대해서 세상의 생각하는 것과 명칭을 가지고저 물건이라고 설정하여 있다고 설정하기 때문에 세속의 진리가 된다고 이름함이니, 세속 진리에 의하여 병 따위가 있다고 말한 이것이 사실이고 허망하지 않으므로 세속 진리라 이름한 것이다. 만일 어떤 물건이 그것과 다른 것이면 승의 진리하고 이름한다. 말하자면, 저 물건에 대한 감각은 저 물건이 부서지더라도 없어지지 않으며, 지혜로써 딴 것을 분석하더라도 저 감각만은 그대로 있는 것이면, 저 물건은 응당 승의 진리(勝義諦)라 이름한다고 알아야 한다. 마치 물질(色) 따위의 물건을 부수어 아주 작은 분자(極微)에까지 이르거나, 혹은 수승한 지혜로써 맛 따위를 분석하여 없애더라도 저 감각은 항상 있으며 느낌(受) 따위로 역시 그러하면, 이것은 진실로 있는 것이 아니기 때문에 승의 진리라고 이름한다. 승의 진리에 의하여 물질(色) 따위가 있다고 말하는 것은 참되고

제와 속제에 대한 설명이 잘못된 것이라는 생각이 듭니다.

담정 이제 스님도 중관학자가 다 된 것 같습니다. (웃음)
『아비달마구사론』에 이제론은 고작 반 게송만 나옵니다. 법을 새롭게 해석하고, 그것의 의미를 논리적으로 진행해 나가는 방법의 하나가 전통에 기대어 묻어가기입니다. 이 『아비달마구사론』의 반 게송으로 용수보살은 이제론을 주장하고, 후기 중관학파에 오면 '밝게 빛나는 마음'이라는 유식사상과 결합한 유식 중관학파가 보리도차제를 형성합니다.

법을 새롭게 해석할 때 그 논거로 성언량聖言量을 사용하면 수많은 해석을 자유롭게 할 수 있습니다. 성인의 말씀을 이렇게 해석한다는데 누가 시비를 걸 수 있겠습니까?

시비를 걸려면 성인의 말씀에 시비를 걸어야 합니다. 스님 말씀처럼, 이제론의 근거인 『아비달마구사론』 바로 그 반 게송은 문제가 있습니다. 절대 변하지 않는 무언가 있다고 하는 것은 분명 오류입니다.

도법 연기론과 전혀 반대되는 해석 아닙니까? 『아비달마구사

허망이 아니므로 승의 진리라고 이름한 것이다.'
-한글대장경, 『구사론』 II, p. 45(a)~50(a).

론』이 어마어마한 권위를 가지고 있는데 여기서 이런 이야기를 하고 있으면 후학들은 혼란에 빠질 수밖에 없지 않겠습니까?

담정 그렇게 심하지는 않습니다. 바로 그 앞에 사성제에 대해 설명이 나오고 다른 경에서는 이제를 말한다고 하니까요.

도법 그렇다면 그 내용을 정리해야 하는 것 아닌가요? (웃음)

담정 스님 책에서 그런 내용에 대해서 빼기 바랍니다. (웃음) 『아비달마구사론』의 권위에 압도되어서 혼란에 빠진 경우가 대단히 많을 거라는 생각이 듭니다.

도법 김성철 교수의 『중론』 역본에도 진속이제眞俗二諦에 관한 대목이 강조되어 있습니다.• 그리고 불광출판사에서 2018년에 나온 『중론』•• 을 보면 이제에 대해서, '상식으로서의 진실 그

• '세간의 전도몽상으로 인해 허망한 법을 생生하는데 세간에서는 그것(=허망한 법)이 진실이다. 반면에 모든 현성賢聖들은 전도顚倒됐다는 것을 진짜 알기에 모든 존재가 다 공空하여 생生함이 없음을 안다. 성인聖人에게 있어서는 이런 제일의제第一義諦가 진실이라고 불린다.'
-『중론』, 김성철 역, p. 407.

•• 『중론』, 가츠라 쇼류, 고시마 기요타사 저, 배경화 역, 2018.

것이 속제, 궁극적인 진실 그것을 진제'라고 정리하고 있습니다. 그리고 진제와 속제를 다루는 게송이 나옵니다. '언어 활동에 의지하지 않고서 궁극의 진실은 설명되지 않는다. 궁극의 진실을 이해하지 못하고서는 열반을 이루지 못한다'라고 번역해 놓았습니다. 이 내용으로 보면 진제든 속제든 언설로 설명되는 것이 가능하다고 해석됩니다.

담정 스님의 해석은 너무 멀리 나간 것입니다. 원문을 확인하고 옮긴 내 역본이 훨씬 더 명확합니다.

도법 그럴 수 있습니다. 한역본 『중론』은 일반적으로 속제는 언설로는 되지만 진제는 언설로 안 된다고 합니다.

담정 그것은 게송의 오독입니다. [354. (24-10)번] 게송의 1~2행의 내용이 '바로 그 (세간의) 언어에 의지하지 않고서는 진제는 가르쳐질 수 없다'이지 않습니까?

도법 그럼 '세간의 언설에 의지하면 진제는 가르쳐질 수 있다'라고 해석할 수 있지 않습니까?

담정 세간의 언설로 설명될 수도 있고 그렇지 않을 수도 있습니다. 진제가 아닌 게 세간의 진리일 수도 있습니다. 바로 이 지점에서 견해가 갈립니다. 이 문제는 한역에서 게송을 잘못 옮기고 이해한 것뿐만 아니고, 중기 중관학파의 영원한 난제입니다.

도법 붓다는 끝없는 논란을 낳는 것, 또는 양극단의 말들은 희론이라고 표현했다고 봅니다. 그 게송에서는 '세간의 언어에 의지하지 않고 진제는 가르쳐질 수 없다'라고 나옵니다. 그 말은 '세간의 언어에 의지하면 진제는 가르쳐질 수 있다'라는 뜻으로도 해석됩니다. 그리고 그다음에 '진제를 알지 못하면 열반을 얻지 못한다'고 나오는데 결국 필요하면 진제를 말로 설명할 수 있고, '말에 의지하여 알 수 있다'라고 해석됩니다. 어떻게 생각하십니까?

담정 스님은 부정문을 다시 긍정문으로 바꿔 해석하고 있습니다. 첫 출발점을 자세히 보기 바랍니다. 진제는 말로 설명될 수도 있고, 아닐 수도 있습니다.

도법 진제에 대해서는 좀 더 정교한 이야기가 필요합니다. '응병여약의 언어로 표현된 것을 진제라고 할 수 있지 않을까?'라는 생각이 들어서 하는 이야기입니다.

담정 그쪽으로 가면 월칭의 견해와 만나게 됩니다.

도법 그렇다면 진제는 언어로 표현할 수 없는 어떤 것인가요?

담정 그쪽으로 조금 더 가면 청변의 견해와 만나게 됩니다. (웃음)

도법 진제의 성격이 말로 표현할 수 없는 무엇, 말로 표현할 수 없는 궁극의 상태임과 동시에, 필요하면 또는 속제에 의지하면 방편의 언어로 설명이 가능합니다. 그러므로 방편의 언어도 진제라고 설명될 수 있지 않을까요?

담정 그래서 중관논사들 간에 논쟁이 있었습니다. 스님이 해석하신 그런 내용으로 무수한 논쟁이 있었습니다. 그렇지만 저는 그런 자세가 비非중관적 자세, 스콜라 불교적인 자세라고 봅니다.

도법 나는 중도적으로 접근하면 충분히 정리된다고 봅니다. 더 진지하게 이야기를 진척시켜 봅시다.

담정 그것이 현대 도법학파의 이론입니다. (웃음)
이런 식으로 논의는 무수하게 진행되고 점점 확장됩니다. 그래서 『중론』「제24품. (사)성제에 대한 고찰」[354. (24-10)번] 게송이 매우 중요합니다.

뜻하지 않게 우리 선불교는 역사의 파편으로 많은 장점을 남겨놨습니다. 1920년대 일본 국력이 가장 강할 때, 『대정신수대장경大正新脩大藏經』이 집경集經되었고 일본 선불교가 아시아의 선불교로 유럽에 알려졌습니다. 그래서 선의 일본어 음인 '젠Zen'이라는 이름을 서양의 영어사전에 남겼습니다.

이때 선불교는 서양인들에게 언설로 통용되지 않는 소통이 가능하다는 것을 처음으로 보여주었습니다. 침묵도 또한 가르침이라는 그 내용이 등장해서 서양문명을 한번 휩쓸고 지나갑니다. 그래서 서양에서 '젠'이라고 하면 아시아의 신비한 무엇이라고 생각하게 되었습니다. 그렇지만 지금은 체계적인 불교 교학을 공부하려고 합니다.

인도 논리학 발달사에서 중관학파의 상황도 시대적 유행에 따라 변합니다. 용수보살도 체계적인 논리학이 발달하기 이전의 인물이라 체계적인 논리를 몰랐습니다. 말할 수 없는 진리의 표현법 자체를 몰랐던 셈입니다. 그래서 언설에 의해 가르쳐지는 진리에 대해서만 언급했습니다. 그렇지만 약 3백 년이 지난 이후 인도 논리학이 발달한 이후에 청변이나 월칭은 언설로 표현되지 않은 진제에 대해서 논리적인 접근을 했습니다.

도법 말로 할 수 없는 것에 대한 사고는 청변이나 월칭 이전에도 있었습니다. 붓다의 침묵도 그 예입니다.

담정 그렇습니다. 그렇지만 지금 논하는 것은 '침묵'이 아니라 '말'입니다. 선불교로 다시 돌아가봅시다. 선불교는 애초부터 '침묵의 미학'을 가지고 시작합니다. 교외별전敎外別傳이 바로 그것입니다. 아무리 많은 가르침이나 교학보다 더 강렬한 선불교의 침묵이나 짧은 대화 속에서 옛 선사들은 자기 경험을 통해서 '경계의 전이轉移'를 느끼지 않았나 싶습니다.

도법 나는 불교가 처음부터 그랬다고 생각합니다. 거기에는 '붓다의 침묵'도 들어가고, '말에 의지하지 말고 뜻에 의지하라'라는 말씀도 들어갑니다.

담정 그렇습니다. 그리고 그것도 8만4천 법문 가운데 하나입니다. 부처님께서는 모든 방편을 다 쓰셨습니다. 일체지자의 '일체'는 각각의 근기가 다른 모든 사람에게 통용될 수 있는 모든 것을 모두 방편으로 쓰셨던 뜻입니다. 나에게 필요한 1:1 대응을 찾아내야 합니다. 나에게 맞는 부처님 말씀의 그 '1'을 찾는 것이 자기 공부입니다.

◉— 『아비달마구사론』의 이제— 흙과 항아리의 비유

도법 『아비달마구사론』에 나오는 이제론의 비유인 옹기병과 흙의 예로 돌아가봅시다. 옹기병이 부서지면 옹기병이라는 감각이 사라지므로 속제이고, 어떤 것이든 변하지 않고 있으면 승의제라는 게 말이 되는가요?

담정 안 됩니다.

도법 그런데도 『아비달마구사론』의 말이 권위를 갖는 이유는 무엇입니까?

담정 총 6백 게송인 『아비달마구사론』은 그리 많은 양이 아닙니다. 그렇지만 그 6백 게송 안에 큰 주제들을 압축해 적어놓았습니다. 그러다 보니 게송 하나에 대한 해제가 30쪽이 넘어가는 일도 있습니다. 그 해제가 바로 유부와 경량부의 견해입니다. 그 많은 해제의 양에 질리다 보니 『아비달마구사론』을 잘 공부하지 않게 되었습니다. 그리고 대승의 공사상에 익숙한 사람들은 『아비달마구사론』 공부를 잘 하지 않습니다. 『아비달마구사론』은 내용이 어려운 것이 아닙니다.

그렇지만 어렵다는 말과 생각이 가로막고 있습니다. 그것은

『중론』도 마찬가지입니다. 논리적으로 뜯어보면 어렵지 않은 내용인데 어렵다는 말에 질려 공부를 잘 하지 않습니다. 바로 이 어렵다는 말과 생각이 권위를 더욱 강화한 것입니다.

도법 나도 그렇게 생각합니다. 경이든 논이든 긴 세월 동안 생긴 권위가 있다보니 그 안에서 옴짝달싹 못 하고 있습니다. 이것을 깨고 넘어가야 합니다. 『중론』도 그렇고 『니까야』 『화엄경』 『어록』 등 다 마찬가지입니다. 권위에 주눅 들지 않아야 불교 공부를 제대로 할 수 있습니다.

담정 그렇습니다. 그런 불교 하지 말라는 것, 삶과 괴리된 불교 하지 말자는 것에서는 스님과 같은 생각입니다. 그렇지만 그 방법에서 길이 갈립니다.

저는 교학과 역경을 하는 사람입니다. 그래서인지 스님과 같은 실천도 그 뿌리가 튼튼해야 한다고 봅니다. 그렇지만 스님은 지금의 삶을 바꾸자며 실천을 강조합니다.

각자의 방법은 다르나 불법을 튼튼히 하자는 큰 방향이 같기에 이렇게 함께 이야기를 할 수 있습니다. 그렇지만 그 두 방향은 달라야 합니다. 뿌리는 뿌리대로, 열매는 열매대로 가야 합니다.

스님이 실천을 강조할지라도 교학의 정밀한 이해는 필수적입니다. 예를 들어, 한역 인명因明, 즉 불교 논리학에는 현량現量, 비량比量, 비량非量이라는 3종량이 있습니다. 정리하면 다음과 같습니다.

첫째, 현량現量입니다. 직접지直接知, 즉 보면 안다는 것입니다. 인명은 이 직접지에서 시작합니다. 그러나 논리로 들어가면 각 학파마다 견해가 다릅니다.

둘째, 비량比量입니다. 다시 말해, 추론지推論知입니다. 이 추론지는 세 가지로 나뉩니다. ①직접비량直接比量으로 오늘날의 추론입니다. ②성언량聖言量으로 성현의 말씀은 올바른 논리라 봅니다. 이것이 인도 논리학의 특징입니다. ③극성비량極成比量으로 많은 사람들이 믿으면 옳다는 논리입니다.

셋째, 비량非量입니다. 논리가 아니라는 것으로 잘못된 인식을 말합니다.

그렇지만 티벳 인명에는 비량非量을 다섯 가지로 세분한 7종량이 있습니다. 직접비량, 즉 추론지만 올바른 판단이라고 보는 현재의 입장으로 보면 성언량이나 극성비량은 말이 되지 않습니다. 그래서 올바른 논리도 적절하게 써야 합니다. 그렇지 않으면 불교 논리 전체를 버리게 됩니다.

흙과 항아리로 돌아가봅시다. 이것은 하나의 비유인 비유량입니다. 인도 논리학파는 이것을 올바른 것으로 간주하지만 불교는 그렇지 않습니다. 이것은 그저 사람들이 옳다고 생각하는 비유입니다. '달 달 무슨 달, 쟁반같이 둥근 달'의 쟁반같이 둥근달이 모두가 인정하는 비유입니다. 경전에는 이와 같은 무수한 비유가 나옵니다.

이런 부분들은 인도의 논법과도 관계가 있습니다. 서양 논리학은 기본적으로 3단논법입니다. 그렇지만 인도는 5단논법을 사용합니다.

【3단 논법】

1) 저 산에 연기가 있다.

2) 연기가 있는 곳에는 불이 있다.

3) 그러므로 저 연기가 나는 산에는 불이 있다.

5단논법에는 모두가 인정하는 비유가 반드시 들어갑니다. 아궁이와 불, 연기라는 모두가 인정하는 비유가 그것입니다.

【5단논법】

1) 저 산에 연기가 있다.

2) 집에 있는 아궁이에는 불이 있다.

3) 아궁이에서는 연기가 난다.

4) 불이 있는 곳에 연기가 있다.

5) 그러므로 저 연기가 있는 산에는 불이 있다.

흙과 항아리의 비유는 '현상은 변하지만, 본질은 변하지 않는다'라고 근본 물질을 인정하는 유부의 논리입니다. 『아비달마구사론』에서는 이 변하지 않는 것을 강조하기 위해서 이 비유를 썼습니다. 그렇지만 중관학파는 '흙이나 항아리가 변하지 않는 자성이 있는가?'라고 되묻습니다.

대승불교에서도 이 흙과 항아리의 비유는 본질적인 것을 다룰 때 등장합니다. 그렇지만 중관학파의 입장은 언제나 '그렇지 않다'라고 부정합니다. 인식 주체인 자기 자신도 변화하고 대상도 변화하는 아공법공我空法空을 끝까지 밀고 나가기 때문입니다.

도법 논리학의 특징에 대한 설명은 잘 들었습니다. 『아비달마구사론』이 이제론을 너무 가볍게 취급하는 게 아닌가 싶습니다.

담정 그렇습니다. 『아비달마구사론』의 이 반 게송이 이제론에 대한 언급입니다.

도법 그 반 게송도 『아비달마구사론』의 저자인 세친의 창작일 가능성은 없습니까?

담정 모르겠습니다. 이제론에 대한 다른 기록을 확인해보지 않왔습니다. '역사를 어떻게 해석하여 보고 싶은 것을 찾아내는가?'라는 것은 우리의 합리적 추론에 그 바탕을 두고 있습니다. 그렇지만 그 추론의 근거마저 없을 때는 난감합니다.

대신에 다른 질문을 해봅시다. 그럼 왜 이제론이 등장하는가? 『아비달마구사론』에서는 '이제를 통해 설명하는 방법이 있지만, 사성제로 설명한다'라고 나옵니다. 즉, 사성제를 설명하기 위한 '양념'으로 이제론이 등장한 것입니다.

도법 그럼, 거기서 말하려고 하는 진리가 무엇인가요? 이제론으로 설명하려고 하는 것은 무엇입니까?

담정 본질적인 것이 있다는 것, 또는 사성제를 강조하기 위한 수식어 정도였을 것입니다. 그렇지만 용수보살 이후, 중기 중관파를 지나면서 이제론은 사성제보다 더욱 중요한 개념으로 자리를 잡습니다.

8세기경, 샨띠 데바가 『입보리행론』을 지으면서 「제9 지혜품」에서 이제론을 왜 강조했을까요?● 그것은 '보리도차제'에 모

● (앞에서 언급한) 바로 이 (보리)분(법)들은 모두
능인能仁(부처님)께서 지혜를 위하여 설하신 것입니다.
그러므로 고苦들(이 사라진)

든 교학이 들어가야 하기 때문입니다. '이제론'에 대한 설명이 없으면 상대에게 '가장 수승한 법을 모른다'라고 공격당합니다.

당대는 당대의 조건 속에서 봐야 합니다. 그리고 그 안에서 과거의 내용을 취사선택해야 합니다. 시대의 변화가 있어도 공통적인 가치를 추출해야 합니다. '고통에서 벗어남', 바로 이것을 위해서입니다. 부처님도 그러하셨습니다.

도법 그러므로 나는 이제로 설명하고자 하는 내용이 표월지지라고 봅니다. 달은 진제, 손가락은 속제인 것입니다.

담정 그렇습니다. 바로 그런 자세가 필요합니다.

부처님께서는 '내 가르침이 옳은지 그른지 너희가 살펴보라'고 하셨습니다. 이 자세가 없으면 우리는 죽은 불교를 공부하는 셈입니다.

적정寂靜을 바라는 자는 지혜(를) 일으켜야 합니다.

(그렇게 하기 위해서는 먼저) 바로 그 진眞과 속俗,
바로 이 두 가지 진리(二諦)를 인정해야 합니다.
진(제)은 마음(心) (작용)의 행위대상이 아닙니다.
'(무언가로 인식할 수 있는) 바로 그 마음은 속(제)이다'라고 (용수보살께서) 말씀하셨습니다.
-신상환 역, 『입보리행론』「제9 지혜품」[691. (9-1)] [692. (9-2)번] 게송.

『입보리행론』의 「제9 지혜품」은 그 내용을 이해하기가 어렵습니다. 그래서 샨띠 데바가 「제9품」 뒷부분은 날아가면서 설하셨다는 신화가 덧씌워져 있습니다. 그로 인해 전해지는 판본마다 뒷부분이 조금씩 다른 것이라 합니다. 이런 신화적인 내용을 재해석해야 합니다. 부처님도 당시 우빠니샤드의 환영幻影(māya) 이론 속에서 무아를 설하셨습니다.

도법 『아비달마구사론』에서 이제론을 수식으로 사용했다고 했는데, 오히려 사성제를 이제론으로 정리하는 것이 기본 입장이지 않았을까요?

담정 그렇지 않습니다. 그 흙과 항아리에 대한 비유와 주석이 조금만 더 남아 있었어도 스님 의견에 동의할 수 있습니다. 그렇지만 그렇지 않습니다. 게송 한 줄에 30쪽씩 해석을 붙였던 구사론자들은 이제론에 대해서는 반쪽 정도의 주석만 붙였습니다.

'고통에서 벗어남'이라는 부처님의 뜻을 되살려내기 위해 이런 이제론을 되살려낸 분이 바로 용수보살입니다.

도법 교학을 전문적으로 공부하지 않다 보니 『중론』에 대해서도 궁금하면 찾아보는 수준이었습니다. 워낙 낯선 내용이라 잘 들어오지 않았습니다. 담정과 이야기를 나누다 보니 예전 주석만 공부해서는 명료하게 이해하기 어려울 것 같습니다.

담정이 '21세기 중론'을 저술했으면 합니다. 그러면 좀 더 명료해질 것 같습니다. 우리는 불교를 파사현정破邪顯正의 가르침이라 합니다. 담정에게 논파라는 말을 많이 듣는데, 그 논파도 바로 이 파사현정을 위한 것 같습니다.

담정 그렇습니다. 스님 말씀처럼 『중론』을 제대로 이해하기 위해서는 '논파'라는 말보다는 먼저 '고통에서 벗어남'이라는 부처님의 뜻을 명심해야 합니다.

『중론』을 공부하지 않아도 불교를 이해할 수 있습니다. 그렇지만 중요한 것은 『중론』「제24품. (사)성제에 대한 고찰」[353. (24-19)번] 게송• 에서 언급한 '심오한'이라는 수식어입니다. 이

• 어떤 이들이 그 두 (가지) 진리의
구별에 대해서 이해하지 못한다(면)
그들은 바로 그 부처님께서 가르쳐주신 것(佛法)(의)

것은 곧 『아비달마구사론』을 비롯한 다른 불교 교학이 '심오하지 못하다'라는 뜻입니다. 『중론』에서는 구사론자와 외도 등 '지적인 교학'만 추구하는 사람들이 '고통의 직시'를 가로막고 있다고 보기에 그들의 이론을 '좀 더 지적으로' 논파하고 있습니다.

지금까지 스님과 부처님 재세 시 모습이나 이제론 등에 관한 이야기를 주고받으며 '나는 왜 인도인처럼 더 깊게 생각하지 못했던가?'라고 되돌아보았습니다. 이 부분이 바로 환영幻影(māya) 이론입니다.

우리가 부처님이라고 부르는 가우따마 붓다Gautama Buddha는 우빠니샤드 시대의 후기에 살았던 역사적인 인물입니다. 그 당시의 수행자들은 신과 나, 절대자와 나의 영혼 등에 의문을 품고 있었습니다. 그리고 이것이 그 유명한 아뜨만을 둘러싼 논쟁입니다. 부처님 재세 시까지는 '나는 누구인가?'에 대한 질문을 해왔었고, 부처님께서는 무아라고 답을 하셨던 셈입니다.

이 부처님의 시대적 배경 때문에 우빠니샤드 시대의 고민으로 다시 돌아가 보았습니다. 바로 이 부분이 『입보리행론』「제

심오한 (진리) 그 자체를 이해하지 못한다.

-『중론』「제24품. (사)성제四聖諦에 대한 고찰」[353. (24-19)번] 게송.

9 지혜품」 [695. (9-5)번] 게송● 에 환영 이론으로 등장합니다. 『우빠니샤드』를 보면 두 마리 새에 대한 비유가 나옵니다.●● 초기불교를 연구한 책에는 거의 어디에서나 이 비유가 나옵니다. 이것이 뜻하는 바는 '우리가 사는 이 세간이 실제가 아닐

● (일반적으로) 세간 사람(들)은 사태事態를 봅니다. 그리고
진실 그 자체(眞性)인 것마저도 (망상) 분별합니다. 그러나 (그것은)
환영幻影(māya)처럼 (진실한 것이) 아니기에 이것을 (두고)
(그들은) 수행자(들)와 (바로 이) 세간(의 실재성에 대해서) 논쟁하려고 합니다.
-『입보리행론』「제9 지혜품」 [695. (9-5)번] 게송.

●● 【1】
언제나 함께 있는 두 마리 새가
한 그루 나무에 앉아 있다.
한 마리는 행위로 얻은 열매를 계속 쪼아먹고 있고
또 다른 한 마리는 열매를 즐기지 않고 그저 보고만 있도다.

【2】
같은 나무에 앉아서
개체아個體我는 자신에게 신神의 능력이 없음을 비관하여 슬퍼한다.
그러나 옆의 다른 최고의 신이 있으니
그 위대함을 보고 나면 그때 비로소 슬픔에서 벗어난다.

【3】
보는 주체의 '의식'이
빛나는 그 금빛 창조자
브라만의 모체인 뿌루샤를 보게 될 때
그 사람은 선과 악의 범위를 초월하고
그 최고의 뿌르샤와 다를 바 없는 경지에 도달하게 되리라.
-신상환, 『용수의 사유』, pp. 38~39. 이재숙 역, 『우빠니샤드』, I, pp. 200~201 재인용.

까?'라는 의문입니다. 장자莊子가 꾸었다는 나비의 꿈인 호접지몽胡蝶之夢• 도 이와 같습니다.

도법 『금강경』에 '일체유위법一切有爲法 여몽환포영如夢幻泡影'•• 이라고 나옵니다.

담정 그렇습니다. 이전에도 환영 이론을 본 적은 많습니다. 그런데도 이것을 간과했던 이유는 『중관이취육론中觀理聚六論』 등에 등장하는 환영을 비유로만 봤기 때문입니다.

마야 이론의 핵심은 세계의 실재성에 관한 의문입니다. 이 세상이 존재하는가? 그리고 이것을 표현할 수 있는가? 부처님께서는 이런 문제에 대해서 부정적으로 묘사하셨습니다. 그것

• 옛날에 장주(장자의 이름)가 꿈에 나비가 되었는데 나비들도 반가워하였다. 편안하고 좋기는 하였지만 자신이 장주인지는 알지 못하였다. 갑자기 꿈을 깨고서야 자신이 장주임을 알았다. 그러나 장주가 꿈에 나비가 된 것인지 나비가 꿈에 장주가 된 것인지 알 수가 없었다. 장주와 나비는 반드시 구별됨이 있거늘 이런 것을 물화物化(만물이 변화하는 것)라 이르는 것이다.
-『장자莊子』「제물론齊物論」에서

•• 一切有爲法 如夢幻泡影 如露亦如電 應作如是觀
조건 지어진 모든 것은 꿈이나 환영, 물거품이나 그림자 같고
이슬 같고 또한 번개 같으니 마땅히 이와 같이 볼지니라.
-『금강경』「사구게」 중에서

이 14난難입니다. 즉, 말로는 고통에서 벗어날 수 없다는 뜻입니다. 세간의 언어는 일체 희론이라는 것의 배경에는 바로 이런 언어의 한계, 문제를 지적하는 것입니다. 그 배경이 된 것이 마야 이론에서 시작된 인도인 특유의 사유 방식입니다.

인도 논리학은 용수보살 사후에 발달하기 시작합니다. 그리고 2세기 이후가 되어서야 인도의 전형적인 논리학으로 완성됩니다. 이 시기를 지난 이후, 샨띠 데바는 마야 이론을 논리적으로 접근한 것입니다.

용수보살은 이제론을 전면에 내걸고 이제를 모르면 심오한 진리를 모르는 것이라고 했습니다. 즉, 심오한 불법, 부처님께서 설하신 14난難 같은 주제는 너희 구사론자들처럼 말로는 설명할 수 없는 것이라는 뜻입니다. 이런 내용은 『입보리행론』「제9 지혜품」 [741. (9-51)번] 게송• 에 그대로 등장합니다. 소승을 논파하면서 '대가섭도 이해하지 못하면서 부처님의 심오한 뜻을 이해하겠는가?'라는 언급이 바로 그것입니다.

• (부처님의) 어떤 말씀(의 경우,) 대가섭을 (비롯해)
(다른 성문승)들도 (그 심오한 뜻을) 깊게 헤아리지 못했습니다.
바로 그것(을) (즉, 그분들도 제대로 헤아리지 못한 불법을), 그대도 (제대로) 분별하지 못하는데,
'(대승의 가르침은 올바르게) 알 수 있는 것(인식 대상)이 아니다'라고 어느 누가 (말)할 수 있겠습니까?
-신상환 역, 『입보리행론』「제9 지혜품」 [741. (9-51)번] 게송.

『회쟁론』에 보면 논박자가 '그러는 네 주장이 무엇이냐?'라고 묻자 용수보살은 '내 주장은 없다!'라고 답합니다.•

욕망과 어리석음으로 끌려다니는 이 세간의 실제성을 제대로 이해하는 진제도 세간의 언설을 통해 드러나는 것이라 진제를 논하기 위해서는 세간의 언설을 사용할 수밖에 없습니다. 진제의 유무도 세간의 언설이라는 속제를 통해서만 설명될 수 있다는 뜻입니다. 이렇게 말로 할 수 없는 것을 말로 해야 하는 괴리, 모순 때문에 이제론을 전면에 내걸고 있습니다.

• 【29】
만약 나에 의한 어떤 주장이 존재한다면
그렇다면 나에게 그 오류가 존재할 것이다.
(그러나 만약) 나에게 (어떤) 주장이 존재하지 않는다면
나에게 결코 어떤 오류도 존재하지 않는다.

【60】
바로 그 모든 사태들의
바로 그 공성空性에 대해서는 앞에서 (이미) 설명했기 때문에,
그러므로 (나에게는 그 어떤) 주장도 없음에도
(그대는) 그 어떤 과실過失이 있는지 그것을 찾으려고 한다.
-신상환 역, 『회쟁론』 [29번] [60번] 게송.

도법 환영 이론에 대해서는 잘 모르겠습니다. 다만 '세간의 언어와 속제가 다른 것인가?'라는 의문이 듭니다.

담정 다른 것입니다. 세간의 언어는 진리인 것도 있고 아닌 것도 있습니다. 우리가 사용하는 언어는 현실 자체를 제대로 반영하지 못하지만, 이것을 벗어나서 다른 방법으로 세계를 설명할 방법이 없습니다.

예를 들어보겠습니다. 우리가 사용하는 스마트폰이나 컴퓨터의 실리콘 칩의 재료는 모래입니다. 우리보다 더 오래전부터 존재하던 모래를 가공하여 실리콘 칩을 만듭니다. 가공 전의 모래와 가공 후의 모래, 가공이 들어간 것이 다릅니다. '가공'이라는 것은 실제 상황의 작용, 변화입니다. 만약 모래에 자성이 있다면, 실리콘 칩을 만들 수 있을까? 그럴 수 없습니다.

그렇지만 우리는 모래라는 이름을 붙이면서 그것에 자성이 있다고 착각합니다. 이것은 어쩔 수 없는 일입니다. 자성이 있다고 가정하지 않으면 그 이름마저도 붙일 수 없기 때문입니다. 이처럼 끊임없이 변화하는 것에 우리는 우리의 편의를 위해서 그것에 이름을 붙입니다. 우리가 말로 분리해낸 개념, 정의해놓은 것들을 하나하나 추적해보면 '원래 그런 것은 없다'

라는 것에 이르게 됩니다.

부처님 말씀도 마찬가지입니다. 고통에서 벗어나기 위한 부처님 말씀을 상정하고, 그것이 원래 있는 것처럼 오해하지만, 자세히 분별해보면 그 어떤 것도 자성이 없다고 『중론』에서 강조하고 있습니다.

도법 담정의 말에 따르자면 언어 자체를 희론이라 할 수 있습니다. 당연히 희론은 적멸의 대상입니다. 문제 덩어리이니 적멸해야 한다고 할 수 있겠습니다. 하지만 분명 언어에는 언어 자체의 한계와 위험성이 있다고 말해야 할 부분도 있지만 '언어는 반드시 있어야 한다'라고 말해야 할 점도 있습니다. 잘못 됐거나 필요 없어서 버릴 것도 있지만 잘 됐거나 필요해서 취할 것도 있습니다. 따라서 중도적으로 다루면 그 부분은 명료해집니다.

담정 그놈의 중도! (웃음) 스님은 부처님 말씀을 포함하여 일체 희론이라는 것을 어떻게 생각하십니까?

도법 응병여약의 말씀 자체는 희론이 아닙니다. 물론 적멸의 대상도 아닙니다. 붓다가 희론이나 하는 사람입니까? 당연히 그렇지 않습니다. 다만 언어의 한계와 위험성 때문에 붓다의 말씀도 왜곡되어서 병이 되는 상황이 있고, 그 대표적인 현상이 자성론으로 나타나고 그 병 때문에 공론이 등장했다고 봅니다. 그러므로 붓다의 말씀 자체를 몽땅 희론으로 규정하는 것은 천부당만부당합니다.

담정 그렇지 않습니다. 부처님 말씀도 희론입니다! 그래서 『중론』에서는 사성제나 열반도 논파하는 것입니다. 그렇지 않으면 고집멸도 사성제의 고苦에 자성이 있게 되고, 자성이 있으면 고苦는 절대 사라지지 않습니다.

도법 그 주장을 받아들이기 어렵습니다. 『중론』에서 『중론』도 희론이라고 하고 있습니까? 내가 읽어본 바로는 그런 언급이 없습니다.

담정 『중론』의 총 27품 가운데 「제26품. 십이연기十二緣起에 대한 고찰」만 설명이고, 그 외 다른 품들은 모두 상대방의 주장을 논파할 뿐입니다. 『중론』에서 주장하는 내용이 있습니까? 당연히 없습니다.

도법 논파 대상이 자성론이지 붓다의 말씀은 아니지 않습니까?

담정 그렇지 않습니다. 자성이 있는 것처럼 불법을 오해하는 것을 그치게 하려고 이 작업을 하는 것이었습니다. 용수보살은 논파만 했을 뿐인데 스님은 지금 '내가 이야기한 것을 왜 너는 아니라고 하는가?'라고 하고 있습니다.

도법 담정처럼 보면 공도 희론입니다.

담정 당연히 그렇습니다. 일체 희론에서 벗어나는 것은 단 하나도 없습니다. 이것을 받아들일 때만 방편 교설의 진정한 의미를, 연기 실상의 삶을 직시할 수 있습니다.

도법 공도 왜곡되게 쓰면 희론이 된다고 하면 모를까 처음부터 희론인 공을 말했다는 것은 있을 수 없는 일이 아닌가 합니다. 내가 많이 접해온 선禪, 대승의 언어에서는 도道를 말할 때 두 가지를 말합니다.

첫 번째는 '도道는 말로 할 수 없다'입니다. 사람들은 너무 심오하기 때문이라고 하는데 그보다는 언어의 한계와 위험성 때문이라고 봅니다. 그리고 두 번째는 '그럼에도 불구하고 말로 한다'입니다. 이 말은 무슨 뜻인가? 말을 잘 알고 적재적소에 맞게 잘 쓰면 괜찮고 좋고 효과적인 물건이라는 말입니다.

선禪적인 사유의 기본이 그렇다는 의미입니다. 언어도단言語

道斷! 그럼에도 불구하고 말로 합니다. 왜 그렇게 할까요? 말로 설명할 수 없지만, 현실에선 말로 하지 않고서는 문제를 제대로 다룰 수 없기 때문입니다. 이 두 가지 가운데 하나를 버리고 하나를 취하는 경향이 양극단입니다. 붓다는 당연히 양극단에 빠지지 않도록 또는 벗어나도록 또는 떨어져 나가도록 하십니다. 그리고 그 길이 바로 중도라고 설명하고 있습니다. 마땅히 우리도 그래야 옳습니다.

담정 또 중도입니까! 스님은 지금 그릇된 예를 들고 있습니다. 일반적인 언어라면서 새로운 개념을 슬며시 끼워 넣습니다. 단견·상견이라는 양극단은 세계관의 이야기임에도 스님은 '깨달음은 말로 할 수 없다. 그러나 말로 할 수밖에 없다'라는 언어의 한계와 그 딜레마에 중도를 언급합니다. 이것이 중도의 과잉이 아니면 무엇이 중도의 과잉입니까!

도법 내가 지적하고 싶은 것은 어디에선 '말로 할 수 없다'라고 하고, 누구는 '말로 할 수 있다'라고 하는 것을 한쪽으로 단정하거나 취사선택하는 것은 중도적 태도가 아니라는 말입니다.

담정 그래서 체계적인 교학의 공부가 필요합니다. 『중론』에서 부처님 말씀의 '있음'을 논파할 때는 그것의 한계를 인정하고 극복할 것을 전제로 두고 있습니다. 그렇다면 '없음'의 경우는 어떠할까요? 없는데 무엇을 논할 수 있겠습니까!

우리는 설명된 세계, '있는 것'이라 설명되는 세계에 살고 있습니다. 이 세계는 분석지分析知로 설명된 우리가 알고 있는 세계입니다. 이것은 끊임없이 확충됩니다. 우리는 아는 것을 통해 모르는 것을 확장합니다. 인간은 새를 보고 날고 싶은 욕망을 가졌습니다. 그리고 결국 비행기를 만들어냈습니다. '있음'이 고정된 것이 아님을 알 때 우리 한계를 인정하고 극복할 수 있습니다. '있음'과 '없음'이라는 대립항을 상정하고 그 사이에서 중도를 찾는 것보다 더 어리석은 일은 '없습니다!' (웃음)

도법 나는 그런 복잡한 이야기를 하자는 게 아닙니다. 그저 '말로 할 수 없다'와 '말로 할 수 있다'에 대해 하나를 버리고 하나를 취하는 태도와 방식은 양극단이고, 그 양극단을 떨어져 나가게 하는 길은 중도라고 말할 뿐입니다.

담정 저도 복잡한 이야기를 하자는 게 아닙니다. 그렇게 하면 안 된다는 뜻으로, 있는 것을 논파할 수 있으나 없는 것은 말할 수도 없다는 것일 뿐입니다.

도법 담정과 같은 중관학자야 그렇게 말한다고 할 수 있지만 나 같은 경우는 '한 손의 손바닥과 손등을 하나다, 둘이다'라고 고집부리는 사고를 양극단의 사고라고 봅니다. '양극단'이라는 것을 현실에 적용해보면 꼭 논리적이지 않더라도 단순하게 설명할 수 있습니다. 실물 대상이 하나인데 한쪽에서는 '있다'라고 하고, 다른 한쪽에서는 '없다'라고 단정하는 것, 그것을 양극단이라고 보면 안 되는 것인가요?

담정 그것은 현실을 너무 정적으로 보는 자세로 잘못된 것입니다. 우리의 지적 경로는 아는 것이 아무리 적더라도 바로 그 작은 것을 통해 모르는 것을 알아가며 확대됩니다. 그러므로 지금 '있는 것'을 통해 세계를 확장하는 데 한계를 두면 안 됩니다. 언어는 가설적으로 끊어서 만든 정의, 개념을 사용하기에 문제가 됩니다.

고苦가 있지 않더라도 고라는 개념을 만들어내야 그다음이 진행됩니다. 그렇지만 실제 고라는 개념을 분석해보면 만들어진 것으로 실체가 없는 것입니다. 구사론자들이 고집멸도라는 사성제를 자세히 분석해놓지 않았다면 용수보살도 사성제를 논파하지 않았을 것입니다. 『중론』에서는 사성제뿐만 아니라 열반 같은 것도 없다고 합니다. 우리가 일반적으로 열반이 없다고 말하지 않습니다. 그러나 열반이 어떤 고정된 것이라 여기는 순간, 그것은 잘못된 것이라고 논파합니다.

도법 그렇게 말하고 있는 『중론』에서 언어로 된 모든 것이 희론이라면, 『중론』도 이제론도 공론도 논파론도 다 희론이지 않습니까?

담정 그렇습니다. 당연합니다.

도법 적멸해야 할 것이 희론이라면 희론이 적멸하도록 해야 옳지, 소멸해야 할 그 희론을 계속 설하는 것은 앞뒤가 어긋나지 않습니까?

담정 필요 때문에 그렇습니다. 14난難과 같은 형이상학적인 문제를 논리적으로 해결하고 싶어 했던 사람들에게는 이런 설명이 필요했기 때문입니다. 스님의 실천이 중요한 것 맞습니다. 그럼, 이 세계를 논리적으로 설명하고자 하는 이들은 부처님 법에서 제외되어야 하는가? 그렇지 않습니다. 그런 사람들이 『아비달마구사론』에서 불교적 세계를 설명해두었습니다. 용수보살은 그런 방식이 잘못된 것이라고 한 것입니다.

도법 '세간의 언어에 의지하지 않고서는 진제는 가르쳐질 수 없다'라는 말을 역으로 해보면, '세간의 언어에 의지하면 응병여약으로 진제는 가르쳐질 수 있다'라고 해석할 수 있지 않습니까?

담정 그렇지 않습니다. 스님은 다시 도돌이표를 돌리고 있습니다. 항상 원문의 의미와 구조를 제대로 파악해야 합니다. 스님은 지금 부정문으로 된 것을 긍정문으로 바꿔 해석하고 있습니다. 이때 놓치는 게 '어쩔 수 없음'입니다.

용수보살은 왜 이제론을 도입했을까요? 『용수의 사유』를 쓰면서 생각하지 않았던 문제입니다. 지금도 우리는 『아비달마구사론』에 나오는 흙과 항아리의 비유처럼 흙은 본성, 항아리를 현상으로 해석하는 것으로 이제론을 대하는 것 같습니다. 본성론도 비슷합니다. 용수보살은 본질과 현상이라는 범주, 변하지 않는 그 무엇이 있다는 생각을 논파하기 위하여 이제론을 강조했습니다.

도법 아공법유我空法有, 즉 실체가 있다는 전제를 부정하기 위해서 이제론이 나왔음을 뜻하는 것입니까?

담정 그렇습니다. '그렇지 않다!'라는 것을 강조하기 위해서 이제론이 재해석되었습니다. 불변의 진리가 있다고 하는 것, 본성本性·불성佛性·여래장如來藏 등 그 이름이 무엇이든 '그런 거 없다'라는 것을 강조하기 위해서 이제론이 나왔던 것입니다.

도법 담정의 『용수의 사유』에도 그런 언급이 나옵니다. 흙과 항아리 비유를 보면 변하는 것은 속제, 변하지 않은 것은 진제로 나옵니다.

담정 그것은 구사론자들의 견해입니다! 구사론자의 이제와 용수보살의 이제는 다릅니다. 용수보살은 이 부분을 혁명적으로 해석하고 있습니다. '언설을 통해 드러난 것이 제아무리 작은 것일지라도, 이름 짓는 순간 그것은 속제이다'라는 게 용수보살의 견해입니다.

도법 우리도 용수보살의 이야기를 새롭게 해석할 수 있지 않습니까?

담정 그렇습니다. 그렇지만 용수보살보다 우리가 덜 철저하고 덜 혁명적인 것이 문제입니다! 불교가 생긴 이래로 용수만큼 자신 뜻대로 부처님 말씀을 해석한 사람이 없습니다.

도법 현실의 문제를 이제의 사유 방식으로 다루면 명료해질 것이라 보입니다. 언젠가 그 작업을 해보았으면 좋겠습니다.

담정 말로 하는 순간, 속제가 되기에 그럴 수 없습니다. 그냥 달 가리키는 손가락이나 잘 봅시다. (웃음)

제3부

중도로 우리 불교를 논하다

도법 원효 스님의 저서들은
대부분 종요宗要입니다.
그 내용을 보면 거의 화쟁론和爭論입니다.
원효 스님의 기본적인 관점이 그러했습니다.

담정 그렇습니다.
싸우지 말고 함께 가자는 이야기입니다.

도법 지금 우리에게도
화쟁적 사고방식이 필요합니다.

선禪의 과잉 문제

담정 지금까지 우리는 인도불교에 대한 많은 이야기를 해왔습니다. 이제 우리 불교 이야기를 해봅시다.

요즘 종종 선禪이 빠알리어 '자나jhāna'에서 왔다고 주장하는 사람들이 있습니다. 빠알리어 전통은 1970년대에 우리나라에 소개되었습니다. 산스끄리뜨어 경전의 한역은 약 2천 년 전부터 이루어졌고 선은 산스끄리뜨어 '드야나dhyāna'가 선정禪定으로 한역한 것을 줄인 것입니다.

왜 선정禪定에서 '정'이 빠진 채 '선'으로 축약되었을까? 아마도 선禪이라는 글자의 원래 의미 때문인 듯합니다. '선禪'은 하늘에 제사를 지내기 위해 천자가 제단에서 혼자 간절하게 기도 올리는 모습, 그 지극정성을 뜻하는 글자였습니다. 즉, '드아나'를 '선'으로 옮긴 사람들은 그 갈구하는 자세, 그 의미를 강조한 것입니다. 한자를 자기 문자 생활의 바탕으로 썼던 옛사람들은 이 선禪이라는 글자만 봐도 뿌듯했을 것입니다. '내가 천자와 같은 수준이야'라고 생각할 수 있으니 말입니다. (웃음)

이런 원어의 의미를 좀 더 격상한 한자는 '나가르주나Nāgārjuna'를 '용수龍樹'라고 옮긴 것만 봐도 알 수 있습니다. 한역 역경사들은 '큰 뱀', 즉 '대사大蛇'를 뜻하는 '나가nāga'를 황하 문명의 상징이자 황제의 상징인 '용龍'으로 번역했습니다. 이렇게 그 이름을 격상시키는 것으로도 신비와 권위가 살아납니다. 이런 과정을 통해서 한역 불교는 자기 전통성을 확보해왔습니다.

그 점에서 '선禪'은 참으로 빼어난 번역입니다. "선정!"이라고 입만 벌려도 '내가 하는 일이 천자와 같이 노는 지위야. 나 선불교 수행하는 사람이야!'라는 생각을 가지게 했으니 말입니다. 그렇지만 모든 것이 좋을 수만은 없습니다. '천자와 동급인 내가 교학불교 하는 너희들처럼 고작 책이나 봐야겠니?'라며 경론의 정확한 의미를 찾고자 했던 다른 종파들의 인물들을 경시해도 되는 자긍심을 줄 수 있었으니 말입니다.

이렇게 경론을 손에서 놓을 만큼 강조하는 선, 즉 '선의 과잉'은 오늘날 맞지 않다고 봅니다. 우리는 부처님 법을 따르는 불제자이지, 조사祖師의 가르침을 따르는 불제자가 아닙니다. 선의 위대한 조사들도 자기 시대에 맞는 불교를 했고, 그 선불교도 불교의 긴 역사와 전통의 일부일 뿐입니다.

도법 선의 과잉이나 왜곡에 대한 문제의식은 공감합니다. 하지만 조사들 때문이라고 보는 것에는 동의가 안됩니다. 오히려 조사들은 여래의 본뜻을 잘 계승했지만, 그 추종자들에 의해 벌어진 문제라고 봅니다.

담정 그렇습니다. 조사들은 자신들이 살던 시대의 불교를 하신 분들입니다. 우리도 우리의 불교를 해야 하는데, 옛날 불교를 해서 몸에 안 맞는 옷을 입고 있습니다.

옛사람들은 왜 선이라는 이름에서 희열을 느끼고 자기 정체성을 느꼈을까요? 그것은 당시 문자 생활의 제한 때문이라고 봅니다. 당시는 99%가 글을 모르던 문맹의 시대입니다. 부처님의 법을 알고 싶어 경론을 읽고 싶어도 글을 읽을 줄 모르던 시대입니다. 그래서 할 수 있는 것 가운데 선 수행이 자기 몸에 잘 맞는 옷이었습니다.

그렇지만 오늘날은 99% 이상이 문자를 읽고 쓸 수 있습니다. 이 '문자 생활 시대'라는 변화는 기존의 불법을 담았던 '선'이라는 그릇을 다른 그릇으로 바꿀 것을 요구합니다.

부처님도 시대의 아들이고 조사들도 시대의 아들이었습니다. 우리도 미래를 이어가는 이 시대의 자식들입니다. 이런 생각으로 과거의 불교에서 취할 것과 버릴 것을 따져봐야 합니다. 올라간 것은 깎아내고, 부족한 것은 채워야 합니다.

내가 생각하는 중도는 이런 것입니다. 불교 내부의 중도도, 넘치는 건 덜어내고, 부족한 것은 채워 넣어서 우리가 갈 길을 평탄하게 만드는 것입니다.

한역 경전권 불교의 변화, 선종과 교종

도법 우리나라 불교 수행이라고 하면 간화선이나 묵조선·위빠사나·진언 등의 수행 방법을 가지고 '전통적인 불교 수행이냐, 아니냐?'를 논합니다. 그런데 나는 달리 생각합니다. 불교 수행인가 아닌가를 가름하는 기본은 '불교 세계관과 정신의 토대 위에서 이루어지고 있는가?'의 여부에 따라 좌우된다고 봅니다. 붓다 생애의 맥락에서 살펴보면, 그 부분은 더 명료해진다고 봅니다. 불교 수행자 1호는 누구일까요?

담정 당연히 부처님 자신입니다.

도법 그렇습니다. 1호 수행자는 부처님입니다. 그럼 과연 일반적인 불자들이 부처님을 1호 수행자로 보고 있을까요? 나는 그렇지 않다고 봅니다.

담정 '일반적인 불자'로 볼 게 아니라 '한국불교 수행자'로 특정할 필요가 있습니다.

도법 그 말도 맞습니다. 그렇지만 나는 세계 불교가 대동소이하다고 봅니다. 그렇게 판단하는 핵심적 이유는 '깨달음'을 먼 훗날 도달해야 할, 이뤄내야 할 신비하고 기적적인 목적지로 여기기 때문입니다. 붓다의 생애, 그리고 상식적인 내 경험을 연결해보면 '깨달음'은 그렇게 신비한 것도 아니고, 먼 훗날에나 이를 수 있는 목적지도 아닙니다. 불교 수행자 1호인 붓다를 보면 붓다는 깨달음을 삶으로 사셨습니다. 그렇게 보면 깨달음이란 지금 여기 삶에서 쓸모 있는 내용임을 알 수 있습니다. 좀 더 짚어보겠습니다.

붓다께서 선정 수행 때나 고행 수행 때나, 그리고 보리수 아래에 앉을 때나 똑같이 가부좌 틀고 앉으셨습니다. 똑같이 가부좌 틀고 앉았지만, 첫 번째와 두 번째까지는 불교 수행자가 아니었습니다. 답도 찾지 못했습니다. 뒷날 중도 수행이라고 표현한 세 번째에 비로소 불교 수행자가 되었습니다. 그리고 그 답을 찾았습니다.

그 차이가 뭘까요? 교리적으로는 양극단의 수행인가, 중도

수행인가의 차이입니다. 붓다께서 깨닫기 이전에는 당연히 아뜨만ātman(我)과 브라만brahman(梵)의 세계관에 토대한 기존의 신념을 받아들여 실천한 양극단의 수행이었습니다. 그러므로 중도, 불교 수행도 아니고 해답도 나오지 않았습니다. 반면 기존의 길을 버리고 당신 자신의 길인 중도로 하자, 불교 수행임은 물론 해답도 나왔습니다. 수행의 이름이 무엇이든 불교 세계관에 토대한 중도 수행, 깨달음을 실천하는 것이어야 불교 수행이라고 할 수 있습니다. 그렇지 않으면 좌선을 하든, 염불을 하든, 화두를 들든, 관법 수행을 하든, 어떤 수행을 하든 불교 수행과는 거리가 멀다고 봅니다. 매우 도발적인 이야기라고 할 수 있는데, 더 깊고 풍부한 토론의 기회를 가졌으면 합니다.

선종禪宗 이전의 중국 불교

담정 저도 그렇게 생각합니다. 스님처럼 상대적으로 실천을 강조하지 않는 불교 교학을 하더라도 우리 시대의 담론에 교학불교도 답을 주어야 한다고 봅니다.

우리는 동시대의 고민을 해결하기 위하여 동시적·공시적·문헌학적 접근 등의 다양한 방법을 씁니다. 그리고 역사적인 근거와 합리적인 추론으로 우리 시대의 고민을 해결합니다. 불교 교학도 마찬가지입니다. 그렇지만 지금 우리는 다양한 한역 불교 전통 가운데 선종 전통에 짓눌린 채 살고 있습니다. 그 때문인지 전체적인 조감도를 그리려 하지 않고 선종 전통의 관점에서만 불교를 보고 해석하려 합니다.

예를 들어봅시다. 남선종南禪宗 흥성 이전에 중국에 전래된 대승경에도 '공空'이라는 말이 무조건 등장합니다. 대승경에 대승불교의 기본사상인 공사상이 빠지면 대승경이 아니라는 뜻이기 때문입니다. 그래서인지 다들 공사상이 중요하다고 말합니다. 그렇지만 '대승불교의 아버지'나 '8종지조사八宗之祖師'라는 용수보살의 『중론』을 공부하지 않습니다. 그래서 '왜 공인가?'라고 물으면 명확한 답을 주지 못합니다. 대부분 이 지점을 명확하게 구분하지 못하기 때문입니다.

도법 『반야심경』의 공은?

담정 그것도 그저 '반야부'의 공입니다. 그리고 그것은 곧 '주장'입니다. 주장에는 설명이 필요하지 않습니다. '중관사상의 공'은 논리로 논리를 논파하는 것입니다. 중국에서는 삼론종三論宗 전통이 살아 있던 7세기까지 이 틀이 유지되었습니다. 즉, 경經에서 주장하고 논論에서 설명했습니다.

중국에서 공사상을 본격적으로 공부했던 삼론종의 흔적은 '불립문자不立文字'나 '교외별전教外別傳'이라는 말로 선불교에도 남아 있습니다. 그리고 빼놓을 수 없는 것이 '파사현정破邪顯正'입니다. 이 말은 삼론종의 종의를 집대성한 길장吉藏(549~623)이 『삼론현의三論玄義』를 「제1 파사품」과 「제2 현정품」으로 나눈 데서 비롯된 것입니다. 즉, 파사破邪는 중관 아닌 것을 다 논파하는 것이고, 현정顯正은 자신들의 교리를 내세우는 것이었습니다. 그렇지만 선종이 융성하면서 '파사즉현정破邪卽顯正'이라는 하나의 개념이 된 것입니다.

중국의 중관학파인 삼론종 전통은 그저 이렇게 몇 가지 단어로만 남아 있고, 논리로 논리를 논파하는 전통은 약 1천3백 년 동안 사라졌습니다. 이런 배경 때문에 우리는 선종의 관점에서 과거를 보는 것에 물들어 있습니다. 이 때문에 불교 교학 전체를 둘러볼 생각을 하지 않고 기존의 관점, 즉 자신이 익숙한 것으로만 보려고 합니다.

말이 나온 김에 선불교가 어떻게 융성했는지 살펴봅시다. 선불교의 융성에는 경쟁 종파의 전멸이라는 배경이 깔려 있습니다.

결정적인 사건은 당나라 무종武宗(재위: 840~846)의 회창폐불會昌廢佛 사건이었습니다. 이때 중국의 밀교 전통은 아예 사라졌습니다. 제례 의식에 사용하는 법구法具들을 모두 챙기고 도망 다니기에 한계가 있었기 때문입니다. 이후 황실이나 지방 토호의 제사는 티벳 밀교의 전유물이 되었습니다.

그리고 교학불교의 대표였던 천태종도 사라졌습니다. 천태 지의天太智顗(538~597)의 교학을 이어받은 천태종도 기본적으로 경서가 양이 많습니다.

대승 경전의 왕이라고 하는 『화엄경』을 소의경전所依經典으로 삼았던 화엄종도 마찬가지였습니다. 밀교·천태종·화엄종은 황실불교·중앙불교였습니다. 하지만 선불교는 제후불교가 아니었습니다. 남방에서 경제적으로 여유 있는 천태종 사찰에서 객방살이를 하던 토호불교였습니다.

법란法亂이 벌어지면 규모가 큰 종단의 희생이 커서 그 법맥은 사라졌습니다. 그 덕분에 지방 불교였던 선불교만 살아남게 되었습니다. 회창법란으로 밀교·천태종·화엄종 등 큰 종단들이 사라지자 선종의 시대가 온 것입니다.

역사적으로 선종은 교종이 전멸했을 때 꽃이 핍니다. 중국의 교종은 부활했는가? 그렇지 못했습니다. 교학을 가르칠 스승이 없어졌기 때문입니다. 그렇지만 아이러니하게도 한국에서는 살아남습니다. 예상과 달리 한국의 화엄종은 통일신라 시대가 아닌 고려 시대 때 형성됩니다. 서라벌 불교가 아니었기에 부석사 쪽에서 올라와 고려 시대 때 본격적인 종파로 형성됩니다. 당대 최고 교학불교인 천태종도 고려 시대 때 형성됩니다. 국교가 불교였던 고려에서 황실불교로 융성한 것입니다. 고려 말에 고려 황실이 쇠퇴하고 순천 송광사에서 목우자牧牛子 지눌知訥(1158~1210) 스님이 등장하여 돈오점수頓悟漸修를 주장하면서 천태종·화엄종과 경쟁합니다.

도법 보조국사의 정혜결사定慧結社가 돈오점수를 깃발로 내세운 것은 아닌 것 같습니다.

담정 지금 말하고자 하는 내용 가운데 돈오와 점수 논쟁은 중요하지 않습니다. 당시 어떤 상황 속에서 정치적 타협점을 찾았는지가 주요 핵심이기 때문입니다. 지눌 스님은 화엄종이나 천태종과 직접 대치하지 않았습니다. 당시 중앙은 천태·화엄 세상이었습니다. 이런 불교 판세 안에서 극단적이지 않은 선택, 중도적 선택을 위해서는 그들과 대치점이 형성되지 않는 가운데 길을 찾아내야 했습니다.

당시 변두리였던 송광사에서 국사國師들이 왜 많았을까요? 황실의 권력에서 밀려난 이들을 송광사로 쫓아 보냈기 때문입니다. 그래서 고려말에 국사가 많아졌습니다. 당시 송광사 정도 내려가 있으면 개성에 정치적 위협이 되지 않았습니다.

도법 그것은 송광사 불교가 성공적으로 형성된 이후 이야기가 아닌가요? 보조국사 당대에는 그렇게 세勢가 크지 않았을 것입니다.

담정 그렇습니다. 그때 돈오점수라는 사상이 당시 다수파에게 배척의 대상이 되지 않았던 게 중요합니다.

도법 기본적으로 정혜쌍수定慧雙修, 선교겸수禪教兼修가 결사의 깃발이었습니다.

담정 중요한 것은 부처님께서 쓰신 방법과 같았다는 점입니다. 새로운 해석일지라도 기존의 것과 척지지 말아야 합니다. 부처님께서는 동물 희생제를 반대하면서도 불에 대한 제사를 최고의 제사라고 하며 제사 행위 자체를 부정하는 극단적인 것을 피하셨습니다.

민중과 괴리된 불교나 중앙과 대치되는 극단적 선택은 현실에서 살아남지 못합니다. 현실은 중앙 다수파 옆에서 비슷하게 같이 가면서도 자기 정체성을 꾸려나가는 기나긴 싸움입니다. 그만큼 고통스러운 한 걸음 한 걸음을 내디뎌야 합니다.

얼마 전 화쟁을 화和와 쟁爭으로 나누어 설명하는 글을 보고 놀란 적 있습니다. 화쟁을 화와 쟁으로 나누면 원효 스님의 사상에서 멀어지기 때문입니다. 원효 스님은 우리나라에서 가장 유명한 스님입니다. 그는 한국 학술불교의 창시자일 뿐만 아니라 민중불교의 창시자입니다. 화쟁은 바로 그런 원효 스님이 만들어 낸 개념입니다. 그 화쟁이 원래 무슨 뜻이었는지 그 시대의 상황 속에서 살펴봅시다.

당시 서라벌 불교는 국가 이데올로기를 위한 귀족불교였습니다. 그때는 스님들이 중국 유학만 다녀오면 새로운 종파가 생겨나던 시절이었습니다. 그러다 보니 종파의 난립과 대립이 심했습니다. 왕실에서는 전국 통일을 위한 국가 이데올로기가 절실했기 때문에 불교가 필요했습니다. 즉, 단일대오가 필요했었습니다. 그런 상황에서 그는 자기 관점에서 각 종파 간 견해 속에서 보편적 원칙인 공통분모를 찾아보고자 했습니다. 원효 스님의 통불교의 주요 주제는 바로 이것이었습니다. 즉, 우리가 불국정토를 바란다면 종파끼리 싸우지 말자는 뜻입니다. 이것이 화쟁, 쟁론을 회통하는 일승一乘인 통불교의 의미입니다. 제가 보기에 원효 스님은 화쟁에 실패하고 붓을 꺾어버리고 민초 속으로 들어간 것 같습니다. 그의 생애 후반부에 학술 활동을 하지 않기 때문입니다.

이런 배경을 무시하고 화와 쟁을 나누면 원효 스님의 사상에서 멀어집니다. 화쟁의 역사적인 배경을 생략한 채 지금의 모습 속에서만 화쟁이라는 말만 빌려오다 보니 본래의 뜻과 다르게 해석될 수밖에 없습니다.

지금 한국불교에 종파 간의 격렬한 투쟁이 있는가? 없습니다. 종파 간의 투쟁 대신에 사회적 다툼에 화쟁을 붙이는 것은 원효 스님의 생각과 아예 다른 이야기를 하는 것입니다.

도법 민중 삶의 현장 속으로 간 것을 화쟁의 실패라고 봐야 할까요? 화쟁 이론이 정치권력만이 아니라 어쩌면 현장으로 들어가는 것이 더 필요하다고 판단해서 민중 속으로 갔다고 봐야 하지 않을까요? 비록 종파 간의 갈등을 회통하기 위한 이론이라 하더라도 그 이론이 괜찮다면 더 확대하고 심화시키는 것은 너무나 당연한 일입니다. 그래야 이론도 살아 있는 이론이 됩니다. 이론과 현실이 일치됨으로써 현실과 이론의 완성도도 높아질 테니까요.

담정 그것은 스님의 해석이지만 저는 원효 스님의 일생을 보고 하는 이야기입니다. 그의 생애를 전후기로 구분하지 않으면 그렇게도 해석할 수 있습니다. 우리나라에서 한문으로 된 글을 제일 많이 쓴 사람은 다산茶山 정약용丁若鏞이고, 불교에 관한 문헌을 가장 많이 쓴 사람은 원효 스님입니다. 이런 원효 스님이 붓을 들고 민중 속으로 들어갔을까, 버리고 갔을까? 저는 붓을 꺾고 갔다고 봅니다.

도법 붓을 들고 갔든 버리고 갔든 꺾고 갔든 크게 중요하지 않습니다. 화쟁이 고통과 불행을 낳는 싸움을 해결하자는 것이기 때문에 그 이론을 국가가 필요하다 하더라도 정치 권력과 같이 가는 것보다 민중과 함께 가는 것이 더 옳기도 하고 바람직하다는 판단으로 선택한 것으로 봅니다.

담정 제가 하고 싶은 말은 실천과 이론화 작업의 사이에서 이론화 작업을 포기하고 민중 속으로 갔다는 것입니다. 스님처럼 해석하는 것도 가능지만 저는 원효 스님의 생애를 추적해보면서 이런 결론에 이르렀습니다.

도법 학술불교를 접고 갔다는 말에는 동의하지만, 원효 스님이 현장으로 가는 것이 이론을 버렸다고 보지는 않습니다.

담정 그렇다면 그다음은 '그럼 원효 스님은 민중 속에서 어떻게 살아남았는가?'입니다.

해동종주海東宗主, 해동법사海東法師라고 불렸던 원효 스님입니다. 그는 대외적으로는 학술불교의 대표자이자 대내적으로는 민중불교의 대표자입니다. 한 인물이 가지고 있는 그 역동성은 지금도 다양한 해석을 가능하게 합니다.

중국 불교를 수입했던 게 아니고 중국 사람들이 원효 스님의 사상을 수입했을 정도이니 화쟁이 아니더라도 한국불교는 원효 스님을 빼놓고 말할 수 없습니다. 역경하는 처지에서 보자면, 학술불교의 대표자인 원효 스님의 모습이 더 와 닿습니다. 누가 그처럼 자신만의 길을 개척할 수 있을까요? 자기 견해로 방대한 규모의 주석서를 저술할 수 있겠습니까?

도법 원효 스님의 저서들은 대부분 종요宗要입니다. 그 내용을 보면 거의 화쟁론입니다. 원효 스님의 기본적인 관점이 그러했습니다.

담정 그렇습니다. 싸우지 말고 함께 가자는 이야기입니다.

도법 지금 우리에게도 화쟁적 사고방식이 필요합니다.

담정 '왜 싸우지 말고 함께 가자고 했는가?' 그가 불국정토를 실현하고 싶은 욕구에 불교의 내적 통합을 바랐어도 그것은 국가 지배 이데올로기를 위한 불교였고, 통일을 위한 침략 전쟁에 사용되었던 불교였기 때문입니다. 그때 어떤 생각이 들었을까요? 전쟁 유민들을 보며 어떤 생각이 들었겠습니까?

솔직히 '나 잘못 살았다'라는 생각이 먼저 들었을 것 같습니다. 불국정토를 만들기 위해 열심히 통불교를 주장했는데 결과적으로 사람을 죽이는 일에 동원된 불교였다니! 나 같아도 때려치울 것 같습니다. (웃음)

21세기 불심관을 어떻게 세울 것인가?

법인 요즘 나의 고민은 아미타불 등의 전통적인 방법에 의지하지 않고 부처님의 삶과 정신을 이어받는 신앙생활인 '불심관을 어떻게 만들 수 있을까?'입니다. 21세기의 불심관을 어떻게 세울 수 있을까요?

담정 불심관? 저는 그쪽 영업전략이 잘못되었다고 봅니다. 21세기 대표적인 종교는 과학입니다. 과학은 기본적으로 의심과 회의의 학문입니다. 그렇지만 사람들은 과학적이라는 것을 진리의 잣대처럼 생각하고 있습니다. '과학의 시대'라는 말은 인간의지가 신의 영역, 그 초월성을 뛰어넘어 신을 부정하게 합니다. 과학적 세계관의 빈틈 자체, 그것이 삶의 총체적인 영역입니다.

이 삶의 영역을 불심관이 해결할 수 있을까요? 저는 아니라고 봅니다. 제가 항상 강조하는 것은 삶의 직시, 서로 이어져 있음을 항상 생각하는 것입니다.

법인 담정은 그 부분을 아니라고 보는 것입니까?

담정 그렇습니다. 아니라고 봅니다.

법인 나는 담정의 말이 아니라고 봅니다. 왜 그런가 하면, 인간은 과학적이면서도 과학적이지 않은 존재이기 때문입니다. 그래서 끊임없이 과학적이지 않은 인간은 자기 불안 때문에 신을 만들고, 자신이 만든 바로 그 신에게 요청합니다. 21세기가 과학의 시대여도 인간은 여전히 불안합니다. 그래서 다시 변증법적으로 초월자를 요청합니다. 여기서 우리는 부처를 어떻게 재탄생시킬 것인가? 나는 그 생각을 하고 있습니다. 인간은 이성적이고 과학적인 존재인 척하지만, 근원적 불안은 이성과 과학을 벗어나 있습니다.

담정 스님은 저의 뜻을 오해하고 있는 것 같습니다. 저는 그 불안을 해결하는 방법으로써 과학의 한계를 말하고 싶었습니다. 그리고 그 방법은 신앙생활이라는 타자에 대한 의지가 아니라

연기 실상을 체화할 수 있는 삶의 직시로 가야 하지, 새로운 불심관을 만들어 해결될 문제가 아니라는 뜻입니다.

법인 목사님들 이야기를 들어보면, 교회에서 학생부·청년부 교리 강좌 때, 중고등학생이나 젊은 사람들에게 많이 당한다고 합니다. 성경의 창조를 말하면 진화론을 들이대기 때문에 대부분의 교리 강사들은 일반 믿음을 강조하는 보수적인 교육만 한다고 합니다.

불법승 삼보를 근간으로 한 불교는 시대에 따라 그것을 끊임없이 재해석하고 재구성해왔습니다. 실상사 같은 경우, 상가는 사부대중 나름대로 인드라망공동체로 재해석하고 재구성했습니다. 두 분이 만나면 늘 다투듯이….

담정 다투다니요! 한쪽이 기승전 '중도, 중도!'라고 우기는 것이지요. (웃음)

법인 법을 다투는 것은 좋은 것입니다. 생명은 다투며 성장합니다. 멈추면 그냥 죽습니다. 이 시대의 부처님을 어떻게 다시 모실 것인가? 이 부분도 굉장히 중요합니다. 기독교도 삼위일체를 통해 내수와 신격 인격을 논쟁했습니다. 그 결과로 등장한 삼위일체설은 기독교 교리에 굉장히 중요한 역할을 했습니다.

이 자리의 논쟁이 불필요하고 의미 없는 것 같지만 불교가 너무 깨달음 중심이고 수행 중심이다 보니 불심, 즉 부처님의 그 마음을 놓치고 있다는 생각이 듭니다.

도법 교리, 즉 그 이론으로 현실 문제를 어떻게 해결할지 이야기 해봅시다. 예를 들어 지리산 댐 문제로 각 주체, 영역들이 수십 년간 싸우느라 많이 고통스러웠습니다. 이 문제를 중관으로 어떻게 해결할 수 있을까요?

담정 항상 강조하지만, 교학불교는 교학불교대로, 실천불교는 실천불교대로 자기 역할을 분담해야 합니다. 스님은 지금 우물에서 숭늉을 찾는 게 아니라 마른 우물에서 물을 찾으려 하고 있습니다.

도법 교학과 실천은 일치되어야 합니다. 이 점에 대해서 『중론』이 답을 내놓으면 내가 바로 받아들이겠습니다.

담정 이건 '탁!' 해서 될 일이 아닙니다.

도법 내 방식으로 하면 '탁!' 해서 됩니다. 해결되면 된 것이지 왜 안 된다고 합니까?

담정 스님은 다시 이론의 문제를 현실의 문제로 바로 가지고 옵니다. 우리에게는 지리산 댐 문제가 아니라 '한국불교는 왜 이럴까? 지금 한국불교에서 필요한 것이 무엇일까?'를 논하고 있습니다.

도법 내가 볼 때 지리산 댐 문제를 중도적으로 해결하면 되듯 불교도 중도적으로 하면 불교는 바로 부흥합니다.

담정 그렇지 않습니다.

도법 왜 아닌가요?

담정 그 방법 말고도 부흥할 방법 많이 있습니다. 스님처럼 추상적인 이론 문제에 어떤 답이 있고 그것을 현실에 적용하면 바로 해결된다는 것이야말로 우리가 가야 할 구체적인 길을 단순화시켜 각자의 다른 조건을 보지 못하게 만듭니다.

도법 현실 문제를 지금 여기에서 즉각 불교적으로 해결하는데 그것이 추상적인가요? 독 묻은 화살의 비유를 잊었습니까? 환자의 병이 잘 치유되는데 그 병원이 흥하지 않을 리 있겠습니까?

담정 스님은 화살을 찾아다니십시오. 저는 총포나 미사일을 찾아다닐 테니! (웃음)

무엇보다 먼저 문제가 무엇인지, '왜?'라는 진단부터 공감해야 합니다. 그렇지만 그럴 때마다 스님은 '중도적'이라는 만병통치약을 내밀고 있습니다.

도법 시시비비를 가려내야 된다는 것이 일반적인 사고방식인데, 붓다는 그것을 깼습니다. 굳이 불교식으로 설명하면 양극단의 사고로 백날천날 시시비비 해봐야 끝나지 않습니다. 그러므로 붓다는 양극단의 시비가 아니고 바로 중도, 있는 그대로의 실상에 직접 대면하여 다룸으로써 양극단의 시시비비가 떨어져 나가게 해야 한다고 하신 것입니다.

담정 이 '왜?'라는 문제의식에서 스님과 저의 진단 자체가 다릅니다. 스님은 실천불교를 강조지만, 역경을 하는 저의 관점에서 볼 때 우리 불교의 교학에 문제가 있습니다. 교학의 불철저성 자체가 우리 불교를 죽어가는 나무로 만들고 있습니다. 뿌리인 교학이 약하니 열매인 응용 불교나 실천불교에서 문제가 발생하는 것입니다. 그 열매의 문제, 올바른 실천을 하는 실천불교의 문제가 유기적으로 해결됐을 때만이 지리산 댐 문제를 비롯하여 여러 문제에 대한 불교적인 답이 나올 것이라 봅니다.

지리산 댐 문제를 교학불교를 하는 나에게 어떻게 해보라고 하면, 역경 대신에 실천불교로 들어가 이 문제를 직접 다뤄야 합니다. 스님은 제가 실천불교를 하길 바랍니까, 아니면 지금처럼 역경을 하기 바랍니까?

도법 나는 불교 이론이 한국불교의 이런저런 문제들에 대해서 응답을 할 수 있어야 한다고 봅니다. 응답하지 못하는 이론은 허망한 관념의 유희에 불과합니다. 대체 무엇을 위한 이론입니까?

담정 스님과 저의 진단이 다른 것은 각자의 '현실 인식과 그 진단'이라는 조건이 다르기 때문입니다. 일체중생의 각자 조건이 다르다는 것부터 인정해야 합니다.

도법 진단, 진단하는데 현재 한국불교의 역량으로 볼 때 정확한 진단 작업을 할 수 있을지 모르겠습니다. 그런 것, 저런 것 다 가닥칠 수 있는 게 무엇일까요? 나름의 이론으로 현장 문제를 다루어왔고, 그동안의 경험을 통해 중도, 있는 그대로의 길이 효과적인 길임을 확신하게 되었습니다.

이론적으로 아무리 열심히 무언가를 정리한다 해도, 현실 문제에 직결시켜 응답하지 못하면 그것은 그저 공허한 이론일 뿐입니다. 복잡하게 뱅뱅 돌고 도는 이야기는 이 정도 했으니 이제는 담정이 『중론』 전문가로서 내가 주문하는 것을 어떻게 할 것인지 딱 제시해보라는 것입니다.

얼마 전 총무원에 회의 때문에 올라갔을 때 총무원장스님이 모 사찰 주지스님 문제로 걱정을 하고 계셨습니다. 상황을 들어보니, 지역 방송국이 그 문제를 다루고 있고, 신도들을 포함한 지역사회에서도 6천 명이나 주지를 처벌해달라는 서명을 해서 총무원에 보내왔다고 합니다. 이 문제로 이미 해당 사찰과 문중도 의견이 갈려 서로 갈등, 대립하는 상황이라고 합니다. 그렇지만 종단이나 본사 주지스님들 입장은 신도들의 문제 제기로 주지를 경질하는 것에 대한 반대 기류가 강하게 있어서 총무원에서는 이러지도 저러지도 못하고 있었습니다. 이럴 때 불교적으로 많은 대중이 공감도 하고 불교의 현실과 미래를 봐서 괜찮도록 문제를 처리해내야 불교가 설득력이 있습니다.

담정 그럼 스님은 그 주지를 그만두게 해야 한다고 생각하십니까?

도법 그만두게 하는 것도 하나의 방법일 수 있습니다.

담정 그 정도 상황이면 그만두게 하는 것이 올바른 결론입니다.

도법 그것은 그렇지 않습니다. 그만두게 하는 것도 하나의 방법일 수 있지만 유일한 정답일 순 없습니다. 그러므로 불교적으로 어떻게 하는 게 가장 좋은 방법인지 길을 제시하고 답이 나올 수 있도록 이야기해보자는 것입니다.

담정 이처럼 스님하고 저하고 생각의 패턴이 다릅니다. 저는 일단 그만두게 합니다!

도법 나는 이런 문제에 대해서 중관 논리로는 이렇게 하면 된다, 초기불교 방식으로는 저렇게 하면 된다는 이야기를 내놓아야 하고 실제로도 효과를 볼 수 있어야 불교가 희망차게 될 수 있다는 이야기입니다.

담정 범계梵戒 문제에 무슨 이런저런 논리가 필요합니까! 정치는 감각이고, 논리는 총화된 경험으로 움직입니다. 현실 문제는 항상 매우 복잡하지만, 결정은 즉각적일수록 좋습니다.

도법 불교 이론이 현실 문제와 연결해 해답이 나오.도록 하지 못하면 현실적으로 불교는 버림받을 수밖에 없습니다.

담정 그렇습니다. 저는 그것을 직접 논의하지 않으려고 바로 그만두는 게 답이라고 말하는 것입니다.

도법 만일 나에게 그 문제를 다루라고 하면 나는 내 방식, 중도적으로 다룰 것이고, 결과도 좋게 나오도록 할 것입니다. 불교가 이런 것이다, 그러므로 불교가 좋고 훌륭한 것이라고 자신 있게 할 수 있습니다.

담정 그 방식이 대화와 타협일 것임은 안 보고도 알겠습니다. 스님은 대화와 타협으로 문제를 해결하려 할 것이고 저는 무조건 그만두게 하는 원칙을 강조할 것이니, 각자 스타일이 나오는 것입니다.

도법 대화와 타협을 하든 그만두게 하든 그것은 여러 가지 길 중에 하나입니다. 그 여러 가지 길 중에서 어떤 것이 최선인지 찾아보자는 것입니다. 삶의 문제, 현실의 문제에 대해 불교적으로 응답하는 신앙적 실천, 수행적 실천을 한다면 이보다 더한 신앙이, 이보다 더한 수행이 어디에 있겠습니까?

담정 스님처럼 하면 굶어 죽기 딱 좋습니다.

도법 실상사는 굶어 죽지 않았습니다. 그렇게 30년 동안 살았습니다.

담정 스님 혼자 사시는 게 아니라 다 같이 사니까 안 굶어 죽은 것입니다. 스님처럼만 살면 다 굶어 죽고 아무도 남지 않았을 것입니다.

도법 우리 조실스님부터 시작해서 식구들이 이구동성으로 하는 이야기가 나보고 이상주의자라고 합니다. (웃음)

94년 종단개혁 때도 그렇고, 98년 종단사태 수습 때도 그렇고, 똑같습니다. 나에게 너무 이상주의여서 현실적이지 못하다고 타박합니다. 그런데 결과적으로 보면 종단개혁·종단사태 수습·실상사 주지 등 나의 현실 진단이 맞았습니다. 완주 송광사야 배후에 전주가 있으니 좀 다르지만, 금산사 말사들의 살림이 궁하기는 대체적으로 비슷합니다. 그나마 활력이 있는 곳이 실상사입니다. 그렇게 볼 때 누구 진단이 맞는 것이며, 누가 더 현실적입니까?

담정 실상사가 굶어 죽지 않는 것은 스님을 비롯해 실상사 대중들이 전생에 우주를 두 번 구한 복덕 때문입니다. 안 굶어 죽는 것으로 따지면 스님보다 제가 한 수 위입니다. 저도 불보살의 가피로 굶어 죽지는 않고 있습니다. 그리고 안 굶어 죽었다

고 잘된 게 아닙니다. (웃음)

안 굶어 죽는 방법은 굶어 죽을 각오로 버티는 것입니다. 안 굶어 죽는 길을 쫓아다니면 반드시 탈이 생깁니다.

도법 담정이 역경사로서 이론에 충실할 뿐 아니라 동시에 현실 문제와 연결해 해답을 만들어내는 이론으로 진화하면 역경도 훨씬 좋은 결과를 내올 것입니다. 그래야 기성 학계의 고질적인 관성을 넘어서는 길이 열리게 된다고 보고, 그렇게 할 때 모두가 산다고 봅니다.

담정 저는 생각하는 것이 곧 실천하는 것이라며 불법의 정확한 의미를 옮기는 역경사의 삶에 만족합니다. 땅을 파든, 경을 파든 그렇게 파며 사는 삶에 만족합니다. (웃음)

후기

다시 중도의 사유로 인간 붓다를 본다

1. 인간 붓다를 실감케 하는 몇 가지 장면과 말씀

인간 붓다, 깨달은 자 붓다를 실감케 하는 몇 가지 장면과 몇 가지 말씀들을 옮겨보겠습니다. 먼저 몇 가지 장면을 함께 떠올려보겠습니다.

① 깨달음에 대한 설명을 듣고 잘 이해하여 받아들이는 제자를 보고 환호하는 붓다
② 밥을 못 얻어서 빈 발우를 들고 의연하게 돌아오는 붓다
③ '너무 힘들다'고 하며 좀 쉬어가자고 요청하는 붓다
④ 편 갈라 싸우는 제자들이 말을 안 들었을 때 말없이 홀로 씁쓸히 떠나는 붓다

⑤ 비구들이 화목하게 서로 탁마하며 수행하는 작은 공동체를 보고 기뻐하는 붓다

⑥ 전쟁 한복판을 걸어가 뙤약볕 아래 고요히 앉아있는 붓다

다음으로 몇 가지 말씀을 살펴보겠습니다.

① 나는 다만 길을 가리킬 뿐이다.

② 나의 진리(가르침)는 바로 이해·실현·경험·증명된다.

③ 누가 완성자 붓다인가! 팔정도를 생활화하는 사람이 붓다이다.

④ 수행자들이여, 두 가지 극단을 떠난 있는 그대로의 길, 중도가 있다. 그 길은 깨달음을 이루고 열반에 이르게 한다.

⑤ 나도 게으름 없이 정진했기 때문에 깨달은 자 붓다의 삶을 이루었다.

⑥ 우리들은 신과 인간의 굴레로부터 자유로워졌다. 뭇 생명들의 이익과 안락과 행복을 위해 길을 떠나자.

2.
관조반야의 사유로 '한 장면'을 본다

인간 붓다를 실감케 하는 몇 가지 장면과 몇 가지 말씀들을 살펴보았습니다. 이번에는 모든 현상의 있는 그

대로의 참모습을 관조하여 명료하게 아는 관조반야觀照般若의 사유로 한 장면을 떠올려봅니다.

다섯 고행자 중에 붓다의 말씀을 듣고 처음 깨달음을 이룬 교진여憍陳如를 보고 '환희용약歡喜踊躍하는 붓다'에 대해 음미해봅니다.

"꾸준하게 관찰사유하는 수행자에게 연기의 실상이 환하게 드러났다"라고 하는 그 사유 방식과 같은 맥락으로 연결되는 대승불교적 사유의 하나인 삼종반야三種般若—문자반야文字般若, 관조반야觀照般若, 실상반야實相般若—가 있습니다 .

그중에 관조반야의 사유로 '환희용약하는 붓다'라고 표현된 문자반야를 2,700년 전의 실제 상황과 직결시켜 하나하나 사실적으로 관찰사유해봅시다.

① 자신이 발견한 진리를 누군가가 이해하고 공감하고 받아들이는 일이 중요했기 때문에 깨달은 다음 가장 먼저 한 일이 대화 상대를 찾는 일이었습니다.

② 대화 상대를 만나려고 200~300킬로미터 떨어진 바라나시를 향해 묵묵히 걸어갔습니다.

③ 그 과정과정을 구체적으로 짚어보겠습니다. 때론 비바람 속을, 또는 불볕더위 속을 걸었습니다. 생존을 위해 밥을 얻어먹으며 길도 묻고, 물도 얻어 마셨습니다. 적당한 곳에서 쉬기도 하며 때론 놀림도 받고 비난도 받았습니다. 저녁이 되

면 무시무시한 맹수들이 울부짖는 소리를 들으며 잠도 잤습니다. 하나하나 다 설명할 수 없는 무수한 조건들이 있었습니다. 그렇게 묻고 물어 만나고 싶었던 고행자들이 있는 곳에 당도했습니다.

④ 고행자들은 기대와는 달리 모르는 척 외면, 또는 무시하려고 작정했습니다.

⑤ 하지만 옛 인연 때문에 마지못해 아는체를 합니다.

⑥ 다시 말해 붓다는 환영받지 못하는 불청객이었습니다.

⑦ 그렇지만 붓다는 의연하게 내가 깨달은 진리 이야기를 들어보라고 거듭거듭 제안합니다.

⑧ 마침내 대화가 시작되었습니다.

⑨ 그리고 많은 대화 끝에 최초로 교진여가 깨닫습니다.

⑩ 교진여가 깨닫는 것을 본 붓다는 자신이 깨달았을 때보다도 더 크게 환희용약합니다.

위에서 짚어본 몇 가지로 미루어 볼 때, '환희용약하는 붓다'—이 한 장면이 완성되기 위해서는 온 우주의 유형무형 모든 것들의 조화로운 참여와 역할에 의해 이루어지고 있습니다. 이 사실을 이해하고 공감하고 받아들이는 것은 어렵지 않습니다. 알고 보면 사실 '환희용약하는 붓다'라는 장면뿐만 아니라, 그 어느 세계의 실상도 그 어느 존재의 실상도 이와 다르지 않습니다.

'환호하는 붓다'라는 문자반야를 사실과 직결시켜 관찰사유하는 경험을 통해 '환호하는 붓다'의 실상 뿐만 아니라 세계의 실상, 존재의 실상을 이해하는 눈을 얻었습니다. 동시에 실상을 이해하는 눈을 뜨는 데 잘 묻고 잘 답하는 대화와 토론이 절대적으로 중요함을 알 수 있습니다. 붓다께서 깨달은 이후 첫 번째로 한 일이 대화가 잘 될 상대를 찾은 까닭을 충분히 알 수 있었습니다.

'환호하는 붓다'라는 위대한 사건 어디에도 보통 사람이 이해할 수 없고 경험할 수 없는 비현실적·비상식적인 무엇도 있지 않음이 명백합니다. 바로 "나의 진리, 나의 가르침은 바로 이해된다, 실현된다, 경험된다, 증명된다"고 하신 붓다의 말씀이 참으로 참된 말씀임을 확인할 수 있었습니다. 붓다는 평범한 우리와 조금도 다름없는 위대한 인간이었습니다.

3.
관조반야의 사유로
'한 말씀'을 본다

"나는 다만 길을 가리킬 뿐이다."

관조반야의 사유로 붓다가 말씀한 "나는 다만 길을 가리킬 뿐이다"라는 문자반야를 실제 현실에 직결시켜 하나하나 사실적으로 관찰사유 해봅시다. 그 시작은 물음으로 하겠습니다.

① 붓다, 그는 어떤 사람인가, 그가 가리키는 길은 어떤 길인가. 붓다 그는 참된 길을 잘 아는 사람입니다.

② 붓다, 그는 잘 아는 길을 잘 가는 사람이고 그 길을 잘 가르치고 안내하는 사람입니다.

③ 붓다, 그는 잘 아는 길을 꾸준히 잘 가는 사람입니다.

④ 붓다, 그는 흔들림 없이 아는 길을 계속 가는 사람입니다.

⑤ 붓다, 그는 여유만만하게 잘 아는 길을 부지런히 애써 잘 가는 사람입니다.

⑥ 붓다가 가르쳐준 그 길은 진리에 합당한 길입니다.

⑦ 그 길을 가기만 하면 반드시 매 순간순간 진리에 도달하게 하는 틀림없는 길입니다.

⑧ 누구나 할 것 없이 너도 나도 반드시 가야하는 영원한 길입니다.

⑨ 그 길은 우리 모두에게 희망을 주는 참된 길입니다.

⑩ 그 길의 이름은 중도 연기, 또는 중도의 팔정도입니다. 붓다, 그는 일생 아니 세세생생 매 순간순간 중도의 팔정도를 생활화한 거룩한 사람, 깨달은 자, 완성자 붓다입니다.

위에서 짚어본 몇 가지로 볼 때 붓다의 가르침은 어느 한 내용이라도 보통의 상식을 가진 사람이 이해 못 할 내용인가, 받아들이기 어려운 내용인가, 실제 생활에 적용할 수 없는 내용인가, 해도 해도 효과가 없는 비현실적인 내용인가, 보통 사람은 할 수 없는 특별한 내용인가? 그렇지 않습니다.

오히려 상식적인 그 누구라도 마음먹고 허심탄회하게 대화를 하면 바로 이해할 수 있는 내용입니다. 현실생활에 적용하기만 하면 바로 이해되고 실현되고 경험되고 증명되는 내용입니다. 보통 사람 누구든지 조금만 진지하게 접근하여 노력하면 나와 너에게, 우리 모두에게도 괜찮은 위대한 내용입니다.

종합 정리해보겠습니다. 깨달음으로 살아간 붓다로부터 시작하여 오늘까지의 모든 불교를 관통하는 한마디를 찾는다면 그것은 바로 '반야바라밀 수행'이라고 함이 마땅하고 마땅하다고 봅니다. 다만 중요한 것은 영원에서 영원 끝까지, 언제 어디에서나 붓다가 가르쳐준 그 길을 어떤 조건도 없이, 어떤 구하는 마음도 없이 잘 가느냐의 여부입니다. 오늘도, 내일도, 금생도, 내생도 영원에서 영원 끝까지.

지금까지 사실대로 짚어본 결과 붓다, 그는 분명 보통 사람과 다를 바 없는 거룩한 사람, 깨달음으로 살아가신 위대한 붓다입니다. 불교도 그 내용은 나처럼 평범한 사람이라도 마음먹으면 바로 이해하고 실천할 수 있는 길, 가기만 하면 너에게도 나에게도 우리 모두에게도 괜찮은 길, 희망의 길입니다.

붓다의 진리, 붓다의 가르침은 바로 이해·실현·경험·증명되는 깨달음을 실천하는 길, 오래된 미래의 길, 뭇 생명이 앞다투어 가야 할 크고 참되고 확실한 길입니다. 말 그대로 초발심, 첫 마음이 바로 무상정각無上正覺이 되는 길입니다. 우리는 이렇게 붓다를 만나고, 이렇게 불교를 공부하고 수행해야 합니다. 이렇게 하기만 하면 틀림없이 날마다 좋은 날이 되는 불교 공부와 수행이 됩니다. 다시 한번 짚어봅니다.

나만 좋거나 너만 좋거나, 또는 살아서 금생에만 좋은 길은 참된 길, 좋은 길이 아닙니다. 나도 너도 우리 모두도 괜찮은 길, 살아서도 괜찮고 내생에도 괜찮은 길 이어야 참된 길, 좋은 길입니다. 그러므로 불교를 관통하는 모든 진리의 길을 대표하는 한마디를 반야바라밀행般若波羅蜜行이라고 제시하고 있는 것입니다.

도법 합장

부록

부록 1

중中(Majjhena)과 중도中道(Majjhimā paṭipadā)에 관하여

김법영

중국에서 역경을 하면서 '중도中道'라고 번역한 문구는 초기 니까야에 'majjhimā paṭipadā맛지마 빠띠빠다'와 'mahhjena맛제나' 두 가지가 있는데, 이 두 가지를 구분하지 않고 모두 '中道'라고 번역하였다. 니까야에서 이 둘의 의미와 사용 용도는 서로 다른데 한역된 경전만 보면 '中道'라고 혼용하여 사용되어 원뜻이 무엇인지 알 수가 없고 의미도 정확하게 파악하기 힘들다. 따라서 한국불교에서도 중도中道에 대하여 그 의미가 복합적이며, 자의적인 해석이 들어가 번잡하게 설명하는 경우가 많아 불교의 핵심 교리인 연기를 바르게 이해하기 위하여 니까야 경전에서 majjhimā paṭipadā(중도, 中道)와 majjhena(중, 中)가 어떻게 사용되고 설명되었는지 알아볼 필요

가 있다. 각묵 스님도 상윳따 니까야에서 주석으로 이 점을 강조하고 있다.●

'majjhimā paṭipadā(중도, 中道)'는 초기 경전 니까야와 율장에

● '중간(中)에서 의해서'는 majjhena를 옮긴 것이다. 주석서와 복주서는 여기에 대해서 별다른 설명을 하지 않는다. 그러나 아래 「나체 수행자 깟사빠 경」(S12:17)에서는 이 majjhena를 "'중간에 의해서 여래는 법을 설한다(majjhena tathāgato dhammaṃ deseti)'는 것은 상견과 단견이라 불리는 양극단(ubha anta)을 의지하지 않고(anupagamma) 제거하고(pahāya) 집착하지 않고(anallīyitvā), 중도中道(majjhimā paṭipadā)에 서서 설하신다는 뜻이다. 어떤 법을 설하셨는가라고 한다면, 바로 이 '무명을 조건으로 의도적 행위들이 있다'는 것 등이다"(SA.ii.36)라고 설명하고 있다. 주석서에서는 이처럼 양극단을 여읜 중간(中, majjha)을 중도中道(majjhimā paṭipadā)로 설명하고 있기는 하지만 초기불전 자체를 두고 보자면 중도는 팔정도를 말한다. 예를 들면 4부 니까야(Nikāya)에서는 본서 제6권 『초전법륜경』(S56:11)을 위시하여 대략 6군데에서 중도가 나타나는데 4념처와 37도품을 중도라고 설하고 계신 『앙굿따라 니까야』 「나체수행자 경」(A3:151~152)을 제외한 초기불전에서 중도는 반드시 팔정도로 설명이 되고 있다. 물론 37도품도 팔정도가 핵심이요, 4념처는 팔정도의 바른 마음 챙김의 내용이다. 그리고 『무애해도』(Ps.ii.147)에도 팔정도가 중도로 표방되고 있다. 그러므로 주석서 문헌을 제외한 모든 초기불전에서 중도는 팔정도를 뜻한다고 이해해도 아무 문제가 없다. 그러므로 역자는 중간과 중도를 엄격히 구분해야 한다고 생각한다. 중간은 본경에서처럼 유무의 양극단의 중간이며 고락苦樂과 단상斷常의 양극단의 중간으로 바른 견해(정견)의 내용이지만, 중도는 팔정도 전체를 뜻하는 것으로 이해해야 한다.
대승불교에 익숙한 우리는 중도하면 팔불중도八不中道(팔불중도는 중국 길장吉藏 스님의 『중관론소中觀論疏』에 여러 번 나타나는 대승불교에는 잘 알려진 술어임)나 공空·가假·중도中道로 정리되는 『중론中論』(中論頌, Mūla-madhyamaka-kārikā) 「관사제품觀四諦品」의 삼제게三諦偈(24:18)를 먼저 떠올리지만 초기불전에서의 중도는 이처럼 명명백백하게 팔정도이다. 〈(S12:15-6) 'majjhena(중간, 中)에서 의해서'에 대한 각묵 스님의 주석 일부〉

서 6개 경에서 25번 나오며(문단으로는 14문단), 팔정도를 이야기하고, 한 곳에 7보리분법(37도품)을 설명한다.●

'majjhena(중, 中)'는 'majjhena tathāgato dhammaṃ deseti(중中에 의해서 여래는 법을 설한다)'의 정형구로 사용되며, 9개 경(13문단)에서 나오고 '양극단을 의지하지 않고 중中에 의해서 여래는 법을 설한다' 이후에 십이연기가 나온다.●●

즉 majjhimā paṭipadā(중도, 中道)는 팔정도를 이야기하고,

● majjhimā paṭipadā(중도, 中道) : 6개 경(니까야 5, 율장 1), 14문단
① S56:11 전법륜경, ② S42:12 라시아 경, ③ M3 법의 상속자 경, ④ M139 무쟁의 분석 경,
⑤ A3:151~152 나체수행자 경
⑥ Vin 4, 1. 마하박가-율장대품, 제1장 크나큰 다발, 6. 가르침의 바퀴를 굴림에 대한 이야기
→ 5개 경에서 팔지성도八支聖道(ariyp aṭṭhaṅgiko maggo, 八正道)를 이야기하고 A3:151~152 나체 수행자 경에서는 7보리분법(37도품)을 설명함.

●● majjhena tathāgato dhammaṃ deseti 중中에 의해서 여래는 법을 설한다.
: 9개 경(S12 인연 상윳따 8개, S22 무더기 상윳따 1개), 13문단
① S12:15 깟짜나곳따 경 [잡아함경301 가전연경]
② S12:17 나체수행자 깟사빠 경 [잡아함경302 아지라경]
③ S12:18 띰바루카 경 [잡아함경303 점모류경]
④ S12:35 무명을 조건함 경1 (4문단)
⑤ S12:36 무명을 조건함 경2 (2문단)
⑥ S12:46 어떤 바라문 경 [잡아함경300 타경]
⑦ S12:47 자눗소니 경
⑧ S12:48 세상의 이치에 능통한 자 경
⑨ S22:90 찬나 경 [잡아함경262 천타경]

majjhena(중, 中)는 연기를 설명할 때 사용되며 그 용례를 간략히 살펴보면 다음과 같다.

중국에서 번역한 中道중도

- majjhimā paṭipadā(중도, 中道) : 팔정도
- majjhena tathāgato dhammaṃ deseti 중中에 의해서 여래는 법을 설한다 : 십이연기

> 【참고】 중국에서 '道'라고 번역한 빠알리 원어
> ① magga : 道, 길, path
> ② paṭipadā : 行道, 도 닦음, 실천, 길 걸음 실천행, 실제 도 닦는 행위
> padā : 길, 발
> prati(~에 대하여) + √pad(가다, to go)에서 파생된 여성명사
> 발로 실제 길 위를 걸어가는 실천적인 의미가 강하다.

용수의 『근본중송根本中頌』• 을 해석한 산스끄리뜨어로 된 핑갈라의 『중송석中頌釋』•• 을 중국에서 구마라집이 『중론中

• Nāgārjuna나가르주나(용수, 150?~250?)의 Mūlamadhyamakakārikā(근본중송根本中頌).

•• 핑갈라Piṅgala(青目청목, 4세기 전반 무렵에 활약)는 인도 출신의 논사論師, 용수의 간결한 게송을 주석한 것이 중송석中頌釋.

論』● 으로 역경할 때 'pratipatsaiva madhyamā(실천행이 바로 그 중中이다)'를 '亦是中道義'라고 번역하여 '中道'를 사용하였으며[아래 중론 24-18송 참조], 그 후 구나발타라가 잡아함경을, 길장이 중관론소中觀論疏를 저술하면서 사용하여 '中道'가 보편적으로 쓰이게 되었다.

먼저 'majjhena tathāgato dhammaṃ deseti(중中에 의해서 여래는 법을 설한다)'의 정형구로 'majjhena(중, 中)'이 나오는 S12:15 **깟짜나곳따 경**kaccānagottasuttaṃ의 일부를 보면,

"'sabbaṃ atthī'ti kho, kaccāna, ayameko anto. 'sabbaṃ natthī'ti ayaṃ dutiyo anto. ete te, kaccāna, ubho ante anupagamma majjhena tathāgato dhammaṃ deseti — 'avijjāpaccayā saṅkhārā; saṅkhārapaccayā viññāṇaṃ ... pe ... evametassa kevalassa dukkhakkhandhassa samudayo hoti. avijjāya tveva asesavirāganirodhā saṅkhāranirodho; saṅkhāranirodhā viññāṇanirodho ... pe ... evametassa kevalassa dukkhakkhandhassa nirodho hotī'"ti. pañcamaṃ.

● 쿠마라지바Kumārajiva(鳩摩羅什구마라집/습, 344~413년) 中論-龍樹菩薩造, 梵志青目釋, 姚秦三藏鳩摩羅什釋 홍시弘始 11년(409년)에 한역.

"깟짜나여, '모든 것은 있다'라는 것은 한 끝이다. '모든 것은 없다'라는 것은 두 번째 끝이다. 깟짜나여, 이러한 양극단에 접근하지 않고 중中에 의해서 여래는 법을 설한다. — '무명無明의 조건으로부터 행行들이 있다. 행行의 조건으로부터 식識이 있다. … 이렇게 이 모든 괴로움 무더기의 일어남(고집苦集)이 있다. 그러나 무명無明의 남김없이 빛바랜 멸滅로부터 행멸行滅이 있다. 행멸行滅로부터 식멸識滅이 있다. … 이렇게 이 모든 괴로움 무더기의 소멸(고멸苦滅)이 있다'라고."

'중中에 의해서 여래는 법을 설한다'고 하면서 십이연기로 설명하고 있다.

십이연기를 설명하는 또 다른 경인 S12:37 **그대들의 것이 아님 경**natumhasuttaṃ을 보면,

"tatra kho, bhikkhave, sutavā ariyasāvako paṭiccasamuppādaññeva sādhukaṃ yoniso manasi karoti — 'iti imasmiṃ sati idaṃ hoti, imassuppādā idaṃ uppajjati; imasmiṃ asati idaṃ na hoti, imassa nirodhā idaṃ nirujjhati, yadidaṃ — avijjāpaccayā saṅkhārā; saṅkhārapaccayā viññāṇaṃ … pe … evametassa kevalassa dukkhakkhandhassa samudayo hoti. avijjāya tveva asesavirāganirodhā saṅkhāranirodho;

saṅkhāranirodhā viññāṇanirodho … pe … evametassa kevalassa dukkhakkhandhassa nirodho hotī'"ti. sattamaṃ.

"비구들이여, 거기서 잘 배운 성스러운 제자는 연기緣起를 철저히 여리如理하게 사고思考한다. — '이렇게 이것이 있을 때 이것이 있고, 이것이 생기므로 이것이 생긴다. 이것이 없을 때 이것이 없고, 이것이 소멸하므로 이것이 소멸한다.' 즉 — '무명無明의 조건으로부터 행行들이 있다. 행行의 조건으로부터 식識이 있다. … 이렇게 이 모든 괴로움 무더기의 일어남(고집苦集)이 있다. 그러나 무명無明의 남김없이 빛바랜 멸滅로부터 행멸行滅이 있다. 행멸行滅로부터 식멸識滅이 있다. … 이렇게 이 모든 괴로움 무더기의 소멸(고멸苦滅)이 있다'라고."

연기와 연기의 정형구, 그리고 십이연기를 설명하고 있다. 이에 해당하는 **잡아함301 가전연경**迦旃延經의 해당 부분을 보면, '中道'로 한역하고 있다.

所以者何。世間集如實正知見。若世間無者不有。世間滅如實正知見。若世間有者無有。是名離於二邊說於中道。所謂此有故彼有。此起故彼起。謂緣無明行。乃至純大苦聚集。無明滅故行滅。乃至純大苦聚滅。

용수의 근본중송 24-18송의 산스끄리뜨어 원문과 여러 역자의 해석을 자세히 살펴보면 다음과 같다.

yaḥ pratītyasamutpādaḥ śūnyatāṁ tāṁ pracakṣmahe/
sā prajñaptirupādāya pratipatsiva madhyamā//18

-〈나가르주나〉

연기인 그것을 공성空性이라고 말한다.
그와 같은 가르침에 따른 실천행이 바로 그 중中이다.

-〈신상환, Skt, 역〉

衆因緣生法 我說卽是無 亦爲是假名 亦是中道義
중인연생법 아설즉시무 역위시가명 역시중도의

-〈구마라집 한역〉

여러 가지 인연으로 생生한 법을 나는 '무無'라고 말한다.
또 '가명假名'이라고도 하고 또 '중도中道의 이치'라고도 한다.

-〈김성철 역〉

연기緣起인 그것
바로 그것을 공성空性이라고 말한다.
바로 그것에 의지하여(緣) 시설施設된 것(=假名)
그 자체가 바로 중도中道이다.

-〈신상환, Tib, 역〉

yaḥ 〉 yad: which. pratītyasamutpādaḥ: 연기緣起. śūnyatāṁ 〉 śūnyatā: 공성空性.

tāṁ 〉 tad: 그. pracakṣmahe: pra√cakṣ 말하다. sā 〉 tad.

prajñaptih: 교훈, 진술, 가명假名. upādāya: ~에 의존하여.

pratipad: 도道의 길. pal. paṭipadā 도 닦음, 길걸음. 실천행

sā. eva: 실로. madhyamā 〉 madhyama 중간中間의.

산스끄리뜨어 원문을 보면 여러 법이 실체가 있다(법유法有)고 구분하는 아비달마 구사론을 용수는 논파하고 연기緣起=공空인 그 가르침을 정확히 알고 실천하는 삶이 곧 중관학파를 뜻하는 '마디야마까Madyamaka', 즉 '중中'의 진정한 의미라고 정의하고 있다. 그러나 구마라집이 '실천행이 바로 그 중中이다'를 뜻하는 '쁘라띠빠뜨사이바 마드야마pratipatsaiva madhyamā'를 '亦是中道義역시중도의'라고 번역하면서 '중'을 '中道'로 옮겨, 후대 역경사들이 사용한 '中道'와 그 의미가 혼용되는 단초가 되었다.

다음 'majjhimā paṭipadā(중도中道)'가 나오는 대표적인 경전인 **S56:11 전법륜경**dhammacakkappavattanasuttaṃ의 도입부를 보면,

ekaṃ samayaṃ bhagavā bārāṇasiyaṃ viharati isipatane migadāye.

tatra kho bhagavā pañcavaggiye bhikkhū āmantesi — "dveme, bhikkhave, antā pabbajitena na sevitabbā. katame dve? yo cāyaṃ kāmesu kāmasukhallikānuyogo hīno gammo pothujjaniko anariyo anatthasaṃhito, yo cāyaṃ attakilamathānuyogo dukkho anariyo anatthasaṃhito. ete kho, bhikkhave, ubho ante anupagamma majjhimā paṭipadā tathāgatena abhisambuddhā cakkhukaraṇī ñāṇakaraṇī upasamāya abhiññāya sambodhāya nibbānāya saṃvattati".

한때 세존께서는 바라나시에서 이시빠따나의 사슴공원에 머물렀다. 그때 세존께서는 함께하는 다섯 비구에게 말했다. — "비구들이여, 출가자가 실천하지 않아야 하는 이런 두 끝이 있다. 무엇이 둘인가? ①소유의 삶에서 소유의 즐거움(감각적 욕망들)에 묶인 이런 실천은 저열하고 천박하고 범속하고 성스럽지 못하고 이익을 가져오지 않는다. ②자신을 지치게 하는 이런 실천은 괴롭고 성스럽지 못하고 이익을 가져오지 않는다. 비구들이여, 이런 양 끝을 가까이하지 않은 뒤에 여래에 의해 깨달아진 것인 중도中道는 안眼을 만드는 것이고 지知를 만드는 것이고, 가라앉음으로 실다운 지혜로 깨달음으로 열반으로 이끈다."

katamā ca sā, bhikkhave, majjhimā paṭipadā tathāgatena abhisambuddhā cakkhukaraṇī ñāṇakaraṇī upasamāya abhiññāya sambodhāya nibbānāya saṃvattati? ayameva ariyo aṭṭhaṅgiko maggo, seyyathidaṃ— sammādiṭṭhi sammāsaṅkappo sammāvācā sammākammanto sammāājīvo sammāvāyāmo sammāsati sammāsamādhi. ayaṃ kho sā, bhikkhave, majjhimā paṭipadā tathāgatena abhisambuddhā cakkhukaraṇī ñāṇakaraṇī upasamāya abhiññāya sambodhāya nibbānāya saṃvattati.

"비구들이여, 그러면 무엇이 안眼을 만드는 것이고 지知를 만드는 것이고, 가라앉음으로 실다운 지혜로 깨달음으로 열반으로 이끄는, 여래에 의해 깨달아진 것인 중도中道인가? 오직 이 여덟 요소로 구성된 성스러운 길(팔정도八正道)이니 정견正見, 정사유正思惟, 정어正語, 정업正業, 정명正命, 정정진正精進, 정념正念, 정정正定이다. 비구들이여, 이것이 안眼을 만드는 것이고 지知를 만드는 것이고, 가라앉음으로 실다운 지혜로 깨달음으로 열반으로 이끄는, 여래에 의해 깨달아진 것인 중도中道이다."

즉, kāma욕망를 추구하는 소유의 삶과 억제하는 삶에 치우치지 않고 열반으로 깨닫는 방법인 중도中道를 설명하면서 팔정도의 실천을 이야기한다.

따라서 있음과 없음을 떠나 연기, 특히 (삼세양중인과가 아닌) 고의 집과 멸을 설하는 십이연기를 뜻하는 '중中(mahhjena)'과 kāma욕망를 추구하는 삶과 억제하는 삶을 떠나 팔정도를 실천하는 '중도中道(majjhimā paṭipadā)'는 구분해서 보아야 한다. 이 모두를 합쳐서 중도로 설명할 때, 중도를 여러 가지로 현학적으로 설명하게 되고, 연기가 팔정도라는 비약으로 잘못 나아갈 수 있다.

또한 이렇게 구분함으로써, 있음과 없음을 떠나 그침 없는 연기, 즉 '일체 무자성=연기=공'을 설하는 '마디야마까Madyamaka 중관학파'의 '중中'을 바르고 쉽게 이해할 수 있다.

【 참고 경전 】

A. majjhena(중, 中)에 의해서 여래는 법을 설한다—경전 9개

● majjhena(중, 中)의 경전 용례

1) S12:15 깟짜나곳따 경(kaccānagottasuttaṃ)

① 모든 것은 있다—유有—【상견常見】

② 모든 것은 없다—무無—【단견斷見】

2) S12:17 나체수행자 깟사빠 경(acelakassapasuttaṃ)

① 그가 짓고 그가 경험한다—괴로움은 스스로 짓는 것이다 —영원주의【상견常見】

② 남이 짓고 남이 경험한다—괴로움은 남이 짓는 것이다 —허무주의【단견斷見】

3) S12:18 띰바루카 경(timbarukasuttaṃ)

① 그가 수受하고 그가 경험한다—즐거움과 괴로움은 스스로 짓는 것이다—영원주의【상견常見】

② 남이 수受하고 남이 경험한다—즐거움과 괴로움은 남이 짓는 것이다—허무주의【단견斷見】

4) S12:35 무명을 조건함 경1 (avijjāpaccayasuttaṃ)

① '생명이 바로 몸이다'라는 견해

② '생명과 몸은 다르다'라는 견해

5) S12:36 무명을 조건함 경2 (dutiyāvijjāpaccayasuttaṃ)

① '생명이 바로 몸이다'라는 견해

② '생명과 몸은 다르다'라는 견해

6) S12:46 어떤 바라문 경(aññatarabrāhmaṇasuttaṃ)

① 그가 짓고 그가 경험한다.

② 다른 사람이 짓고 다른 사람이 경험한다.

7) S12:47 자눗소니 경 (jāṇussoṇisuttaṃ)

① 모든 것은 있다—유有—【상견常見】

② 모든 것은 없다—무無—【단견斷見】

8) S12:48 세상의 이치에 능통한 자 경(lokāyatikasuttaṃ) 순세順世(세상에 순응함)

① 모든 것은 있다. ② 모든 것은 없다. ③ 모든 것은 단일하다.

④ 모든 것은 다양하다.

9) S22:90 찬나 경 (channasuttaṃ)

① 모든 것은 있다—유有—【상견常見】

② 모든 것은 없다—무無—【단견斷見】

1. S12:15 깟짜나곳따 경(Kaccānagotta-sutta)[잡아함301 가전연경]

sāvatthiyaṃ viharati. atha kho āyasmā kaccānagotto yena bhagavā tenupasaṅkami; upasaṅkamitvā bhagavantaṃ abhivādetvā ekamantaṃ nisīdi. ekamantaṃ nisinno kho āyasmā kaccānagotto bhagavantaṃ etadavoca —"'sammādiṭṭhi sammādiṭṭhī'ti, bhante, vuccati. kittāvatā nu kho, bhante, sammādiṭṭhi hotī"ti?

사왓티에 머물다. 그때 깟짜나곳따 존자가 세존께 다가갔다. 가서는 세존께 절을 올린 뒤 한 곁에 앉았다. 한 곁에 앉은 깟짜나곳따 존자는 세존께 이렇게 여쭈었다.—"세존이시여, '바른 견해, 바른 견해'라고 불립니다. 대덕이시여, 어떤 점에서 바른 견해입니까?"

dvayanissito khvāyaṃ, kaccāna, loko yebhuyyena—atthitañceva natthitañca. lokasamudayaṃ kho, kaccāna, yathābhūtaṃ sammappaññāya passato yā loke natthitā sā na hoti. lokanirodhaṃ kho, kaccāna, yathābhūtaṃ sammappaññāya passato yā loke atthitā sā na hoti. upayupādānābhinivesavinibandho khvāyaṃ, kaccāna, loko yebhuyyena.

"깟짜나여, 이 세상은 주로 '있다'라거나 '없다'라는 쌍을 의지한다. 깟짜나여, 세상의 일어남을 있는 그대로 바른 지혜로 보면 세상에 대해 없음이라는 것이 없다. 깟짜나여, 세상의 소멸을 있는 그대로 바른 지혜로 보면 세상에 대해 있음이라는 것이 없다. 깟짜나여, 세상은 주로 다가가서 붙잡음에 의한 경향과 집착에 묶여 있다."

tañcāyaṃ upayupādānaṃ cetaso adhiṭṭhānaṃ abhinivesānusayaṃ na upeti na upādiyati nādhiṭṭhāti—'attā me'ti. 'dukkhameva uppajjamānaṃ uppajjati, dukkhaṃ nirujjhamānaṃ nirujjhatī'ti na kaṅkhati na vicikicchati aparapaccayā ñāṇamevassa ettha hoti. ettāvatā kho, kaccāna, sammādiṭṭhi hoti.

"그는 다가가서 붙잡음으로부터 생겨나는 심心의 결정-경향-잠재된 내적 경향을 '나의 자아'라고 가까이하지 않고 집착하지 않고 고집하지 않는다. '단지 괴로움이 일어날 뿐이고, 괴로움이 소멸할 뿐이다'라고 의문을 가지지 않고 의심하지 않는다. 다른 사람을 조건으로 하지 않는 앎이 오직 여기에 있다. 깟짜나여, 이만큼의 바른 견해가 있다."

"'sabbaṃ atthī'ti kho, kaccāna, ayameko anto. 'sabbaṃ natthī'ti ayaṃ dutiyo anto. ete te, kaccāna, ubho ante anupagamma majjhena tathāgato dhammaṃ deseti—'avijjāpaccayā saṅkhārā; saṅkhārapaccayā viññāṇaṃ … pe … evametassa kevalassa dukkhakkhandhassa samudayo hoti. avijjāya tveva asesavirāganirodhā saṅkhāranirodho; saṅkhāranirodhā viññāṇanirodho … pe … evametassa kevalassa dukkhakkhandhassa nirodho hotī'"ti.

"깟짜나여, '모든 것은 있다'는 이것이 하나의 극단이고 '모든 것은 없다'는 이것이 두 번째 극단이다. 깟짜나여, 이러한 양극단에 접근하지 않고 중中에 의해서 여래는 법을 설한다.—'무명無明의 조건으로부터 행行들이 있다. 행行의 조건으로부터 식識이 있다. … 이렇게 이 모든 괴로움 무더기의 일어남(집集)이 있다. 그러나 무명無明의 남김없이 빛바랜 멸滅로부터 행멸行滅이 있다. 행멸行滅로부터 식멸識滅이 있다 … 이렇게 이 모든 괴로움 무더기의 소멸(멸滅)이 있다'라고."

한역 **잡아함301 가전연경**迦旃延經 원문(이하 한역 생략)

(三○一) 如是我聞。一時。佛住那梨聚落深林中待賓舍。爾時。尊者[跳-兆+散]陀迦旃延詣佛所。稽首佛足。退住一面。白佛言。
世尊。如世尊說正見。云何正見。云何世尊施設正見。佛告[跳-兆+散]陀迦旃延。世間有二種依。若有。若無。爲取所觸。取所觸故。或依有. 或依無。若無此取者。心境繫著使不取。不住。不計我 苦生而生。苦滅而滅。於彼不疑. 不惑。不由於他而自知。是名正見。是名如來所施設 正見。所以者何。世間集如實正知見。若世間無者不有。世間滅如實正知見。若世間有者無有。是名離於二邊說於中道。所謂此有故彼有。此起故彼起。謂緣無明行。乃至純大苦聚集。無明滅故行滅。乃至純大苦聚滅。佛說此經已。尊者[跳-兆+散]陀迦旃延聞佛所說。不起諸漏。心得解脫。成阿羅漢。

2. S12:17 나체수행자 깟사빠 경(Acelakassapa-sutta)[잡아함경302 아지라경]

evaṃ me sutaṃ—ekaṃ samayaṃ bhagavā rājagahe viharati veḷuvane kalandakanivāpe. atha kho bhagavā pubbaṇhasamayaṃ nivāsetvā pattacīvaramādāya rājagahaṃ piṇḍāya pāvisi. addasā kho acelo kassapo bhagavantaṃ dūratova āgacchantaṃ. disvāna yena bhagavā tenupasaṅkami; upasaṅkamitvā bhagavatā saddhiṃ sammodi. sammodanīyaṃ kathaṃ sāraṇīyaṃ vītisāretvā ekamantaṃ aṭṭhāsi. ekamantaṃ ṭhito kho acelo kassapo bhagavantaṃ etadavoca—"puccheyyāma mayaṃ bhavantaṃ gotamaṃ kañcideva desaṃ, sace no bhavaṃ gotamo okāsaṃ karoti pañhassa veyyākaraṇāyā"ti.
이와 같이 나는 들었다. — 한때 세존께서는 라자가하의 벨루바나에 있는 깔란다까나바빠에 계셨다. 그때 세존께서는 오전에 옷매무새를 가다듬고 발우와 가사를 수하시고 걸식을 위해서 라자가하로 들어가셨다. 나체수행자 깟사빠는 세존께서 멀리서 오시는 것을 보고 세존께 다가왔다. 와서는 세존과 함께 인사을 나누었다. 유쾌하고 기억할 만한 이야기로 서로 대화를 한 뒤 한 곁에 섰다. 한 곁에 서서 나체수행자 깟사빠는 세존께 이렇게 말씀드렸다. — "만일 고따마 존자께서 저의 질문에 대한 설명을 해주실 기회를 내어주신다면 저는 고따마 존자께 어떤 문제를 질문드리고자 합니다."

"akālo kho tāva, kassapa, pañhassa; antaragharaṃ paviṭṭhamhā"ti. dutiyampi kho acelo kassapo bhagavantaṃ etadavoca "puccheyyāma mayaṃ bhavantaṃ gotamaṃ kañcideva desaṃ, sace no bhavaṃ gotamo okāsaṃ karoti pañhassa veyyākaraṇāyā"ti. "akālo kho tāva, kassapa, pañhassa; antaragharaṃ paviṭṭhamhā"ti. tatiyampi kho acelo kassapo … pe … antaragharaṃ paviṭṭhamhāti. evaṃ vutte, acelo kassapo bhagavantaṃ etadavoca—"na kho pana mayaṃ bhavantaṃ gotamaṃ bahudeva pucchitukāmā"ti. "puccha, kassapa, yadākaṅkhasī"ti.

"깟사빠여, 지금은 질문할 적당한 때가 아니다. 우리는 이미 마을 안으로 들어섰다." 두 번째로 나체수행자 깟사빠는 세존께 이렇게 말씀드렸다. "만일 고따마 존자께서 저의 질문에 대한 설명을 해주실 기회를 내어주신다면 저는 고따마 존자께 어떤 문제를 질문드리고자 합니다." "깟사빠여, 지금은 질문할 적당한 때가 아니다. 우리는 이미 마을 안으로 들어섰다." 세 번째로 나체수행자 깟사빠는 … "우리는 이미 마을 안으로 들어섰다." 이렇게 말씀하시자 나체수행자 깟사빠는 세존께 이렇게 말씀드렸다. — "저는 고따마 존자께 많은 것을 여쭙지 않을 것입니다." "깟사빠여, 그대가 원한다면 질문을 하라."

"kiṃ nu kho, bho gotama, 'sayaṃkataṃ dukkhan'ti? 'mā hevaṃ, kassapā'ti bhagavā avoca. 'kiṃ pana, bho gotama, paraṃkataṃ dukkhan'ti? 'mā hevaṃ, kassapā'ti bhagavā avoca. 'kiṃ nu kho, bho gotama, sayaṃkatañca paraṃkatañca dukkhan'ti? 'mā hevaṃ, kassapā'ti bhagavā avoca. 'kiṃ P.2.20 pana bho gotama, asayaṃkāraṃ aparaṃkāraṃ adhiccasamuppannaṃ dukkhan'ti?

‘mā hevaṃ, kassapā’ti bhagavā avoca. ‘kiṃ nu kho, bho gotama, natthi dukkhan’ti? ‘na kho, kassapa, natthi dukkhaṃ. atthi kho, kassapa, dukkhan’ti. ‘tena hi bhavaṃ gotamo dukkhaṃ na jānāti, na passatī’ti. ‘na khvāhaṃ, kassapa, dukkhaṃ na jānāmi, na passāmi. jānāmi khvāhaṃ, kassapa, dukkhaṃ; passāmi khvāhaṃ, kassapa, dukkhan’”ti.

“고따마 존자시여, 괴로움은 스스로 짓는 것입니까?” “깟사빠여, 그렇지 않다.” “고따마 존자시여, 그러면 괴로움은 남이 짓는 것입니까?” “깟사빠여, 그렇지 않다.” “고따마 존자시여, 그러면 괴로움은 스스로 짓기도 하고 남이 짓기도 하는 것입니까?” “깟사빠여, 그렇지 않다.” “고따마 존자시여, 그러면 괴로움은 스스로 짓는 것도 아니고 남이 짓는 것도 아니고 원인 없이 생기는 것입니까?” “깟사빠여, 그렇지 않다.” “고따마 존자시여, 그러면 괴로움이란 없습니까?” “깟사빠여, 괴로움은 없는 것이 아니다. 깟사빠여, 괴로움은 있다.” “고따마 존자시여, 그렇다면 고따마 존자는 괴로움을 알지 못하고 보지 못합니까?” “깟사빠여, 나는 괴로움을 알지 못하고 보지 못하는 것이 아니다. 깟사빠여, 나는 참으로 괴로움을 안다. 깟사빠여, 참으로 나는 괴로움을 본다.”

“ki nu kho, bho gotama, ‘sayaṃkataṃ dukkhan’ti iti puṭṭho samāno ‘mā hevaṃ, kassapā’ti vadesi. ‘kiṃ pana, bho gotama, paraṃkataṃ dukkhan’ti iti M.1.260 puṭṭho samāno ‘mā hevaṃ, kassapā’ti vadesi. ‘kiṃ nu kho, bho gotama, sayaṃkatañca paraṃkatañca dukkhan’ti iti puṭṭho samāno ‘mā hevaṃ, kassapā’ti vadesi. ‘kiṃ pana, bho gotama, asayaṃkāraṃ aparaṃkāraṃ adhiccasamuppannaṃ dukkhan'ti iti puṭṭho samāno 'mā hevaṃ, kassapā'ti vadesi. 'kiṃ nu kho, bho gotama, natthi dukkhan'ti iti puṭṭho samāno 'na kho, kassapa, natthi dukkhaṃ, atthi kho, kassapa, dukkhan'ti vadesi. 'tena hi bhavaṃ gotamo dukkhaṃ na jānāti na passatī'ti iti puṭṭho samāno 'na khvāhaṃ, kassapa, dukkhaṃ na jānāmi na passāmi. jānāmi khvāhaṃ, kassapa, dukkhaṃ; passāmi khvāhaṃ, kassapa, dukkhan'ti vadesi. ācikkhatu ca me, bhante, bhagavā dukkhaṃ. desetu ca me, bhante, bhagavā dukkhan"ti.

"그런데 제가 '고따마 존자시여, 괴로움은 스스로 짓는 것입니까?'라고 여쭈면 '깟사빠여, 그렇지 않다'라고 대답하시고, 제가 '고따마 존자시여, 그러면 괴로움은 남이 짓는 것입니까?'라고 여쭈면 '깟사빠여, 그렇지 않다'라고 대답하시고, 제가 '고따마 존자시여, 그러면 괴로움은 스스로 짓기도 하고 남이 짓기도 하는 것입니까?'라고 여쭈면 '깟사빠여, 그렇지 않다'라고 대답하시고, 제가 '고따마 존자시여, 그러면 괴로움은 스스로 짓는 것도 아니고 남이 짓는 것도 아니고 원인 없이 생기는 것입니까?'라고 여쭈면 '깟사빠여, 그렇지 않다'라고 대답하시고, 제가 '고따마 존자시여, 그러면 괴로움이란 것은 없습니까?'라고 여쭈면 '깟사빠여, 괴로움은 없는 것이 아니다. 깟사빠여, 괴로움은 있다'라고 대답하시고, 제가 '그렇다면 고따마 존자는 괴로움을 알지 못하고 보지 못합니까?'라고 여쭈면 '깟사빠여, 나는 괴로움을 알지 못하고 보지 못하는 것이 아니다. 깟사빠여, 나는 참으로 괴로움을 안다. 깟사빠여, 나는 참으로 괴로움을 본다'라고 대답하십니다. 세존이시여, 세존께서는 부디 제게 괴로움에 대해서 설명해주십시오. 세존이시여, 세존께서는 부디 제게 괴로움에 대해서 가르쳐주십시오."

"'so karoti so paṭisaṃvedayatī'ti kho, kassapa, ādito sato 'sayaṃkataṃ dukkhan'ti iti vadaṃ sassataṃ etaṃ pareti. 'añño karoti añño paṭisaṃvedayatī'ti kho, kassapa, vedanābhitunnassa sato 'paraṃkataṃ dukkhan'ti iti vadaṃ ucchedaṃ etaṃ pareti. ete te, kassapa, ubho ante anupagamma majjhena tathāgato dhammaṃ deseti—'avijjāpaccayā saṅkhārā; saṅkhārapaccayā viññāṇaṃ … pe … evametassa kevalassa dukkhakkhandhassa samudayo hoti. avijjāya tveva asesavirāganirodhā saṅkhāranirodho; saṅkhāranirodhā viññāṇanirodho … pe … evametassa kevalassa dukkhakkhandhassa nirodho hotī'"'ti.

"깟사빠여, '그가 짓고 그가 경험한다'고 처음부터 주장하여 '괴로움은 스스로 짓는 것이다'라고 이렇게 말하면 그것은 영원주의(상견常見)에 떨어진다. 깟사빠여, '남이 짓고 남이 경험한다'고 경험을 극복하여 '괴로움은 남이 짓는 것이다'라고 이렇게 말하면 그것은 허무주의(단견斷見)에 떨어진다. 깟사빠여, 이러한 양극단에 접근하지 않고 중中에 의해서 여래는 법을 설한다. — '무명無明의 조건으로부터 행行들이 있다. 행行의 조건으로부터 식識이 있다. … 이렇게 이 모든 괴로움 무더기의 일어남(집集)이 있다. 그러나 무명無明의 남김없이 빛바랜 멸滅로부터 행멸行滅이 있다. 행멸行滅로부터 식멸識滅이 있다 … 이렇게 이 모든 괴로움 무더기의 소멸(멸滅)이 있다'라고."

evaṃ vutte, acelo kassapo bhagavantaṃ etadavoca—"abhikkantaṃ, bhante, abhikkantaṃ, bhante! seyyathāpi, bhante, nikkujjitaṃ vā ukkujjeyya … pe … cakkhumanto rūpāni dakkhantīti; evamevaṃ bhagavatā anekapariyāyena dhammo pakāsito. esāhaṃ, bhante, bhagavantaṃ saraṇaṃ gacchāmi dhammañca bhikkhusaṅghañca. labheyyāhaṃ, bhante, bhagavato santike pabbajjaṃ, labheyyaṃ upasampadan"ti.

이렇게 말씀하시자 나체수행자 깟사빠는 세존께 이렇게 말씀드렸다.—"경이롭습니다, 세존이시여. 경이롭습니다, 세존이시여. 마치 넘어진 자를 일으켜 세우시듯, 덮여 있는 것을 걷어내 보이시듯, 방향을 잃어버린 자에게 길을 가르쳐주시듯, 눈 있는 자 형색을 보라고 어둠 속에서 등불을 비춰주시듯, 세존께서는 여러 가지 방편으로 법을 설해주셨습니다. 저는 이제 세존께 귀의하옵고 법과 비구 승가에 귀의합니다. 세존이시여, 저는 세존의 곁에 출가하여 구족계를 받고자 합니다."

"yo kho, kassapa, aññatitthiyapubbo imasmiṃ dhammavinaye ākaṅkhati pabbajjaṃ, ākaṅkhati upasampadaṃ, so cattāro māse parivasati. catunnaṃ māsānaṃ accayena (parivutthaparivāsaṃ) āraddhacittā bhikkhū pabbājenti upasampādenti bhikkhubhāvāya. api ca mayā puggalavemattatā viditā"ti.

"깟사빠여, 전에 외도였던 자가 이 법과 율에 출가하여 구족계 받기를 원하면 그는 넉 달의 견습기간을 거쳐야 한다. 넉 달이 지나고 비구들이 동의하면 출가하게 하여 비구가 되는 구족계를 받게 한다. 물론 여기에 개인마다 차이가 있음을 나는 인정한다."

"sace, bhante, aññatitthiyapubbo imasmiṃ dhammavinaye ākaṅkhati pabbajjaṃ, ākaṅkhati upasampadaṃ, cattāro māse parivasati. catunnaṃ māsānaṃ accayena (parivutthaparivāsaṃ) āraddhacittā bhikkhū pabbājenti upasampādenti bhikkhubhāvāya. ahaṃ cattāri vassāni parivasissāmi, catunnaṃ vassānaṃ accayena (parivutthaparivāsaṃ) āraddhacittā bhikkhū pabbājentu upasampādentu bhikkhubhāvāyā"ti.

"세존이시여, 만일 전에 외도였던 자가 이 법과 율에 출가하여 구족계 받기를 원하면 그는 넉 달의 견습기간을 거쳐야 하고 넉 달이 지나고 비구들이 동의하면 출가하게 하여 비구가 되는 구족계를 받게 하신다면 저는 4년의 견습기간을 거치겠습니다. 4년이 지나고 비구들이 동의하면 출가하게 하시어 비구가 되는 구족계를 받게 해주소서."

alattha kho acelo kassapo bhagavato santike pabbajjaṃ, alattha upasampadaṃ. acirūpasampanno ca panāyasmā kassapo eko vūpakaṭṭho appamatto ātāpī pahitatto viharanto nacirasseva—yassatthāya kulaputtā sammadeva agārasmā anagāriyaṃ pabbajanti tadanuttaraṃ—brahmacariyapariyosānaṃ diṭṭheva dhamme sayaṃ abhiññā sacchikatvā upasampajja vihāsi. "khīṇā jāti vusitaṃ brahmacariyaṃ, kataṃ karaṇīyaṃ, nāparaṃ itthattāyā"ti abbhaññāsi. aññataro ca panāyasmā kassapo arahataṃ ahosīti.

구족계를 받은 지 얼마 되지 않아서 깟사빠 존자는 혼자 은둔하여 방일하지 않고 열심히, 스스로를 독려하며 지냈다. 그는 오래지 않아 좋은 가문의 아들들이 집에서 나와 출가하는 목적인 그 위 없는 범행의 완성을 지금、여기에서 스스로 실다운 지혜로 실현하고 구족하여 머물렀다. '태어남은 다했다. 범행은 완성되었다. 할 일을 다 했다. 다시는 현재 상태로 돌아오지 않는다'라고 실다운 지혜로 알았다. 깟사빠 존자는 아라한들 중의 한 분이 되었다.

3. S12:18 띰바루까 경 (Timbaruka-sutta)

sāvatthiyaṃ viharati. atha kho timbaruko paribbājako yena bhagavā tenupasaṅkami; upasaṅkamitvā bhagavatā saddhiṃ sammodi. sammodanīyaṃ kathaṃ sāraṇīyaṃ vītisāretvā ekamantaṃ nisīdi. ekamantaṃ nisinno kho timbaruko paribbājako bhagavantaṃ etadavoca—

사왓티에 머물렀다. 그때 띰바루까 유행승이 세존께 다가갔다. 가서는 세존과 함께 인사를 나누었다. 유쾌하고 기억할 만한 이야기로 서로 대화를 한 뒤 한 곁에 앉았다. 한 곁에 앉은 띰바루까 유행승은 세존께 이렇게 여쭈었다.

"'kiṃ nu kho, bho gotama, sayaṃkataṃ sukhadukkhan'ti? 'mā hevaṃ, timbarukā'ti bhagavā avoca. 'kiṃ pana, bho gotama, paraṃkataṃ sukhadukkhan'ti? 'mā hevaṃ, timbarukā'ti bhagavā avoca. 'kiṃ nu kho, bho gotama, sayaṃkatañca paraṃkatañca sukhadukkhan'ti? 'mā hevaṃ, timbarukā'ti bhagavā avoca. 'kiṃ pana, bho gotama, asayaṃkāraṃ aparaṃkāraṃ adhiccasamuppannaṃ sukhadukkhan'ti? 'mā hevaṃ, timbarukā'ti bhagavā avoca. 'kiṃ nu kho, bho gotama, natthi sukhadukkhan'ti? 'na kho, timbaruka, natthi sukhadukkhaṃ; atthi kho, timbaruka, sukhadukkhan'ti. 'tena hi bhavaṃ gotamo sukhadukkhaṃ na jānāti, na passatī'ti?

‘na khvāhaṃ, timbaruka, sukhadukkhaṃ na jānāmi, na passāmi. jānāmi khvāhaṃ, timbaruka, sukhadukkhaṃ; passāmi khvāhaṃ, timbaruka, sukhadukkhan’”ti.

“고따마 존자시여, 즐거움과 괴로움은 스스로 짓는 것입니까?” “띰바루까여, 그렇지 않다.” “고따마 존자시여, 그러면 즐거움과 괴로움은 남이 짓는 것입니까?” “띰바루까여, 그렇지 않다.” “고따마 존자시여, 그러면 즐거움과 괴로움은 스스로 짓기도 하고 남이 짓기도 하는 것입니까?” “띰바루까여, 그렇지 않다.” “고따마 존자시여, 그러면 즐거움과 괴로움은 스스로 짓는 것도 아니고 남이 짓는 것도 아니고 원인 없이 생기는 것입니까?” “띰바루까여, 그렇지 않다.” “고따마 존자시여, 그러면 즐거움과 괴로움이란 없습니까?” “띰바루까여, 즐거움과 괴로움은 없는 것이 아니다. 띰바루까여, 즐거움과 괴로움은 있다.” “고따마 존자시여, 그렇다면 고따마 존자는 즐거움과 괴로움을 알지 못하고 보지 못합니까?” “띰바루까여, 나는 즐거움과 괴로움을 알지 못하고 보지 못하는 것이 아니다. 띰바루까여, 나는 참으로 즐거움과 괴로움을 안다. 깟사빠여, 참으로 나는 즐거움과 괴로움을 본다.”

“‘kiṃ nu kho, bho gotama, sayaṃkataṃ sukhadukkhan’ti iti puṭṭho samāno ‘mā hevaṃ, timbarukā’ti vadesi. ‘kiṃ pana, bho gotama, paraṃkataṃ sukhadukkhan’ti iti puṭṭho samāno ‘mā hevaṃ, timbarukā’ti vadesi. ‘kiṃ nu kho, bho gotama, sayaṃkatañca paraṃkatañca sukhadukkhan’ti iti puṭṭho samāno ‘mā hevaṃ, timbarukā’ti vadesi. ‘kiṃ pana, bho gotama, asayaṃkāraṃ aparaṃkāraṃ adhiccasamuppannaṃ sukhadukkhan’ti iti puṭṭho samāno ‘mā hevaṃ, timbarukā’ti vadesi. ‘kiṃ nu kho, bho gotama, natthi sukhadukkhan'ti iti puṭṭho samāno 'na kho, timbaruka, natthi sukhadukkhaṃ; atthi kho, timbaruka, sukhadukkhan'ti vadesi. 'tena hi bhavaṃ gotamo sukhadukkhaṃ na jānāti, na passatī'ti iti puṭṭho samāno 'na khvāhaṃ, timbaruka, sukhadukkhaṃ na jānāmi, na passāmi. jānāmi khvāhaṃ, timbaruka, sukhadukkhaṃ; passāmi khvāhaṃ, timbaruka, sukhadukkhan'ti vadesi. ācikkhatu ca me bhavaṃ gotamo sukhadukkhaṃ. desetu ca me bhavaṃ gotamo sukhadukkhan"ti.

"그런데 제가 '고따마 존자시여, 즐거움과 괴로움은 스스로 짓는 것입니까?'라고 여쭈면 '띰바루까여, 그렇지 않다'라고 대답하시고, 제가 '고따마 존자시여, 그러면 즐거움과 괴로움은 남이 짓는 것입니까?'라고 여쭈면 '띰바루까여, 그렇지 않다'라고 대답하시고, 제가 '고따마 존자시여, 그러면 즐거움과 괴로움은 스스로 짓기도 하고 남이 짓기도 하는 것입니까?'라고 여쭈면 '띰바루까여, 그렇지 않다'라고 대답하시고, 제가 '고따마 존자시여, 그러면 즐거움과 괴로움은 스스로 짓는 것도 아니고 남이 짓는 것도 아니고 원인 없이 생기는 것입니까?'라고 여쭈면 '띰바루까여, 그렇지 않다'라고 대답하시고, 제가 '고따마 존자시여, 그러면 즐거움과 괴로움이란 것은 없습니까?'라고 여쭈면 '띰바루까여, 즐거움과 괴로움은 없는 것이 아니다. 띰바루까여, 즐거움과 괴로움은 있다'라고 대답하시고, 제가 '그렇다면 고따마 존자는 즐거움과 괴로움을 알지 못하고 보지 못합니까?'라고 여쭈면 '띰바루까여, 나는 즐거움과 괴로움을 알지 못하고 보지 못하는 것이 아니다. 띰바루까여, 나는 참으로 즐거움과 괴로움을 안다. 띰바루까여, 나는 참으로 즐거움과 괴로움을 본다'라고 대답하십니다. 고따마 존자께서는 제게 즐거움과 괴로움에 대해서 설명해주십시오. 고따마 존자께서는 제게 즐거움과 괴로움에 대해서 가르쳐주십시오."

"'sā vedanā, so vedayatī'ti kho, timbaruka, ādito sato 'sayaṃkataṃ sukhadukkhan'ti evampāhaṃ na vadāmi. 'aññā vedanā, añño vedayatī'ti T.2.28 kho, timbaruka, vedanābhitunnassa sato 'paraṃkataṃ sukhadukkhan'ti evampāhaṃ na vadāmi. ete te, timbaruka, ubho ante anupagamma majjhena tathāgato dhammaṃ deseti—'avijjāpaccayā saṅkhārā; saṅkhārapaccayā viññāṇaṃ … pe … evametassa kevalassa dukkhakkhandhassa samudayo hoti. avijjāya tveva asesavirāganirodhā saṅkhāranirodho; saṅkhāranirodhā viññāṇanirodho … pe … evametassa kevalassa dukkhakkhandhassa nirodho hotī'"ti.

"띰바루까여, '그가 수受하고 그가 경험한다'라고 처음부터 주장하여 '즐거움과 괴로움은 스스로 짓는 것이다'라고 이렇게 말하면 그것은 영원주의(상견常見)에 떨어진다. 띰바루까여, '남이 수受하고 남이 경험한다'라고 경험을 극복하여 '괴로움은 남이 짓는 것이다'라고 이렇게 말하면 그것은 허무주의(단견斷見)에 떨어진다. 띰바루까여, 이러한 양극단에 접근하지 않고 중中에 의해서 여래는 법을 설한다. — '무명無明의 조건으로부터 행行들이 있다. 행行의 조건으로부터 식識이 있다. … 이렇게 이 모든 괴로움 무더기의 일어남(집集)이 있다. 그러나 무명無明의 남김없이 빛바랜 멸滅로부터 행멸行滅이 있다. 행멸行滅로부터 식멸識滅이 있다 … 이렇게 이 모든 괴로움 무더기의 소멸(멸滅)이 있다'라고."

evaṃ vutte, timbaruko paribbājako bhagavantaṃ etadavoca —

“abhikkantaṃ, bho gotama … pe … esāhaṃ bhavantaṃ gotamaṃ saraṇaṃ gacchāmi dhammañca bhikkhusaṅghañca. upāsakaṃ maṃ bhavaṃ gotamo dhāretu ajjatagge pāṇupetaṃ saraṇaṃ gatan”ti.

이렇게 말씀하시자 띰바루까 유행승은 세존께 이렇게 말씀드렸다. — “경이롭습니다, 고따마 존자시여. … 저는 이제 고따마 존자께 귀의하옵고 법과 승가에 귀의합니다. 고따마 존자께서는 저를 청신사로 받아주소서. 오늘부터 목숨이 붙어 있는 그날까지 귀의합니다.”

4. S12:35 무명을 조건함 경1 (Avijjāpaccaya-sutta)

sāvatthiyaṃ viharati … pe … “avijjāpaccayā, bhikkhave, saṅkhārā; saṅkhārapaccayā viññāṇaṃ … pe … evametassa kevalassa dukkhakkhandhassa samudayo hotī”ti. evaṃ vutte, aññataro bhikkhu bhagavantaṃ etadavoca—“‘katamaṃ nu kho, bhante, jarāmaraṇaṃ, kassa ca panidaṃ jarāmaraṇan’ti? ‘no kallo pañho’ti bhagavā avoca, ‘katamaṃ jarāmaraṇaṃ, kassa ca panidaṃ jarāmaraṇan’ti iti vā, bhikkhu, yo vadeyya, ‘aññaṃ jarāmaraṇaṃ aññassa ca panidaṃ jarāmaraṇan’ti, iti vā, bhikkhu, yo vadeyya, ubhayametaṃ ekatthaṃ byañjanameva nānaṃ. taṃ jīvaṃ taṃ sarīranti vā, bhikkhu, diṭṭhiyā sati brahmacariyavāso na hoti. aññaṃ jīvaṃ aññaṃ sarīranti vā, bhikkhu, diṭṭhiyā sati brahmacariyavāso na hoti. ete te, bhikkhu, ubho ante anupagamma majjhena tathāgato dhammaṃ deseti—‘jātipaccayā jarāmaraṇan’”ti.

사왓티에 머물렀다. … “비구들이여, 무명無明의 조건으로부터 행行

들이 있고, 행行들의 조건으로부터 식識이 있고, … 이렇게 이 모든 괴로움 무더기(고온苦蘊)의 일어남(집集)이 있다"라고. 이렇게 말하자 어떤 비구가 세존에게 이렇게 말했다. — "대덕이시여, 무엇이 노사老死이고, 누구에게 이 노사老死가 있습니까?"라고.

"적절한 질문이 아니다"라고 세존은 말했다. "비구여, 어떤 사람은 '무엇이 노사老死이고, 누구에게 이 노사老死가 있습니까?'라고 이렇게 말할 것이고, 비구여, 어떤 사람은 '다른 것이 노사老死이고 다른 사람에게 이 노사老死가 있다(늙고 죽는다는 것과 늙고 죽는 자와는 서로 다르다)'라고 이렇게 말할 것이다. 이 두 가지는 뜻에서는 하나고 단지 표현만 다른 것이다. 비구여, '그 생명이 그 몸이다'라는 견해가 있을 때 범행梵行의 삶은 없다. 또는 비구여, '다른 생명과 다른 몸이다'라는 견해가 있을 때 범행梵行의 삶은 없다. 비구들이여, 이러한 양극단에 접근하지 않고 중中에 의해서 여래는 법을 설한다. — '생生의 조건으로부터 노사老死가 있다'라고."

"katamā nu kho, bhante, jāti, kassa ca panāyaṃ jātī"ti? "no kallo pañho"ti bhagavā avoca, "'katamā jāti, kassa ca panāyaṃ jātī'ti iti vā, bhikkhu, yo vadeyya, 'aññā jāti aññassa ca panāyaṃ jātī'ti iti vā, bhikkhu, yo vadeyya, ubhayametaṃ ekatthaṃ byañjanameva nānaṃ. taṃ jīvaṃ taṃ sarīranti vā, bhikkhu, diṭṭhiyā sati brahmacariyavāso na hoti. aññaṃ jīvaṃ aññaṃ sarīranti vā, bhikkhu, diṭṭhiyā sati brahmacariyavāso na hoti. ete te, bhikkhu, ubho ante anupagamma majjhena tathāgato dhammaṃ deseti—'bhavapaccayā jātī'"ti.

"대덕이시여, 무엇이 생生이고, 누구에게 이 생生이 있습니까?"라고.

"적절한 질문이 아니다"라고 세존은 말했다. "비구여, 어떤 사람은 '무엇이 생生이고, 누구에게 이 생生이 있습니까?'라고 이렇게 말할 것이고, 비구여, 어떤 사람은 '다른 것이 생生이고 다른 사람에게 이 생生이 있다'라고 이렇게 말할 것이다. 이 두 가지는 뜻에서는 하나고 단지 표현만 다른 것이다. 비구여, '그 생명이 그 몸이다'라는 견해가 있을 때 범행梵行의 삶은 없다. 또는, 비구여, '다른 생명과 다른 몸이다'라는 견해가 있을 때 범행梵行의 삶은 없다. 비구들이여, 이러한 양극단에 접근하지 않고 중中에 의해서 여래는 법을 설한다. — '유有의 조건으로부터 생生이 있다'라고."

"katamo nu kho, bhante, bhavo, kassa ca panāyaṃ bhavo"ti? "no kallo pañho"ti bhagavā avoca, "'katamo bhavo, kassa ca panāyaṃ bhavo'ti iti vā, bhikkhu, yo vadeyya, 'añño bhavo aññassa ca panāyaṃ bhavo'ti iti vā, bhikkhu, yo vadeyya, ubhayametaṃ ekatthaṃ byañjanameva nānaṃ. taṃ jīvaṃ taṃ sarīranti vā, bhikkhu, diṭṭhiyā sati brahmacariyavāso na hoti; aññaṃ jīvaṃ aññaṃ sarīranti vā, bhikkhu, diṭṭhiyā sati brahmacariyavāso na hoti. ete te, bhikkhu, ubho ante anupagamma majjhena tathāgato dhammaṃ deseti—'upādānapaccayā bhavo'ti ... pe ... 'taṇhāpaccayā upādānanti... vedanāpaccayā taṇhāti... phassapaccayā vedanāti... saḷāyatanapaccayā phassoti... nāmarūpapaccayā saḷāyatananti... viññāṇapaccayā nāmarūpanti... saṅkhārapaccayā viññāṇan'"ti.
"대덕이시여, 무엇이 유有이고, 누구에게 이 유有가 있습니까?"라고. "적절한 질문이 아니다"라고 세존은 말했다. "비구여, 어떤 사람은 '무엇이 유有이고, 누구에게 이 유有가 있습니까?'라고 이렇게 말할 것이고, 비구여, 어떤 사람은 '다른 것이 유有이고 다른 사람에게 이 유有

가 있다'라고 이렇게 말할 것이다. 이 두 가지는 뜻에서는 하나고 단지 표현만 다른 것이다. 비구여, '그 생명이 그 몸이다'라는 견해가 있을 때 범행梵行의 삶은 없다. 또는, 비구여, '다른 생명과 다른 몸이다'라는 견해가 있을 때 범행梵行의 삶은 없다. 비구들이여, 이러한 양극단에 접근하지 않고 중中에 의해서 여래는 법을 설한다. — '취取의 조건으로부터 유有가 있다'라고. … '애愛의 조건으로부터 취取가 있다'라고. … '수受의 조건으로부터 애愛가 있다'라고. … '촉觸의 조건으로부터 수受가 있다'라고. … '육입六入의 조건으로부터 촉觸이 있다'라고. … '명색名色의 조건으로부터 육입六入이 있다'라고. … '식識의 조건으로부터 명색名色이 있다'라고. … '행行의 조건으로부터 식識이 있다'라고."

"katame nu kho, bhante, saṅkhārā, kassa ca panime saṅkhārā"ti? "no kallo pañho"ti bhagavā avoca, "'katame saṅkhārā kassa ca panime saṅkhārā'ti iti vā, bhikkhu, yo vadeyya, 'aññe saṅkhārā aññassa ca panime saṅkhārā'ti iti vā, bhikkhu, yo vadeyya, ubhayametaṃ ekatthaṃ byañjanameva nānaṃ. taṃ jīvaṃ taṃ sarīranti vā, bhikkhu, diṭṭhiyā sati brahmacariyavāso na hoti; aññaṃ jīvaṃ aññaṃ sarīranti vā, bhikkhu, diṭṭhiyā sati brahmacariyavāso na hoti. ete te, bhikkhu, ubho ante anupagamma majjhena tathāgato dhammaṃ deseti—'avijjāpaccayā saṅkhārā'"ti.

"대덕이시여, 무엇이 행行들이고, 누구에게 이 행行들이 있습니까?"라고. "적절한 질문이 아니다"라고 세존은 말했다. "비구여, 어떤 사람은 '무엇이 행行들이고, 누구에게 이 행行들이 있습니까?'라고 이렇게 말할 것이고, 비구여, 어떤 사람은 '다른 것이 행行들이고 다른 사람에게 이 행行들이 있다'라고 이렇게 말할 것이다. 이 두 가지는 뜻에서는 하나고 단지 표현만 다른 것이다. 비구여, '그 생명이 그 몸이다'라는 견해가 있을 때 범행梵行의 삶은 없다. 또는, 비구여, '다른 생명과 다른 몸이다'라는 견해가 있을 때 범행梵行의 삶은 없다. 비구들이여, 이러한 양극단에 접근하지 않고 중中에 의해서 여래는 법을 설한다. — '무명無明의 조건으로부터 행行들이 있다'라고."

"avijjāya tveva, bhikkhu, asesavirāganirodhā yānissa tāni visūkāyikāni visevitāni vipphanditāni kānici kānici. 'katamaṃ jarāmaraṇaṃ, kassa ca panidaṃ jarāmaraṇaṃ' iti vā, 'aññaṃ jarāmaraṇaṃ, aññassa ca panidaṃ jarāmaraṇaṃ' iti vā, 'taṃ jīvaṃ taṃ sarīraṃ' iti vā, 'aññaṃ jīvaṃ aññaṃ sarīraṃ' iti vā. sabbānissa tāni pahīnāni bhavanti ucchinnamūlāni tālāvatthukatāni anabhāvaṅkatāni āyatiṃ anuppādadhammāni.

그러나 비구여, 무명無明의 남김없이 빛바랜 소멸로부터 '무엇이 노사老死이고, 누구에게 이 노사老死가 있습니까?'라거나, '다른 것이 노사老死이고 다른 사람에게 이 노사老死가 있다(늙고 죽는다는 것과 늙고 죽는 자와는 서로 다르다)'라거나, '그 생명이 그 몸이다'라거나, '다른 생명과 다른 몸이다'라거나 어떤 것이든 왜곡됨, 침착하지 못함, 몸부림침은 모두 버려지고 뿌리 뽑히고 윗부분이 잘린 야자수처럼 되고 존재하지 않게 되고 미래에 생겨나지 않는 상태가 된다.

"avijjāya tveva, bhikkhu, asesavirāganirodhā yānissa tāni visūkāyikāni visevitāni vipphanditāni kānici kānici. 'katamā jāti, kassa ca panāyaṃ jāti' iti vā, 'aññā jāti, aññassa ca panāyaṃ jāti' iti vā, 'taṃ jīvaṃ taṃ sarīraṃ' iti vā, 'aññaṃ jīvaṃ aññaṃ sarīraṃ' iti vā. sabbānissa tāni pahīnāni bhavanti ucchinnamūlāni tālāvatthukatāni anabhāvaṅkatāni āyatiṃ anuppādadhammāni."

"그러나 비구여, 무명無明의 남김없이 빛바랜 소멸로부터 '무엇이 생生이고, 누구에게 이 생生이 있습니까?'라거나, '다른 것이 생生이고 다른 사람에게 이 생生이 있다'라거나, '그 생명이 그 몸이다'라거나, '다른 생명과 다른 몸이다'라거나 어떤 것이든 왜곡됨, 침착하지 못함, 몸부림침은 모두 버려지고 뿌리 뽑히고 윗부분이 잘린 야자수처럼 되고 존재하지 않게 되고 미래에 생겨나지 않는 상태가 된다."

"avijjāya tveva, bhikkhu, asesavirāganirodhā yānissa tāni visūkāyikāni visevitāni vipphanditāni kānici kānici. katamo bhavo … pe … katamaṃ upādānaṃ… katamā taṇhā… katamā vedanā… katamo phasso… katamaṃ saḷāyatanaṃ… katamaṃ nāmarūpaṃ… katamaṃ viññāṇaṃ … pe …."

"그리고 비구여, 무명無明의 남김없이 빛바랜 소멸로부터 '무엇이 유有이고, … 무엇이 취取이고 … 무엇이 애愛이고, … 무엇이 수受이고 … 무엇이 촉觸이고 … 무엇이 육입六入이고 … 무엇이 명색名色이고 … 무엇이 식識이고 …"

"avijjāya tveva, bhikkhu, asesavirāganirodhā yānissa tāni visūkāyikāni visevitāni vipphanditāni kānici kānici. 'katame saṅkhārā, kassa ca panime saṅkhārā' iti vā, 'aññe saṅkhārā, aññassa ca panime saṅkhārā' iti vā, 'taṃ jīvaṃ taṃ sarīraṃ' iti vā, 'aññaṃ jīvaṃ, aññaṃ sarīraṃ' iti vā. sabbānissa tāni pahīnāni bhavanti ucchinnamūlāni tālāvatthukatāni anabhāvaṅkatāni āyatiṃ anuppādadhammānī”ti.

“그리고 비구여, 무명無明의 남김없이 빛바랜 소멸로부터 ‘무엇이 행行들이고, 누구에게 이 행行들이 있습니까?’라거나, ‘다른 것이 행行들이고 다른 사람에게 이 행行들이 있다’라거나, ‘그 생명이 그 몸이다’라거나, ‘다른 생명과 다른 몸이다’라거나 어떤 것이든 왜곡됨, 침착하지 못함, 몸부림침은 모두 버려지고 뿌리 뽑히고 윗부분이 잘린 야자수처럼 되고 존재하지 않게 되고 미래에 생겨나지 않는 상태가 된다.”

5. S12:36 무명을 조건함 경2 (Dutiyāvijjāpaccaya-sutta)

sāvatthiyaṃ viharati … pe … “avijjāpaccayā, bhikkhave, saṅkhārā; saṅkhārapaccayā viññāṇaṃ … pe … evametassa kevalassa dukkhakkhandhassa samudayo hoti.

사왓티에 머물렀다. … “비구들이여, 무명無明의 조건으로부터 행行들이 있고, 행行들의 조건으로부터 식識이 있고, … 이렇게 이 모든 괴로움 무더기(고온苦蘊)의 일어남(집集)이 있다.”

“‘katamaṃ jarāmaraṇaṃ, kassa ca panidaṃ jarāmaraṇan’ti iti vā, bhikkhave, yo vadeyya, ‘aññaṃ jarāmaraṇaṃ, aññassa ca panidaṃ jarāmaraṇan’ti iti vā, bhikkhave, yo vadeyya, ubhayametaṃ ekatthaṃ byañjanameva nānaṃ. ‘taṃ jīvaṃ taṃ sarīraṃ’ iti vā, bhikkhave, diṭṭhiyā sati brahmacariyavāso na hoti. ‘aññaṃ jīvaṃ aññaṃ sarīraṃ’ iti vā, bhikkhave, diṭṭhiyā sati brahmacariyavāso na hoti. ete te, bhikkhave, ubho ante anupagamma majjhena tathāgato dhammaṃ deseti—'jātipaccayā jarāmaraṇan'"ti.

"비구들이여, 어떤 사람은 '무엇이 노사老死이고, 누구에게 이 노사老死가 있습니까?'라고 이렇게 말할 것이고, 비구들이여, 어떤 사람은 '다른 것이 노사老死이고 다른 사람에게 이 노사老死가 있다(늙고 죽는다는 것과 늙고 죽는 자와는 서로 다르다)'라고 이렇게 말할 것이다. 이 두 가지는 뜻에서는 하나고 단지 표현만 다른 것이다. 비구들이여, '그 생명이 그 몸이다'라는 견해가 있을 때 범행梵行의 삶은 없다. 또는, 비구들이여, '다른 생명과 다른 몸이다'라는 견해가 있을 때 범행梵行의 삶은 없다. 비구들이여, 이러한 양극단에 접근하지 않고 중中에 의해서 여래는 법을 설한다. —'생生의 조건으로부터 노사老死가 있다'라고."

"katamā jāti … pe … katamo bhavo… katamaṃ upādānaṃ… katamā taṇhā… katamā vedanā… katamo phasso… katamaṃ saḷāyatanaṃ… katamaṃ nāmarūpaṃ… katamaṃ viññāṇaṃ… katame saṅkhārā, kassa ca panime saṅkhārāti iti vā, bhikkhave, yo vadeyya, 'aññe saṅkhārā aññassa ca panime saṅkhārā'ti iti vā, bhikkhave, yo vadeyya, ubhayametaṃ ekatthaṃ byañjanameva nānaṃ. 'taṃ jīvaṃ taṃ sarīraṃ' iti vā, bhikkhave, diṭṭhiyā sati brahmacariyavāso na hoti. 'aññaṃ jīvaṃ aññaṃ sarīraṃ' iti vā, bhikkhave, diṭṭhiyā sati brahmacariyavāso na hoti. ete te, bhikkhave, ubho ante anupagamma majjhena tathāgato dhammaṃ deseti—'avijjāpaccayā saṅkhārā'"ti.

"무엇이 생生이고 … 무엇이 유有이고 … 무엇이 취取이고 … 무엇이 애愛이고 … 무엇이 수受이고 … 무엇이 촉觸이고 … 무엇이 육입六入

이고 … 무엇이 명색名色이고 … 무엇이 식識이고 … 비구들이여, 어떤 사람은 '무엇이 행行들이고, 누구에게 이 행行들이 있습니까?'라고 이렇게 말할 것이고, 비구들이여, 어떤 사람은 '다른 것이 행行들이고 다른 사람에게 이 행行들이 있다'라고 이렇게 말할 것이다. 이 두 가지는 뜻에서는 하나고 단지 표현만 다른 것이다. 비구들이여, '그 생명이 그 몸이다'라는 견해가 있을 때 범행梵行의 삶은 없다. 또는, 비구들이여, '다른 생명과 다른 몸이다'라는 견해가 있을 때 범행梵行의 삶은 없다. 비구들이여, 이러한 양극단에 접근하지 않고 중中에 의해서 여래는 법을 설한다. ― '무명無明의 조건으로부터 행行들이 있다'라고."

"avijjāya tveva, bhikkhave, asesavirāganirodhā yānissa tāni visūkāyikāni visevitāni vipphanditāni kānici kānici. 'katamaṃ jarāmaraṇaṃ, kassa ca panidaṃ jarāmaraṇaṃ' iti vā, 'aññaṃ jarāmaraṇaṃ, aññassa ca panidaṃ jarāmaraṇaṃ' iti vā, 'taṃ jīvaṃ taṃ sarīraṃ' iti vā, 'aññaṃ jīvaṃ, aññaṃ sarīraṃ' iti vā. sabbānissa tāni pahīnāni bhavanti ucchinnamūlāni tālāvatthukatāni anabhāvaṅkatāni āyatiṃ anuppādadhammāni."

"그러나 비구들이여, 무명無明의 남김없이 빛바랜 소멸로부터 '무엇이 노사老死이고, 누구에게 이 노사老死가 있습니까?'라거나, '다른 것이 노사老死이고 다른 사람에게 이 노사老死가 있다(늙고 죽는다는 것과 늙고 죽는 자와는 서로 다르다)'라거나, '그 생명이 그 몸이다'라거나, '다른 생명과 다른 몸이다'라거나 어떤 것이든 왜곡됨, 침착하지 못함, 몸부림침은 모두 버려지고 뿌리 뽑히고 윗부분이 잘린 야자수처럼 되고 존재하지 않게 되고 미래에 생겨나지 않는 상태가 된다."

"avijjāya tveva, bhikkhave, asesavirāganirodhā yānissa tāni visūkāyikāni visevitāni vipphanditāni kānici kānici. katamā jāti … pe … katamo bhavo… katamaṃ upādānaṃ… katamā taṇhā… katamā vedanā… katamo phasso… katamaṃ saḷāyatanaṃ… katamaṃ nāmarūpaṃ… katamaṃ viññāṇaṃ… 'katame saṅkhārā, kassa ca panime saṅkhārā' iti vā, 'aññe saṅkhārā, aññassa ca panime saṅkhārā' iti vā; 'taṃ jīvaṃ taṃ sarīraṃ' iti vā, 'aññaṃ jīvaṃ aññaṃ sarīraṃ' iti vā. sabbānissa tāni pahīnāni bhavanti ucchinnamūlāni tālāvatthukatāni anabhāvaṅkatāni āyatiṃ anuppādadhammānī"ti.

"그리고 비구여, 무명無明의 남김없이 빛바랜 소멸로부터 '무엇이 생生이고, … 어떤 것이든 왜곡됨, 침착하지 못함, 몸부림침은 … 무엇이 유有이고 … 무엇이 취取이고 … 무엇이 애愛이고 … 무엇이 수受이고 … 무엇이 촉觸이고 … 무엇이 육입六入이고 … 무엇이 명색名色이고 … 무엇이 식識이고 … '무엇이 행行들이고, 누구에게 이 행行들이 있습니까?'라거나, '다른 것이 행行들이고 다른 사람에게 이 행行들이 있다'라거나, '그 생명이 그 몸이다'라거나, '다른 생명과 다른 몸이다'라거나 어떤 것이든 왜곡됨, 침착하지 못함, 몸부림침은 모두 버려지고 뿌리 뽑히고 윗부분이 잘린 야자수처럼 되고 존재하지 않게 되고 미래에 생겨나지 않는 상태가 된다."

6. S12:46 어떤 바라문 경 (Aññatarabrāhmaṇa-sutta)[잡아함경300 타경]

sāvatthiyaṃ viharati. atha kho aññataro brāhmaṇo yena bhagavā tenupasaṅkami; upasaṅkamitvā bhagavatā saddhiṃ sammodi.

sammodanīyaṃ kathaṃ sāraṇīyaṃ vītisāretvā ekamantaṃ nisīdi. ekamantaṃ nisinno kho so brāhmaṇo bhagavantaṃ etadavoca—
사왓티에 머물렀다. 그때 어떤 바라문이 세존께 찾아갔다. 가서는 세존과 함께 인사를 나누었다. 유쾌하고 기억할 만한 이야기로 서로 대화를 한 뒤 한 곁에 앉았다. 한 곁에 앉은 바라문은 세존께 이렇게 여쭈었다—

"kiṃ nu kho, bho gotama, so karoti so paṭisaṃvedayatī"ti? "'so karoti so paṭisaṃvedayatī'ti kho, brāhmaṇa, ayameko anto."
"고따마 존자시여, 그가 짓고 그가 그 경험합니까?" "바라문이여, '그가 짓고 그가 경험한다'는 것은 하나의 극단이다."

"kiṃ pana, bho gotama, añño karoti, añño paṭisaṃvedayatī"ti? "'añño karoti, añño paṭisaṃvedayatī'ti kho, brāhmaṇa, ayaṃ dutiyo anto. ete te, brāhmaṇa, ubho ante anupagamma majjhena tathāgato dhammaṃ deseti—'avijjāpaccayā saṅkhārā; saṅkhārapaccayā viññāṇaṃ … pe … evametassa kevalassa dukkhakkhandhassa samudayo hoti. avijjāya tveva asesavirāganirodhā saṅkhāranirodho; saṅkhāranirodhā viññāṇanirodho … pe … evametassa kevalassa dukkhakkhandhassa nirodho hotī'"ti.
"고따마 존자시여, 그러면 다른 사람이 짓고 다른 사람이 경험합니까?" "바라문이여, '다른 사람이 짓고 다른 사람이 경험한다'는 것은 두 번째 극단이다. 바라문이여, 이러한 양극단에 접근하지 않고 중中에 의해서 여래는 법을 설한다. — '무명無明의 조건으로부터 행行들이 있다. 행行의 조건으로부터 식識이 있다. … 이렇게 이 모든 괴로움 무더기의 일어남(집集)이 있다. 그러나 무명無明의 남김없이 빛바랜 멸滅로부터 행멸行滅이 있다. 행멸行滅로부터 식멸識滅이 있다 … 이렇게 이 모든 괴로움 무더기의 소멸(멸滅)이 있다'라고."

evaṃ vutte, so brāhmaṇo bhagavantaṃ etadavoca—"abhikkantaṃ, bho gotama, abhikkantaṃ, bho gotama, … pe … upāsakaṃ maṃ bhavaṃ gotamo dhāretu ajjatagge pāṇupetaṃ saraṇaṃ gatan"ti.
이렇게 말씀하시자 그 바라문은 세존께 이렇게 말씀드렸다. — "경이롭습니다, 고따마 존자시여. 놀랍습니다, 고따마 존자시여. … 고따마 존자께서는 저를 청신사로 받아주소서. 오늘부터 목숨이 붙어 있는 그날까지 귀의합니다."

7. S12:47 자눗소니 경 (Jāṇussoṇi-sutta)

sāvatthiyaṃ viharati. atha kho jāṇussoṇi brāhmaṇo yena bhagavā tenupasaṅkami; upasaṅkamitvā bhagavatā saddhiṃ … pe … ekamantaṃ nisinno kho jāṇussoṇi brāhmaṇo bhagavantaṃ etadavoca—
사왓티에 머물렀다. 그때 자눗소니 바라문이 세존께 찾아갔다. 가서는 세존과 함께 인… 한 곁에 앉았다. 한 곁에 앉은 자눗소니 바라문은 세존께 이렇게 여쭈었다.—

"kiṃ nu kho, bho, gotama, sabbamatthī"ti? "'sabbamatthī'ti kho, brāhmaṇa, ayameko anto". "kiṃ pana, bho gotama, sabbaṃ natthī"ti? "'sabbaṃ natthī'ti kho, brāhmaṇa, ayaṃ dutiyo anto. ete te, brāhmaṇa, ubho ante anupagamma majjhena tathāgato dhammaṃ deseti—'avijjāpaccayā saṅkhārā; saṅkhārapaccayā viññāṇaṃ … pe … evametassa kevalassa dukkhakkhandhassa samudayo hoti. avijjāya tveva asesavirāganirodhā saṅkhāra-nirodho; saṅkhāranirodhā viññāṇanirodho … pe … evametassa kevalassa dukkhakkhandhassa nirodho hotī'"ti.

"고따마 존자시여, 모든 것은 있습니까?" "바라문이여, '모든 것은 있다'는 것은 하나의 극단이다." "고따마 존자시여, 그러면 모든 것은 없습니까?" "바라문이여, '모든 것은 없다'는 이것은 두 번째 극단이다. 바라문이여, 이러한 양극단에 접근하지 않고 중中에 의해서 여래는 법을 설한다. —'무명無明의 조건으로부터 행行들이 있다. 행行의 조건으로부터 식識이 있다. … 이렇게 이 모든 괴로움 무더기의 일어남(집集)이 있다. 그러나 무명無明의 남김없이 빛바랜 멸滅로부터 행멸行滅이 있다. 행멸行滅로부터 식멸識滅이 있다 … 이렇게 이 모든 괴로움 무더기의 소멸(멸滅)이 있다'라고."

evaṃ vutte, jāṇussoṇi brāhmaṇo bhagavantaṃ etadavoca—"abhikkantaṃ bho gotama … pe … pāṇupetaṃ saraṇaṃ gatan"ti.

이렇게 말씀하시자 자눗소니 바라문은 세존께 이렇게 말씀드렸다. —"경이롭습니다, 고따마 존자시여. … 목숨이 붙어 있는 그날까지 귀의합니다."

8. S12:48 세상의 이치에 능통한 자 경 (Lokāyatika-sutta)

sāvatthiyaṃ viharati. atha kho lokāyatiko brāhmaṇo yena bhagavā … pe … ekamantaṃ nisinno kho lokāyatiko brāhmaṇo bhagavantaṃ etadavoca—
사왓티에 머물렀다. 그때 순세파順世派 바라문이 세존께 … 한 곁에 앉은 자눗소니 바라문은 세존께 이렇게 여쭈었다.—

"kiṃ nu kho, bho gotama, sabbamatthī"ti? "'sabbamatthī'ti kho, brāhmaṇa, jeṭṭhametaṃ lokāyataṃ". "kiṃ pana, bho gotama, sabbaṃ natthī"ti? "'sabbaṃ natthī'ti kho, brāhmaṇa, dutiyametaṃ lokāyataṃ". "kiṃ nu kho, bho gotama, sabbamekattan"ti? "'sabbamekattan'ti kho, brāhmaṇa, tatiyametaṃ lokāyataṃ". "kiṃ pana, bho gotama, sabbaṃ puthuttan"ti? "'sabbaṃ puthuttan'ti kho, brāhmaṇa, catutthametaṃ lokāyataṃ". "ete te, brāhmaṇa, ubho ante anupagamma majjhena tathāgato dhammaṃ deseti—'avijjāpaccayā saṅkhārā; saṅkhārapaccayā viññāṇaṃ … pe … evametassa kevalassa dukkhakkhandhassa samudayo hoti. avijjāya tveva asesavirāganirodhā saṅkhāranirodho; saṅkhāranirodhā viññāṇanirodho … pe … evametassa kevalassa dukkhakkhandhassa nirodho hotī'"ti.
"고따마 존자시여, 모든 것은 있습니까?" "바라문이여, '모든 것은 있다'는 것은 첫 번째 순세順世(세상에 순응함)이다." "고따마 존자시여, 그러면 모든 것은 없습니까?" "바라문이여, '모든 것은 없다'는 이것은 두 번째 순세順世이다." "고따마 존자시여, 그러면 모든 것은 단일합니까?" "바라문이여, '모든 것은 단일하다'는 것은 세 번째 순세順世이다." "고따마 존자시여, 그러면 모든 것은 다양합니까?" "바라문이여, '모든 것은 다양하다'는 이것은 네 번째 순세順世이다. 바라문이여, 바라문이여, 이러한 양극단에 접근하지 않고 중中에 의해서 여래는 법을 설한다. — '무명無明의 조건으로부터 행行들이 있다. 행行의 조건으로부터 식識이 있다. … 이렇게 이 모든 괴로움 무더기의 일어남(집集)이 있다. 그러나 무명無明의 남김없이 빛바랜 멸滅로부터 행멸行滅이 있다. 행멸行滅로부터 식멸識滅이 있다 … 이렇게 이 모든 괴로움 무더기의 소멸(멸滅)이 있다'라고."

evaṃ vutte, lokāyatiko brāhmaṇo bhagavantaṃ etadavoca— "abhikkantaṃ, bho gotama … pe … ajjatagge pāṇupetaṃ saraṇaṃ gatan"ti.
이렇게 말씀하시자 순세파順世派 바라문은 세존께 이렇게 말씀드렸다. —"경이롭습니다, 고따마 존자시여. … 오늘부터 목숨이 붙어 있는 그날까지 귀의합니다."

9. S22:90 찬나 경 (Channa-sutta)[잡아함경262 천타경]

ekaṃ samayaṃ sambahulā therā bhikkhū bārāṇasiyaṃ viharanti isipatane migadāye. atha kho āyasmā channo sāyanhasamayaṃ paṭisallānā vuṭṭhito avāpuraṇaṃ ādāya vihārena vihāraṃ upasaṅkamitvā there bhikkhū etadavoca—"ovadantu maṃ āyasmanto therā, anusāsantu maṃ āyasmanto therā, karontu me āyasmanto therā dhammiṃ kathaṃ, yathāhaṃ dhammaṃ passeyyan”ti.

한때 많은 장로 비구들이 바라나시에서 이시빠따나의 사슴동산에 머물렀다. 그 무렵 찬나 존자는 저녁 무렵에 홀로 앉음에서 일어나 (승원의) 열쇠를 가지고 이 승원에서 저 승원으로 장로 비구들을 찾아다니면서 이렇게 말했다. — “장로 존자들께서는 저를 가르쳐주십시오. 장로 존자들께서는 제가 법을 볼 수 있도록 제게 가르침을 설해주십시오.”

evaṃ vutte, therā bhikkhū āyasmantaṃ channaṃ etadavocuṃ— “rūpaṃ kho, āvuso channa, aniccaṃ; vedanā aniccā; saññā aniccā; saṅkhārā aniccā; viññāṇaṃ aniccaṃ. rūpaṃ anattā; vedanā... saññā... saṅkhārā... viññāṇaṃ anattā. sabbe saṅkhārā aniccā; sabbe dhammā anattā”ti.

이렇게 말하자 장로 비구들은 찬나 존자에게 이렇게 말했다. — “도반 찬나여, 색色은 무상無常하고 수受는 무상하고 상想은 무상하고 행行은 무상하고 식識은 무상합니다. 색色은 무아無我이고 수受는 무아이고 상想은 무아이고 행行은 무아이고 식識은 무아입니다. 모든 행行들은 무상無常하고, 모든 법法들은 무아無我입니다.”

atha kho āyasmato channassa etadahosi—‘mayhampi kho etaṃ evaṃ hoti—‘rūpaṃ aniccaṃ, vedanā... saññā... saṅkhārā... viññāṇaṃ aniccaṃ; rūpaṃ anattā, vedanā ... saññā... saṅkhārā... viññāṇaṃ anattā. sabbe saṅkhārā aniccā, sabbe dhammā anattā’ti. atha ca pana me sabbasaṅkhārasamathe sabbūpadhipaṭinissagge taṇhākkhaye virāge nirodhe nibbāne cittaṃ na pakkhandati nappasīdati na santiṭṭhati nādhimuccati. paritassanā upādānaṃ uppajjati; paccudāvattati mānasaṃ—'atha ko carahi me attā'ti na kho panevaṃ dhammaṃ passato hoti. ko nu kho me tathā dhammaṃ deseyya yathāhaṃ dhammaṃ passeyyan'ti.

그때 찬나 존자에게 이런 생각이 들었다. — '나도 '색色은 무상無常하고 수受는 … 상想은 … 행行은 … 식識은 무상하다. 색色은 무아無我이고 수受는 … 상想은 … 행行은 … 식識은 무아이다. 모든 행行들은 무상無常하고, 모든 법法들은 무아無我이다'라고 생각한다. 그러나 나의 심心은 모든 행들의 가라앉음, 모든 재생의 근거를 놓아버림, 갈애의 멸진, 이탐離貪, 소멸消滅, 열반涅槃에 들어가지 못하고 청정한 믿음을 가지지 못하고 안정되지 못하고 확신하지 못한다. 동요에 의한 집착이 생겨나고, 나의 의意는 '그런데 누가 나의 자아인가?'라는 것으로 다시 되돌아온다. 그러나 법을 보면 이런 생각이 일어나지 않는다. 내가 법을 볼 수 있게 하는 그 법을 누가 나에게 설해줄 것인가?' 라고.

atha kho āyasmato channassa etadahosi—'ayaṃ kho āyasmā ānando kosambiyaṃ viharati ghositārāme satthu ceva saṃvaṇṇito sambhāvito ca viññūnaṃ sabrahmacārīnaṃ, pahoti ca me āyasmā ānando tathā dhammaṃ desetuṃ yathāhaṃ dhammaṃ passeyyaṃ; atthi ca me āyasmante ānande tāvatikā vissaṭṭhi. yaṃnūnāhaṃ yenāyasmā ānando tenupasaṅkameyyan"ti. atha kho āyasmā channo senāsanaṃ saṃsāmetvā pattacīvaramādāya yena kosambī ghositārāmo yenāyasmā ānando tenupasaṅkami; upasaṅkamitvā

āyasmatā ānandena saddhiṃ sammodi … pe … ekamantaṃ nisinno kho āyasmā channo āyasmantaṃ ānandaṃ etadavoca—
그러자 찬나 존자에게 이런 생각이 들었다. — '아난다 존자는 스승께서 칭찬하셨고 지혜로운 동료 수행자들이 존중한다. 지금 아난다 존자는 꼬삼비에서 고시따 원림에 머물고 있다. 아난다 존자는 내가 법을 볼 수 있게 하는 그 법을 나에게 설해줄 수 있을 것이다. 그리고 나는 아난다 존자에 대한 깊은 신뢰가 있다. 그러니 나는 아난다 존자에게 가야겠다.' 그때 찬나 존자는 거처를 잘 정리한 뒤에 발우와 가사를 지니고 꼬삼비에 있는 고시따 원림으로 아난다 존자를 찾아갔다. 가서는 아난다 존자와 함께 인사를 나누었다. 유쾌하고 기억할 만한 이야기로 서로 대화를 나누고 한 곁에 앉았다. 한 곁에 앉은 찬나 존자는 아난다 존자에게 이렇게 말했다.—

"ekamidāhaṃ, āvuso ānanda, samayaṃ bārāṇasiyaṃ viharāmi isipatane migadāye. atha khvāhaṃ, āvuso, sāyanhasamayaṃ paṭisallānā vuṭṭhito avāpuraṇaṃ ādāya vihārena vihāraṃ upasaṅkamiṃ; upasaṅkamitvā there bhikkhū etadavocaṃ—'ovadantu maṃ āyasmanto therā, anusāsantu maṃ āyasmanto therā, karontu me āyasmanto therā dhammiṃ kathaṃ yathāhaṃ dhammaṃ passeyyan'ti. evaṃ vutte maṃ, āvuso, therā bhikkhū etadavocuṃ—'rūpaṃ kho, āvuso channa, aniccaṃ; vedanā… saññā… saṅkhārā… viññāṇaṃ aniccaṃ; rūpaṃ anattā … pe … viññāṇaṃ anattā. sabbe saṅkhārā aniccā, sabbe dhammā anattā'"ti.
"도반 아난다여, 한때 나는 바라나시에서 이시빠따나의 승원에서 머물렀습니다. 그때 나는 저녁 무렵에 홀로 앉음에서 일어나 (승원의)

열쇠를 가지고 이 승원에서 저 승원으로 장로 비구들을 찾아다니면서 이렇게 말했습니다. — '장로 존자들께서는 저를 가르쳐주십시오. 장로 존자들께서는 제가 법을 볼 수 있도록 제게 가르침을 설해주십시오'라고. 이렇게 말하자 장로 비구들은 나에게 이렇게 말하였습니다. — '도반 찬나여, 색色은 무상無常하고 수受는 … 상想은 … 행行은 … 식識은 무상합니다. 색色은 무아無我이고 … 식識은 무아입니다. 모든 행行들은 무상無常하고, 모든 법法들은 무아無我입니다'라고."

"tassa mayhaṃ, āvuso, etadahosi—'mayhampi kho etaṃ evaṃ hoti—rūpaṃ aniccaṃ ... pe ... viññāṇaṃ aniccaṃ, rūpaṃ anattā, vedanā... saññā... saṅkhārā... viññāṇaṃ anattā. sabbe saṅkhārā aniccā, sabbe dhammā anattā'ti. atha ca pana me sabbasaṅkhārasamathe sabbūpadhipaṭinissagge taṇhākkhaye virāge nirodhe nibbāne cittaṃ na pakkhandati nappasīdati na santiṭṭhati nādhimuccati. paritassanā upādānaṃ uppajjati; paccudāvattati mānasaṃ—'atha ko carahi me attā'ti? na kho panevaṃ dhammaṃ passato hoti. ko nu kho me tathā dhammaṃ deseyya yathāhaṃ dhammaṃ passeyyanti!"

"그때 나에게 이런 생각이 들었습니다. — '나도 색色은 무상無常하고 … 식識은 무상하다. 색色은 무아無我이고 수受는 … 상想은 … 행行은 … 식識은 무아이다. 모든 행行들은 무상無常하고, 모든 법法들은 무아無我이다'라고 생각한다. 그러나 나의 심心은 모든 행들의 가라앉음, 모든 재생의 근거를 놓아버림, 갈애의 멸진, 이탐離貪, 소멸消滅, 열반涅槃에 들어가지 못하고 청정한 믿음을 가지지 못하고 안정되지 못하고 확신하지 못한다. 동요에 의한 집착이 생겨나고, 나의 의意는 '그런데 누가 나의 자아인가?'라는 것으로 다시 되돌아온다. 그러나 법을 보면 이런 생각이 일어나지 않는다. 내가 법을 볼 수 있게 하는 그 법을 누가 나에게 설해줄 것인가?'라고."

tassa mayhaṃ, āvuso, etadahosi—'ayaṃ kho āyasmā ānando kosambiyaṃ viharati ghositarāme satthu ceva saṃvaṇṇito sambhāvito ca viññūnaṃ sabrahmacārīnaṃ, pahoti ca me āyasmā ānando tathā dhammaṃ desetuṃ yathāhaṃ dhammaṃ passeyyaṃ. atthi ca me āyasmante ānande tāvatikā vissaṭṭhi. yaṃnūnāhaṃ yenāyasmā ānando tenupasaṅkameyyan'ti. ovadatu maṃ, āyasmā ānando; anusāsatu maṃ, āyasmā ānando; karotu me, āyasmā ānando dhammiṃ kathaṃ yathāhaṃ dhammaṃ passeyyan'ti.
그러자 찬나 존자에게 이런 생각이 들었다. — '아난다 존자는 스승께서 칭찬하셨고 지혜로운 동료 수행자들이 존중한다. 지금 아난다 존자는 꼬삼비에서 고시따 원림에 머물고 있다. 아난다 존자는 내가 법을 볼 수 있게 하는 그 법을 나에게 설해줄 수 있을 것이다. 그리고 나는 아난다 존자에 대한 깊은 신뢰가 있다. 그러니 나는 아난다 존자에게 가야겠다.' 아난다 존자께서는 저를 가르쳐주십시오. 아난다 존자께서는 제가 법을 볼 수 있도록 제게 가르침을 설해주십시오.'라고.

"ettakenapi mayaṃ āyasmato channassa attamanā api nāma taṃ āyasmā channo āvi akāsi khīlaṃ chindi. odahāvuso, channa, sotaṃ; bhabbosi dhammaṃ viññātun"ti. atha kho āyasmato channassa tāvatakeneva uḷāraṃ pītipāmojjaṃ uppajji—"bhabbo kirasmi dhammaṃ viññātun"ti.

"나는 찬나 존자의 말을 듣고 수행의 깊이 때문에 기쁩니다. 그러니 찬나 존자는 이제 스스로를 활짝 열었고 자신의 의심을 부수었습니다. 도반 찬나여, 귀를 기울이십시오. 그대는 법을 알 수 있을 것입니다." 그때 찬나 존자에게는 "내가 법을 알 수 있다고 하는구나!"라는 크고 광대한 희열과 환희가 생겨났다고 한다.

"sammukhā metaṃ, āvuso channa, bhagavato sutaṃ, sammukhā ca paṭiggahitaṃ kaccānagottaṃ bhikkhuṃ ovadantassa—dvayanissito khvāyaṃ, kaccāna, loko yebhuyyena atthitañceva natthitañca. lokasamudayaṃ kho, kaccāna, yathābhūtaṃ sammappaññāya passato yā loke natthitā, sā na hoti. lokanirodhaṃ kho, kaccāna, yathābhūtaṃ sammappaññāya passato yā loke atthitā, sā na hoti. upayupādānābhinivesavinibandho khvāyaṃ, kaccāna, loko yebhuyyena taṃ cāyaṃ upayupādānaṃ cetaso adhiṭṭhānābhinivesānusayaṃ na upeti na upādiyati nādhiṭṭhāti 'attā me'ti. dukkhameva uppajjamānaṃ uppajjati, dukkhaṃ nirujjhamānaṃ nirujjhatīti na kaṅkhati na vicikicchati. aparappaccayā ñāṇamevassa ettha hoti. ettāvatā kho, kaccāna, sammādiṭṭhi hoti. sabbamatthīti kho, kaccāna, ayameko anto. sabbaṃ natthīti ayaṃ dutiyo anto. ete te, kaccāna, ubho ante anupagamma majjhena tathāgato dhammaṃ deseti—avijjāpaccayā saṅkhārā; saṅkhārapaccayā viññāṇaṃ … pe … evametassa kevalassa dukkhakkhandhassa samudayo hoti. avijjāya tveva asesavirāganirodhā saṅkhāranirodho … pe … evametassa kevalassa dukkhakkhandhassa nirodho hotī"ti.

"도반 찬나여, 나는 세존의 면전에서 깟짜나곳따 비구에게 말씀하시는 것을 들었고 그것을 받아 지녔습니다. ― 깟짜나여, 이 세상은 주로 '있다'라거나 '없다'라는 쌍을 의지한다. 깟짜나여, 세상의 일어남을 있는 그대로 바른 지혜로 보면 세상에 대해 없음이라는 것이 없다. 깟짜나여, 세상의 소멸을 있는 그대로 바른 지혜로 보면 세상에 대해 있음이라는 것이 없다. 깟짜나여, 세상은 주로 다가가서 붙잡음에 의한 경향과 집착에 묶여 있다.

그는 다가가서 붙잡음으로부터 생겨나는 심心의 결정-경향-잠재된 내적 경향을 '나의 자아'라고 가까이하지 않고 집착하지 않고 고집하지 않는다. '단지 괴로움이 일어날 뿐이고, 괴로움이 소멸할 뿐이다'라고 의문을 가지지 않고 의심하지 않는다. 다른 사람을 조건으로 하지 않는 앎이 오직 여기에 있다. 깟짜나여, 이만큼의 바른 견해가 있다.

깟짜나여, '모든 것은 있다'는 이것이 하나의 극단이고 '모든 것은 없다'는 이것이 두 번째 극단이다. 깟짜나여, 이러한 양극단에 접근하지 않고 중中에 의해서 여래는 법을 설한다. ― '무명無明의 조건으로부터 행行들이 있다. 행行의 조건으로부터 식識이 있다. … 이렇게 이 모든 괴로움 무더기의 일어남(집集)이 있다. 그러나 무명無明의 남김없이 빛바랜 멸滅로부터 행멸行滅이 있다. 행멸行滅로부터 식멸識滅이 있다 … 이렇게 이 모든 괴로움 무더기의 소멸(멸滅)이 있다'라고."

"evametaṃ, āvuso ānanda, hoti yesaṃ āyasmantānaṃ tādisā sabrahmacārayo anukampakā atthakāmā ovādakā anusāsakā. idañca pana me āyasmato ānandassa dhammadesanaṃ sutvā dhammo abhisamito"ti.

"도반 아난다여, 참으로 그러합니다. 참으로 존자들은 이처럼 동료 수행자를 연민하고 그의 이로움을 원하여 충고하고 가르침을 베푸는 그런 분들입니다. 저는 아난다 존자가 베푸신 이러한 설법을 듣고 법을 올바로 알고 보았습니다."

【참고】S12:37 그대들의 것이 아님 경 (Natumha-sutta)

37. sāvatthiyaṃ viharati … pe … "nāyaṃ, bhikkhave, kāyo tumhākaṃ napi aññesaṃ. purāṇamidaṃ, bhikkhave, kammaṃ abhisaṅkhataṃ abhisañcetayitaṃ vedaniyaṃ daṭṭhabbaṃ."
사왓티에 머물렀다. … "비구들이여, 이 몸은 그대들의 것이 아니고 다른 사람들의 것도 아니다. 비구들이여, 이것은 이전의 업業이고, 형성된 것이고, 의도된 것이고, 경험되는 것이라고 보아야 한다."

"tatra kho, bhikkhave, sutavā ariyasāvako paṭiccasamuppādaññeva sādhukaṃ yoniso manasi karoti—'iti imasmiṃ sati idaṃ hoti, imassuppādā idaṃ uppajjati; imasmiṃ asati idaṃ na hoti, imassa nirodhā idaṃ nirujjhati, yadidaṃ—avijjāpaccayā saṅkhārā; saṅkhārapaccayā viññāṇaṃ … pe … evametassa kevalassa dukkhakkhandhassa samudayo hoti. avijjāya tveva asesavirāganirodhā saṅkhāranirodho; saṅkhāranirodhā viññāṇanirodho … pe … evametassa kevalassa dukkhakkhandhassa nirodho hotī'"ti. sattamaṃ.
"비구들이여, 거기서 잘 배운 성스러운 제자는 연기緣起를 철저히 여리如理하게 사고思考한다. — '이렇게 이것이 있을 때 이것이 있고, 이것이 생기므로 이것이 생긴다. 이것이 없을 때 이것이 없고, 이것이 소멸하므로 이것이 소멸한다.' 즉 — '무명無明의 조건으로부터 행行들이 있다. 행行의 조건으로부터 식識이 있다. … 이렇게 이 모든 괴로움 덩어리의 일어남(집集)이 있다. 그러나 무명無明의 남김없이 빛바랜 멸滅로부터 행멸行滅이 있다. 행멸行滅로부터 식멸識滅이 있다. … 이렇게 이 모든 괴로움 덩어리의 소멸(멸滅)이 있다'라고."

B. majjhimā paṭipadā(중도, 中道) 들어가는 니까야—경전 5개

1. S56:11 전법륜경 (Dhammacakkappavattana-sutta)

ekaṃ samayaṃ bhagavā bārāṇasiyaṃ viharati isipatane migadāye. tatra kho bhagavā pañcavaggiye bhikkhū āmantesi—"dveme, bhikkhave, antā pabbajitena na sevitabbā. katame dve? yo cāyaṃ kāmesu kāmasukhallikānuyogo hīno gammo pothujjaniko anariyo anatthasaṃhito, yo cāyaṃ attakilamathānuyogo dukkho anariyo anatthasaṃhito. ete kho, bhikkhave, ubho ante anupagamma majjhimā paṭipadā tathāgatena abhisambuddhā cakkhukaraṇī ñāṇakaraṇī upasamāya abhiññāya sambodhāya nibbānāya saṃvattati."

한때 세존께서는 바라나시에서 이시빠따나의 사슴공원에 머물렀다. 그때 세존께서는 함께하는 다섯 비구에게 말했다. — "비구들이여, 출가자가 실천하지 않아야 하는 이런 두 끝이 있다. 무엇이 둘인가? ①소유의 삶에서 소유의 즐거움(감각적 욕망들)에 묶인 이런 실천은 저

열하고 천박하고 범속하고 성스럽지 못하고 이익을 가져오지 않는다. ②자신을 지치게 하는 이런 실천은 괴롭고 성스럽지 못하고 이익을 가져오지 않는다. 비구들이여, 이런 양 끝을 가까이 하지 않은 뒤에 여래에 의해 깨달아진 것인 중도中道는 안眼을 만드는 것이고 지知를 만드는 것이고, 가라앉음으로 실다운 지혜로 깨달음으로 열반으로 이끈다."

"katamā ca sā, bhikkhave, majjhimā paṭipadā tathāgatena abhisambuddhā cakkhukaraṇī ñāṇakaraṇī upasamāya abhiññāya sambodhāya nibbānāya saṃvattati? ayameva ariyo aṭṭhaṅgiko maggo, seyyathidaṃ— sammādiṭṭhi sammāsaṅkappo sammāvācā sammākammanto sammāājīvo sammāvāyāmo sammāsati sammāsamādhi. ayaṃ kho sā, bhikkhave, majjhimā paṭipadā tathāgatena abhisambuddhā cakkhukaraṇī ñāṇakaraṇī upasamāya abhiññāya sambodhāya nibbānāya saṃvattati."

"비구들이여, 그러면 무엇이 안眼을 만드는 것이고 지知를 만드는 것이고, 가라앉음으로 실다운 지혜로 깨달음으로 열반으로 이끄는, 여래에 의해 깨달아진 것인 중도中道인가? 오직 이 여덟 요소로 구성된 성스러운 길(팔정도八正道)이니 정견正見, 정사유正思惟, 정어正語, 정업正業, 정명正命, 정정진正精進, 정념正念, 정정正定이다. 비구들이여, 이것이 안眼을 만드는 것이고 지知를 만드는 것이고, 가라앉음으로 실다운 지혜로 깨달음으로 열반으로 이끄는, 여래에 의해 깨달아진 것인 중도中道이다."

2. S42:12 라시야 경Rāsiya-sutta

"dveme, gāmaṇi, antā pabbajitena na sevitabbā—yo cāyaṃ kāmesu kāmasukhallikānuyogo hīno gammo pothujjaniko anariyo anatthasaṃhito, yo cāyaṃ attakilamathānuyogo dukkho anariyo anatthasaṃhito. ete te, gāmaṇi, ubho ante anupagamma majjhimā paṭipadā tathāgatena abhisambuddhā—cakkhukaraṇī ñāṇakaraṇī upasamāya abhiññāya sambodhāya nibbānāya saṃvattati. katamā ca sā, gāmaṇi, majjhimā paṭipadā tathāgatena abhisambuddhā—cakkhukaraṇī ñāṇakaraṇī upasamāya abhiññāya sambodhāya nibbānāya saṃvattati? ayameva ariyo aṭṭhaṅgiko maggo, seyyathidaṃ—sammādiṭṭhi ... pe ... sammāsamādhi. ayaṃ kho sā, gāmaṇi, majjhimā paṭipadā tathāgatena abhisambuddhā—cakkhukaraṇī ñāṇakaraṇī upasamāya abhiññāya sambodhāya nibbānāya saṃvattati."

"촌장이여! 출가자가 가까이해서는 안 되는 두 끝이 있느니라. 무엇이 두 가지인가? 한 극단은 소유의 삶에서 소유의 즐거움의 탐닉을 추구하는 것으로서 이것은 열등하고 저속하고 세속적이고 성스럽지 못하고 유익함이 없으며, 또 한 극단은 고행을 추구하는 것으로써 이것 또한 고통스럽고 성스럽지 못하고 유익함이 없는 것이다. 비구들이여, 이런 양 끝에 접근하지 않으면서 안眼을 생기게 하고 지知를 생기게 하고 가라앉음, 실다운 지혜, 바른 깨달음, 열반으로 이끄는 중도中道는 여래를 완전한 깨달음으로 이끌었다.

촌장이여, 그러면 무엇이 안眼을 생기게 하고 지知를 생기게 하고 가라앉음, 실다운 지혜, 바른 깨달음, 열반으로 이끄는 중도中道여서 여래를 완전한 깨달음으로 이끌었는가? 바로 이 여덟 가지 성스러운 길이니, 바른 견해, 바른 사유, 바른 말, 바른 행위, 바른 생활, 바른 노력, 바른 사띠, 바른 삼매이다. 촌장이여, 참으로 안眼을 생기게 하고 지知를 생기게 하고 가라앉음, 실다운 지혜, 바른 깨달음, 열반으로 이끄는 중도中道가 여래를 완전한 깨달음으로 이끌었다."

3. M3 법의 상속자 경Dhammadāyāda-sutta (일부)

"tatrāvuso, lobho ca pāpako doso ca pāpako. lobhassa ca pahānāya dosassa ca pahānāya atthi majjhimā paṭipadā cakkhukaraṇī ñāṇakaraṇī upasamāya abhiññāya sambodhāya nibbānāya saṃvattati. katamā ca sā, āvuso, majjhimā paṭipadā cakkhukaraṇī ñāṇakaraṇī upasamāya abhiññāya sambodhāya nibbānāya saṃvattati? ayameva ariyo aṭṭhaṅgiko maggo, seyyathidaṃ—sammādiṭṭhi sammāsaṅkappo sammāvācā sammākammanto sammāājīvo sammāvāyāmo sammāsati sammāsamādhi. ayaṃ kho sā, āvuso, majjhimā paṭipadā cakkhukaraṇī ñāṇakaraṇī upasamāya abhiññāya sambodhāya nibbānāya saṃvattati."

"도반들이여, 세상에서 탐貪도 악惡이고 진嗔도 악惡입니다. 탐貪을 버리고 진嗔을 버리기 위하여 안眼을 생기게 하고 지知를 생기게 하고 가라앉음, 실다운 지혜, 바른 깨달음, 열반으로 이끄는 중도中道가 있습니다. 도반들이여, 무엇이 안眼을 생기게 하고 지知를 생기게 하고 가라앉음, 실다운 지혜, 바른 깨달음, 열반으로 이끄는 중도中道입니까? 그것은 여덟 가지 고귀한 길이니 곧, 바른 견해, 바른 사유, 바른 언어, 바른 행위, 바른 생활, 바른 정진, 바른 사띠, 바른 삼매입니다. 도반들이여, 이것이 안眼을 생기게 하고 지知를 생기게 하고 가라앉음, 실다운 지혜, 바른 깨달음, 열반으로 이끄는 중도中道입니다."

"tatrāvuso, kodho ca pāpako upanāho ca pāpako ... pe ... makkho ca pāpako paḷāso ca pāpako, issā ca pāpikā maccherañca pāpakaṃ, māyā ca pāpikā sāṭheyyañca pāpakaṃ, thambho ca pāpako sārambho ca pāpako, māno ca pāpako atimāno ca pāpako, mado ca pāpako pamādo ca pāpako. madassa ca pahānāya pamādassa ca pahānāya atthi majjhimā paṭipadā cakkhukaraṇī ñāṇakaraṇī upasamāya abhiññāya sambodhāya nibbānāya saṃvattati. katamā ca sā, āvuso, majjhimā paṭipadā cakkhukaraṇī ñāṇakaraṇī upasamāya abhiññāya sambodhāya nibbānāya saṃvattati? ayameva ariyo aṭṭhaṅgiko maggo, seyyathidaṃ—sammādiṭṭhi sammāsaṅkappo sammāvācā sammākammanto sammāājīvo sammāvāyāmo sammāsati sammāsamādhi. ayaṃ kho sā, āvuso, majjhimā paṭipadā cakkhukaraṇī ñāṇakaraṇī upasamāya abhiññāya sambodhāya nibbānāya saṃvattatī"ti.

"도반들이여, 세상에서 화(kodho)도 악이고 원한(upanāho)도 악입니다. … 모욕(makkho)도 악이고 얕봄(paḷāso)도 악입니다. … 질투(issā)도 악이고 인색(macchera)도 악입니다. … 사기(māyā)도 악이고 거짓(sāṭheyya)도 악입니다. … 고집(thambho)도 악이고 성마름(sārambho)도 악입니다. … 자기화(māno)도 악이고 거만(atimāno)도 악입니다. … 교만(mado)도 악이고 방일(pamādo)도 악입니다. 교만(mado)을 버리고 방일(pamādo)을 버리기 위하여 안眼을 생기게 하고 지知를 생기게 하고 가라앉음, 실다운 지혜, 바른 깨달음, 열반으로 이끄는 중도中道가 있습니다. 도반들이여, 무엇이 안眼을 생기게 하고 지知를 생기게 하고 가라앉음, 실다운 지혜, 바른 깨달음, 열반으로 이끄는 중도中道입니까? 그것은 여덟 가지 고귀한 길이니 곧, 바른 견해, 바른 사유, 바른 언어, 바른 행위, 바른 생활, 바른 정진, 바른 사띠, 바른 삼매입니다. 도반들이여, 이것이 안眼을 생기게 하고 지知를 생기게 하고 가라앉음, 실다운 지혜, 바른 깨달음, 열반으로 이끄는 중도中道입니다."

4. M139 무쟁無諍의 분석 경Araṇavibhaṅga-sutta (일부)

"na kāmasukhamanuyuñjeyya hīnaṃ gammaṃ pothujjanikaṃ anariyaṃ anatthasaṃhitaṃ, na ca attakilamathānuyogamanuyuñjeyya dukkhaṃ anariyaṃ anatthasaṃhitaṃ. ete kho, bhikkhave, ubho ante anupagamma majjhimā paṭipadā tathāgatena abhisambuddhā, cakkhukaraṇī ñāṇakaraṇī upasamāya abhiññāya sambodhāya nibbānāya saṃvattati. ussādanañca jaññā, apasādanañca jaññā; ussādanañca ñatvā apasādanañca ñatvā nevussādeyya, na apasādeyya, dhammameva deseyya. sukhavinicchayaṃ jaññā; sukhavinicchayaṃ ñatvā ajjhattaṃ sukhamanuyuñjeyya. rahovādaṃ na bhāseyya, sammukhā na khīṇaṃ bhaṇe. ataramānova bhāseyya, no taramāno. janapadaniruttiṃ nābhiniveseyya, samaññaṃ nātidhāveyyāti—ayamuddeso araṇavibhaṅgassa."

"열등하고 저속하고 세속적이고 성스럽지 못하고 유익함이 없는 소유의 즐거움의 탐닉을 추구하지 말고, 고통스럽고 성스럽지 못하고 유익함이 없는 고행을 추구하지 말라. 비구들이여, 이런 양 끝에 접근하지 않으면서 안眼을 생기게 하고 지知를 생기게 하고 가라앉음, 실다운 지혜, 바른 깨달음, 열반으로 이끄는 중도中道는 여래를 완전한 깨달음으로 이끌었다. 칭송해야 할 것을 알아야 하고 비난해야 할 것을 알아야 한다. 칭송해야 할 것을 알고 비난해야 할 것을 알고는 칭송도 비난도 하지 말고 오직 법을 설해야 한다. 즐거움을 판별할 줄 알아야 한다. 즐거움을 판별할 줄 알아서 내적인 즐거움을 추구해야 한다. 비밀스러운 이야기를 해서도 안 되고 공개적 비판을 해서도 안 된다. 서둘지 않고 말해야 하고 건너뛰어서는 안 된다. 지방어를 고집해서도 안 되고 표준어를 무시해서도 안 된다. 이것이 무쟁無諍(평화)의 분석에 대한 요약이다."

"'ete kho ubho ante anupagamma majjhimā paṭipadā tathāgatena abhisambuddhā, cakkhukaraṇī ñāṇakaraṇī upasamāya abhiññāya sambodhāya nibbānāya saṃvattatī"ti—iti kho panetaṃ vuttaṃ. kiñcetaṃ paṭicca vuttaṃ? ayameva ariyo aṭṭhaṅgiko maggo, seyyathidaṃ—sammādiṭṭhi, sammāsaṅkappo, sammāvācā, sammākammanto, sammāājīvo, sammāvāyāmo, sammāsati, sammāsamādhi. 'ete kho ubho ante anupagamma majjhimā paṭipadā tathāgatena abhisambuddhā, cakkhukaraṇī ñāṇakaraṇī upasamāya abhiññāya sambodhāya nibbānāya saṃvattatī"ti—iti yaṃ taṃ vuttaṃ, idametaṃ paṭicca vuttaṃ."

"'이런 양 끝에 접근하지 않으면서 안眼을 생기게 하고 지知를 생기게 하고 가라앉음, 실다운 지혜, 바른 깨달음, 열반으로 이끄는 중도中道는 여래를 완전한 깨달음으로 이끌었다'라고 이렇게 말하였다. 무엇을 조건으로 이렇게 말했는가? 바로 이 성스러운 여덟 가지 길이니 즉 바른 견해, 바른 사유, 바른 언어, 바른 행위, 바른 생활, 바른 정진, 바른 사띠, 바른 삼매이다. '이런 양 끝에 접근하지 않으면서 안眼을 생기게 하고 지知를 생기게 하고 가라앉음, 실다운 지혜, 바른 깨달음, 열반으로 이끄는 중도中道는 여래를 완전한 깨달음으로 이끌었다'"라고 이것을 조건으로 이렇게 말했다.

"tatra, bhikkhave, yāyaṃ majjhimā paṭipadā tathāgatena abhisambuddhā, cakkhukaraṇī ñāṇakaraṇī upasamāya abhiññāya sambodhāya nibbānāya saṃvattati, adukkho eso dhammo anupaghāto anupāyāso apariḷāho; sammāpaṭipadā . tasmā eso dhammo araṇo."

"비구들이여, 거기서 안眼을 생기게 하고 지知를 생기게 하고 가라앉음, 실다운 지혜, 바른 깨달음, 열반으로 이끄는 이 중도中道는 여래를 완전한 깨달음으로 이끌었다. 이 법은 괴롭지 않고 성가시지 않고 절망이 없고 열병이 없는 바른 실천이다. 그러므로 이 법은 무쟁無諍(평화)이다."

5. A3:151-152 나체수행자 경 (Acelaka-sutta)

"tisso imā, bhikkhave, paṭipadā. katamā tisso? āgāḷhā paṭipadā, nijjhāmā paṭipadā, majjhimā paṭipadā. katamā ca, bhikkhave, āgāḷhā paṭipadā? idha, bhikkhave, ekacco evaṃvādī hoti evaṃdiṭṭhi—'natthi kāmesu doso'ti. so kāmesu pātabyataṃ āpajjati. ayaṃ vuccati, bhikkhave, āgāḷhā paṭipadā."

"비구들이여, 세 가지 실천이 있다. 무엇이 셋인가? 거친 실천, 지치게 하는 실천, 중도中道이다. 비구들이여, 그러면 무엇이 거친 실천인가? 비구들이여, 여기 어떤 사람은 이런 말, 이런 견해를 가졌다. — '소유의 삶에는 결점이 없다'라고. 그는 소유의 삶에 떨어진다. 비구들이여, 이것이 거친 실천이라고 불린다."

"katamā ca, bhikkhave, nijjhāmā paṭipadā? idha, bhikkhave, ekacco acelako hoti muttācāro, hatthāpalekhano, na ehibhadantiko, na tiṭṭhabhadantiko, nābhihaṭaṃ na uddissakataṃ na nimantanaṃ sādiyati. so na kumbhimukhā paṭiggaṇhāti, na kaḷopimukhā paṭiggaṇhāti na eḷakamantaraṃ na daṇḍamantaraṃ na musalamantaraṃ na dvinnaṃ bhuñjamānānaṃ na gabbhiniyā na pāyamānāya na purisantaragatāya na saṅkittīsu na yattha sā upaṭṭhito hoti na yattha makkhikā saṇḍasaṇḍacārinī na macchaṃ na maṃsaṃ na suraṃ na merayaṃ, na thusodakaṃ pivati. so ekāgāriko vā hoti ekālopiko, dvāgāriko vā hoti dvālopiko… sattāgāriko vā hoti sattālopiko; ekissāpi dattiyā yāpeti, dvīhipi dattīhi yāpeti… sattahipi dattīhi yāpeti; ekāhikampi āhāraṃ āhāreti, dvāhikampi āhāraṃ āhāreti… sattāhikampi āhāraṃ āhāreti—iti evarūpaṃ addhamāsikampi pariyāyabhattabhojanānuyogamanuyutto viharati. so sākabhakkhopi hoti, sāmākabhakkhopi hoti, nīvārabhakkhopi hoti, daddulabhakkhopi hoti, haṭabhakkhopi hoti, kaṇhabhakkhopi hoti, ācāmabhakkhopi hoti, piññākabhakkhopi hoti, tiṇabhakkhopi hoti, gomayabhakkhopi hoti, vanamūlaphalāhāro yāpeti pavattaphalabhojī."

"비구들이여, 그러면 무엇이 지치게 하는 실천인가? 비구들이여, 여기 어떤 나체수행자는 품행에 얽매이지 않은 자이고, 음식을 받은 뒤에 핥아먹는 자이고, '오시오!'라는 초대를 받지 않는 자이고, '서시오!'라는 초대를 받지 않는 자인데, 주어지지 않은 것과 배당되지 않은 것과 초대되지 않은 것을 받지 않는다. 그는 항아리의 가장자리로부터 받지 않고, 그릇의 가장자리로부터 받지 않고, 중간에 문지방이 있는 것, 중간에 몽둥이가 있는 것, 중간에 절굿공이가 있는 것, 두 사람이 먹고 있는 것, 임신부의 것, 젖을 먹이는 여자의 것, 남자에게 안긴 여자의 것을 받지 않고 모여 있는 곳에서 받지 않고, 개가 대기하고 있는 곳에서 받지 않고, 파리떼가 득실거리는 곳에서 받지 않고, 어류를 받지 않고, 고기를 받지 않고, 술과 발효주와 발효하여 끓인 것을 마시지 않는다. 그는 한 집에서 한 입의 음식을, 두 집에서 두 입의 음식을 … 일곱 집에서 일곱 입의 음식을 받아먹는다. 작은 그릇 한 개의 음식으로 삶을 유지하고, 작은 그릇 두 개의 음식으로 삶을 유지하고, … 작은 그릇 일곱 개의 음식으로 삶을 유지한다. 하루에 한 번 음식을 먹고, 이틀에 한 번 음식을 먹고, … 이레에 한 번 음식을 먹는다. — 이와 같은 식으로 보름에 한 번 음식을 먹는 방법의 음식을 먹는 것을 실천하며 머문다. 그는 야채를 먹기도 하고, 수수를 먹기도 하고, 생쌀을 먹기도 하고, 부드러운 뼈를 먹기도 하고, 수초를 먹기도 하고, 왕겨를 먹기도 하고, 뜨물을 먹기도 하고, 참깨 가루를 먹기도 하고, 풀을 먹기도 하고, 쇠똥을 먹기도 하고, 나무뿌리와 열매를 음식으로 삶을 유지하고, 떨어진 열매를 먹고 삶을 유지한다."

"so sāṇānipi dhāreti, masāṇānipi dhāreti, chavadussānipi dhāreti, paṃsukūlānipi dhāreti, tirīṭānipi dhāreti, ajinampi dhāreti, ajinakkhipampi dhāreti, kusacīrampi dhāreti, vākacīrampi dhāreti, phalakacīrampi dhāreti, kesakambalampi dhāreti, vāḷakambalampi dhāreti, ulūkapakkhikampi dhāreti,"

"그는 삼베옷도 입고, 삼베와 다른 원료를 섞어 짠 거친 옷도 입고, 수의壽衣도 입고, 분소의糞掃衣도 입고, Symplocos racemosa 나무껍질을 엮은 옷도 입고, 치타 가죽옷도 입고, 치타 가죽 망토도 입고, 꾸사 풀 옷도 입고, 나무껍질 옷도 입고, 나무의 편편한 조각으로 만든 옷도 입고, 머리카락으로 만든 담요도 입고, 뱀 껍질로 만든 담요도 입고, 올빼미 깃털로 만든 옷도 입는다."

"kesamassulocakopi hoti kesamassulocanānuyogamanuyutto, ubbhaṭṭhakopi hoti āsanapaṭikkhitto, ukkuṭikopi hoti ukkuṭikappadhānamanuyutto, kaṇṭakāpassayikopi hoti kaṇṭakāpassaye seyyaṃ kappeti, sāyatatiyakampi udakorohanānuyogamanuyutto viharati—iti evarūpaṃ anekavihitaṃ kāyassa ātāpanaparitāpanānuyo gamanuyutto viharati. ayaṃ vuccati, bhikkhave, nijjhāmā paṭipadā."

"머리카락과 턱수염을 뽑는 수행을 실천하는 자여서 머리카락과 턱수염도 뽑고, 앉는 것을 거부하는 자여서 똑바로 서기도 하고, 쪼그려 앉는 정진을 실천하는 자여서 쪼그려 앉기도 하고, 가시에 기대는 자여서 가시로 된 침대를 사용한다. 저녁에 세 번 물에 들어가는 수행을 실천하면서 머문다. — 이와 같은 식의 다양한 방법으로 몸을 괴롭히는 고행을 실천하며 머문다. 비구들이여, 이것이 지치게 하는 실천이라고 불린다."

"katamā ca, bhikkhave, majjhimā paṭipadā? idha, bhikkhave, bhikkhu kāye kāyānupassī viharati ātāpī sampajāno satimā vineyya loke abhijjhādomanassaṃ; vedanāsu … pe … citte … pe … dhammesu dhammānupassī viharati ātāpī sampajāno satimā vineyya loke abhijjhādomanassaṃ. ayaṃ vuccati, bhikkhave, majjhimā paṭipadā. imā kho, bhikkhave, tisso paṭipadā"ti.

"비구들이여, 그러면 무엇이 중도中道인가? 여기, 비구는 몸(身)에서 몸을 이어 보면서 머문다. 알아차리고 옳고 그름을 판단하고 옳음의 유지-향상을 위해 노력하여 세상에 대한 간탐慳貪과 고뇌苦惱를 제거한다. 경험(受)에서 경험을 이어 보면서 머문다. 알아차리고 옳고 그름을 판단하고 옳음의 유지-향상을 위해 노력하여 세상에 대한 간탐과 고뇌를 제거한다. 마음(心)에서 마음을 이어 보면서 머문다. 알아차리고 옳고 그름을 판단하고 옳음의 유지-향상을 위해 노력하여 세상에 대한 간탐과 고뇌를 제거한다. 법法에서 법을 이어 보면서 머문다. 알아차리고 옳고 그름을 판단하고 옳음의 유지-향상을 위해 노력하여 세상에 대한 간탐과 고뇌를 제거한다. 비구들이여, 이것이 중도中道라고 불린다. 비구들이여, 이런 세 가지 실천이 있다."

"tisso imā, bhikkhave, paṭipadā. katamā tisso? āgāḷhā paṭipadā, nijjhāmā paṭipadā, majjhimā paṭipadā. katamā ca, bhikkhave, āgāḷhā paṭipadā … pe … ayaṃ vuccati, bhikkhave, āgāḷhā paṭipadā."

"비구들이여, 세 가지 실천이 있다. 무엇이 셋인가? 거친 실천, 지치게 하는 실천, 중도中道이다. 비구들이여, 그러면 무엇이 거친 실천인가? … 비구들이여, 이것이 거친 실천이라고 불린다."

"katamā ca, bhikkhave, nijjhāmā paṭipadā … pe … ayaṃ vuccati, bhikkhave, nijjhāmā paṭipadā."
"비구들이여, 그러면 무엇이 지치게 하는 실천인가? … 비구들이여, 이것이 지치게 하는 실천이라고 불린다."

"katamā ca, bhikkhave, majjhimā paṭipadā? idha, bhikkhave, bhikkhu anuppannānaṃ pāpakānaṃ akusalānaṃ dhammānaṃ anuppādāya chandaṃ janeti vāyamati vīriyaṃ ārabhati cittaṃ paggaṇhāti padahati; uppannānaṃ pāpakānaṃ akusalānaṃ dhammānaṃ pahānāya chandaṃ janeti vāyamati vīriyaṃ ārabhati cittaṃ paggaṇhāti padahati; anuppannānaṃ kusalānaṃ dhammānaṃ uppādāya chandaṃ janeti vāyamati vīriyaṃ ārabhati cittaṃ paggaṇhāti padahati; uppannānaṃ kusalānaṃ dhammānaṃ ṭhitiyā asammosāya bhiyyobhāvāya vepullāya bhāvanāya pāripūriyā chandaṃ janeti vāyamati vīriyaṃ ārabhati cittaṃ paggaṇhāti padahati…"
"비구들이여, 그러면 무엇이 중도中道인가? 비구들이여, 여기 비구는 일어나지 않은 악한 불선법들을 일어나지 않게 하기 위하여, 찬다를 생기게 하고, 노력하고, 정진으로 힘쓰고, 마음을 다잡아 이끌려고 애를 쓴다. 일어난 악한 불선법들을 버리기 위하여, 찬다를 생기게 하고, 노력하고, 정진으로 힘쓰고, 마음을 다잡아 이끌려고 애를 쓴다. 일어나지 않은 선법들을 일어나게 하기 위하여, 찬다를 생기게 하고, 노력하고, 정진으로 힘쓰고, 마음을 다잡아 이끌려고 애를 쓴다. 일어난 선법들을 지속시키고, 혼란스럽지 않게 하고, 더욱더 증장시키고, 충만하게 하고, 닦아서 완성하기 위하여 찬다를 생기게 하고, 노력하고, 정진으로 힘쓰고, 마음을 다잡아 이끌려고 애를 쓴다. …"

"chandasamādhipadhānasaṅkhārasamannāgataṃ iddhipādaṃ bhāveti vīriyasamādhi … pe … cittasamādhi … pe … vīmaṃsāsamā dhipadhānasaṅkhārasamannāgataṃ iddhipādaṃ bhāveti … pe …."
"찬다의 삼매와 정진의 행行을 갖춘 신통神通을 닦는다, … 노력의 삼매 … 심心의 삼매 … 관찰의 삼매와 노력의 행行을 갖춘 신통神通을 닦는다. …"

"saddhindriyaṃ bhāveti… vīriyindriyaṃ bhāveti… satindriyaṃ bhāveti… samādhindriyaṃ bhāveti… paññindriyaṃ bhāveti…."
"믿음의 기능을 닦는다. … 정진의 기능을 닦는다. … 사띠의 기능을 닦는다. … 삼매의 기능을 닦는다. … 지혜의 기능을 닦는다. …"

"saddhābalaṃ bhāveti… vīriyabalaṃ bhāveti… satibalaṃ bhāveti… samādhibalaṃ bhāveti… paññābalaṃ bhāveti…."
"믿음의 힘을 닦는다. … 정진의 힘을 닦는다. … 사띠의 힘을 닦는다. … 삼매의 힘을 닦는다. … 지혜의 힘을 닦는다. …"

"satisambojjhaṅgaṃ bhāveti… dhammavicayasambojjhaṅgaṃ bhāveti… vīriyasambojjhaṅgaṃ bhāveti… pītisambojjhaṅgaṃ bhāveti… passaddhisambojjhaṅgaṃ bhāveti… samādhisambojjhaṅgaṃ bhāveti… upekkhāsambojjhaṅgaṃ bhāveti…."
"염각지念覺支를 닦는다. … 택법각지擇法覺支를 닦는다. … 정진각지精進覺支를 닦는다. … 희각지喜覺支를 닦는다. … 경안각지輕安覺支를 닦는다. … 정각지定覺支를 닦는다. … 사각지捨覺支를 닦는다. …"

"sammādiṭṭhiṃ bhāveti… sammāsaṅkappaṃ bhāveti… sammāvācaṃ bhāveti… sammākammantaṃ bhāveti … sammāājīvaṃ bhāveti… sammāvāyāmaṃ bhāveti… sammāsatiṃ bhāveti… sammāsamādhiṃ bhāveti…. ayaṃ vuccati, bhikkhave, majjhimā paṭipadā. imā kho, bhikkhave, tisso paṭipadā"ti.
"정견正見을 닦는다. … 정사유正思惟를 닦는다. … 정어正語를 닦는다. … 정업正業을 닦는다. … 정명正命을 닦는다. … 정정진正精進을 닦는다. … 정념正念을 닦는다. … 정정正定을 닦는다. … 비구들이여, 이것이 중도中道라고 불린다. 비구들이여, 이런 세 가지 실천이 있다."

부록 2

왜 중도 철학을 말해야 하는가

신상환

들어가며

게송 하나

연기緣起인 그것
바로 그것을 공성空性이라고 말한다.
바로 그것에 의지하여[緣] 시설施設된 것[=假名]
그 자체가 바로 중도中道이다.●

● 졸역, 용수, 『중론』 「제24품. (사)성제四聖諦에 대한 고찰」 [362. (24-18)]번 게송.

장면 1

"부처님은 무슨 화두를 드셨습니까?"

간화선看話禪이 제일의 수행 방법이라는 간화선 제일주의를 비판할 때 종종 등장하는 질문이다. 물론 부처님께서 화두를 들었다는 이야기는 들어본 적 없다. 한국 스님들과 티벳 스님의 대담 중에 '간화선'이 단박에 깨칠 수 있다는 한 한국 스님의 주장에 두 귀를 쫑긋하며 듣던 티벳 스님의 "그럼, 여기 계신 한국 스님들이 모두 깨달으신 분들인가요?"라는 질문에 하나같이 침묵을 지키더라는 장면은 뒤따라 나오는 이야기다.

장면 2

"이번 명상 모임에서는 먹을 게 너무 많아서 좋았습니다."

어떤 명상 프로그램에 참석한 후, '나누기'라는 후기 때 직접 들은 이야기다. '좋았다, 인상적이었다, 다음에 또 참석하겠다'라는 상호 상승효과를 불러일으키다 '먹을 게 많아서 좋았다'라는 인상평마저 나왔다. 서로 함께한 시간을 비롯해 자기 삶의 여법함, 즉 계율에 따른 삶을 살았는지에 대한 반성이라는 기본 축이 배제된 가운데 나온 결론은 '먹어야 산다'라는 절대 명제였고 '잘 먹어서 좋았다'였다. 지켜야 할 목표가 없으니 당연히 나올 수 있는 '나누기'였다.

'게송 하나'는 중관학자들에게 익숙한 『중론』「제24품. (사)성제四聖諦에 대한 고찰」[362. (24-18)]의 게송이다. 그리고 '장면 1, 2'는 비대칭적인 것이다. 이 세 가지가 가리키는 지점, 그 어디 즈음엔가 '오늘, 왜 중도 철학이 필요한가?'라는 질문의 답이 숨어 있을 것이다.

만약 이 답을 찾는 작업이 대칭적인 것이라면 문제는 훨씬 쉽게 풀린다. 중관학파의 견해에서 보자면, A에 대한 부정인 '~A'와 쌍을 만들어 'A and ~A'라는 대립항을 상정하면 되기 때문이다. 그렇지만 이와 같은 논의는 오직 '언어의 추상화'를 다루는 논리적 부분에서나 조그만 효과가 있을 뿐이다.

이 '숨어 있는 답'을 찾기 위해서는 비대칭적인 파편들의 숲을 한 걸음 더 깊숙이 들어가볼 필요가 있다. 우리가 살아가야만 하는 이 그침 없이 변화하는 세계, 즉 연기실상의 세계는 다양한 담론의 홍수 속에서 자신이 필요한 이론만 끄집어내는 방식으로 이루어져 있기 때문이다. 복잡한 이 세계를 극도의 추상화 작업을 통해 개념, 정의 등으로 다루는 것이 논리로 이루어진 이론이다. 이것은 '연기인 바로 그것을 공성'이라는 게송 1, 2행의 언급이나 '총체성(totality)'이라는 개념을 통해서 충분히 설명할 수 있다. 불법의 근간이 되는 연기법을 먼저 상정하고 논의를 진행할 것인지, 아니면 서구 철학의 '총체성'이라는 개념을 사용할지는 선택사항이지만, 비대칭적 층위들이 쌓여 있는 현실적인 문제를 다루어야 한다는 점은 같다. 그리고 필자는 후자에 대한 어떤 깊이 있는 논의를 끌고 갈 준비가 되어 있지 않음을 인정하며 전자의 관점에서만 이 주제를 다룰 예정이다.

이것은 먼저 여러 층위를 이루고 있는 살아 움직이는 현실의 문제를 불교의 교학 체계 핵심인 중도中道의 의미와 이 관점을 통해서 살펴보겠다는 뜻이다. 그렇지만 이 작업을 수행하기 위해서는 먼저 '오늘'이라는 시간의 문제를 좀 더 살펴볼 필요가 있다.

고苦가 언제나 현재적이듯, 이 '오늘'도 언제나 현재적이다. 이것은 '시대의 아들'인 우리 인간이 가진 기본적인 문제로, 붓다의 법에 따라 살겠다는 서원의 대상인 불법을 가르쳐주신 붓다 또한 시대의 아들이었다. 이 당대의 문제를 직시하고자 하는 자세는 언제나 유효하다. 그렇지만 시대의 '축적'을 통해서 전통이라는 이름으로 하나의 큰 흐름을 형성하게 되면 누구도 여기서 벗어날 수는 없다. 빼놓을 수 없는 것은 '이 문제'는 보는 자의 관점에 따라 무수한 변주를 울린다는 점이다.

예를 들어, 초등학교 교실에 놓인 책상과 의자라는 대상을 살펴보자. 초등학교 입학 때 낯설게, 그리고 크게 느껴졌던 그 책상과 의자가 성인이 된 이후에 같은 느낌으로 다가오지는 않을 것이다. 이처럼 고정된 대상도 인식 주체의 변화에 따라 달리 느껴진다. 변화하는 인식 대상을 변화하는 인식 주체가 논해야 하는 문제를 인정하고 '오늘'이라는 특정한 시간 속에서 '중도 철학'을 논할 때, 전통적 교의의 현재화라는 방법은 조그만 합의점을 제공해준다.

고통에서 벗어남!

붓다의 가르침인 불법은 기본적으로 출세간을 지향한다. 이것이 세간의 일에 대한 무관심이나 회의懷疑를 뜻하지 않음에도 불구하고 불교를 마치 탈속적인 그 무엇으로 오해한다. 그러므로 '중도 철학'을 다루는 이 작업은 오늘날 우리가 직면한 한국 사회의 여러 문제에 대한 적확한 진단을 요구한다. 이 진단이 '중도 철학'이라는 하나의 창을 통해서 얼마나 선명하게 드러날 것인지는 알 수 없으나, 최소한 불교의 교학적 측면에서 중도의 의미를 조금이나마 명징하게 밝히고, 이 관점에 따른 오늘날 한국 사회가 처한 갈등과 치유의 문제에 대한 성찰의 기회를 제공해줄 것이다.

이 글을 위해서는 아니지만, 지난해 하반기부터 조계종 화쟁위원장인 도법 스님과 서너 차례 불교의 교학과 중도의 실천에 대한 문제로 대화를 나눈 적이 있었다. 그 가운데 발견된 첫 상이점은 '화쟁和爭'이라는 이름 아래 중도의 실천을 강조할지라도 '어떤 중도'를 뜻하는 것인지에 대한 다른 이해였다. 바로 이것이 '부처님이 들지 않으셨던 화두' 대신에 '대승적 실천'을 위해 온몸으로 부대끼며 '8할의 비난'을 들어야 하는 노스님과의 대화에서 발견된 문제인지라, 먼저 중도의 의미부터 명확하게 하고자 한다.

불교적 중도란 무엇인가?

비유로 들자면, 중관사상은 수학에서 양만 표시하는 스칼라(scalar)가 아닌 운동성을 포함한 벡터(vector)이다. 달리 말해서, 만약 어떤 이가 자성自性을 가진 실체(svabhāva)를 인정한다면, 용수는 상호 연관성(pratītya), 원인(hetu), 조건(pratyaya) 등을 통해 이를 비판한다. 또한 만약 어떤 이가 자성이 없는 비실체(asvabhāva)를 주장한다면, 만약 실체가 없다면 어떻게 비실체를 말할 수 있느냐고 비판하는 것이 그 오의이다. … 양자 사이에서의 타협을 뜻하는 중도가 아닌 양자, 즉 상견론자(실유론자)와 단견론자(회의주의·무신론자·쾌락주의 등)들을 모두 맹렬하게 공격하던 중관파의 시조 용수와 그의 정신적인 아들 아리아데바 그리고 여타 중관파 스승들의 치열한 삶과 죽음은 이 점에서 기계적 발상에서의 타협의 중도가 아닌 중도를 이끌기 위한 치열한 비판 의식과 실천이 낳은 비극적인 결과라 하겠다.•

무엇보다 먼저 불교적 중도란 보수도 아니고 진보도 아닌, 좌도 아니고 우도 아닌 어떤 절충을 뜻하는 정치적 중앙파와는 아무런 상관관계도 없다는 점을 명확하게 할 필요가 있다. 즉, 불교적 중도는 정량적正量的이 아닌 정향적正向的인 것이다.

여기서 말하는 중도는 '가운데의 길'이 아니라 '양극단에 대한 비판'을 의미한다. 따라서 중관논리는 흑과 백의 양극단을 비판하는 논리이다. 다시 말해 이분법적二分法的으로 작동하는 우리의 논리적 사유思惟를 비판하는 논리가 바로 중관논리인 것이다.••

한국의 중관학자라면 모두 상석을 양보하는 김성철도 '양극단에 대한 비판'이 곧 중관논리임을 명확하게 언급하고 있다. 그의 '역설의 논리'나 '사실 위배의 오류' 등을 통한 『중론』 해석보다 더욱 깊숙이 들어가 이제론二諦論에 입각하여 연기실상의

• 졸저, 『용수의 사유』, pp. 126-127.

•• 김성철 ,『역설과 중관논리』, pp. 7-8.

세계를 언설로 표현하는 순간 반영을 이루는 개념·정의 등에서 문제가 발생하는 점을 지적하지만, 즉 언어 자체가 가진 한계를 지적하지만, 이 비판 정신만은 깊게 공유한다.

'위치, 속도, 힘 등과 같이 크기와 방향성을 갖는 물리량'인 벡터와 같은 중도를 상정하면, 불교적 실천은 어느 쪽도 아닌 중도를 '향한(toward)' 실천행만 남게 된다. 이 '기울어진 운동장'을 평평하게 만드는 실천행으로써 중도는 붓다의 지혜를 상징하는 문수보살이 들고 있는 양날이 날카로운 취모리검吹毛利劍처럼, 번뇌의 인과를 알고 그것을 끊는 날 서린 비판 의식과 함께한다. 바로 이것이 양견兩見, 또는 양극단兩極端에 대한 비판을 뜻하는 중도의 개념으로 그 첫 번째는 단견론자(회의주의·무신론자·쾌락주의 등)에 대한 비판이다.

> 간단하게 말하자면 (열반이) 없다는 견해에서는
> 업業의 과보가 없다고 합니다.
> 복덕도 없다고 (하니) 악취惡趣에 빠집니다.
> "(그래서) 바로 그것이 악견惡見(邪見)이다"고
> 말씀하셨습니다.•

• 졸역, 용수 『보행왕정론』 「제1 선취안락품善趣安樂品」 [43. (1-43)]번 게송.

달라이 라마의 대중 강연용으로 종종 사용하는 『보만론寶鬘論』에는 불법에 대한 '믿음과 지혜'를 강조한 후, 먼저 단견을 논파하고 있다. 이것은 인도 문화의 근간인 '자기가 지은 것은 자기가 받는다(자업자득)'라는 까르마karma, 즉 업業이 죽음이라는 시간의 축을 관통할 수 있는지에 대한 문제와 직접적인 관련이 있다. '죽으면 다 끝난다'라는 자세로 한생의 덧없음에 고개를 숙이는 회의주의와 이 한생만이라도 제대로 놀아보려는 쾌락주의는 동전의 양면과도 같다. 그리고 이 '죽음'을 관통해야만 업의 이론은 의미가 있으며, 이것이 바로 윤회의 이론적 배경이다. 이 점에서 '자업자득은 믿지만 윤회는 믿지 않는다'는 표현은 '죽으면 다 끝나는' 단견론적 견해로 업의 이론에 대한 왜곡일 뿐이다. '죽어봐서' 윤회를 아는 것이 아니라, 이런 이론적 배경 속에서 업과 윤회는 떼려야 뗄 수 없는 관계를 맺고 있다.

과학기술과 의학의 발달과 맞물려 이 죽음을 뒤로 미루는 장수長壽가 이루어졌을지언정 죽음을 피해갈 수는 없다. 그렇지만 이전의 인류가 경험해보지 못한 이 새로운 상황은 과학을 과신하게 한다. 군집 생활을 하며 매머드를 사냥하던 초기 인류나 지금의 인류가 본질적인 생로병사의 고苦(suffering)라는 문제를 해결하지 못하고 있음에도, 의학의 발달이 가져온 통증(pain)의 제거와 완화를 고의 제거로 간주한다. 그리고 이때 과학은 과신을 넘어 맹신으로까지 나아가며 과학적 잣대만 진리의 척도인 것으로 격상된다.

엄밀하게 말하자면 수학이나 과학에서 필요한 증명(proof)만이 올바른 논리적 판단이 아님에도, 과학에 대한 과신은 다른 비非-과학적인 판단자들을 옳지 않은 것으로 취급한다. 그리고 믿음·신행·기원 등의 생활 척도를 부차적인 문제로 만드는 과학적 판단자에 대한 과신은 곧장 단견론의 끝판왕인 '돈이면 다 된다'는 물질만능주의와 배금주의, 그리고 자기만 잘살면 된다는 이기주의로 이어진다.

이런 시대정신을 배격·극복하기를 바라는, 즉 인간의 보편적 가치를 중요하게 여기는 자세와 업과 윤회를 인정하는 불교적 세계관 사이에는 '점선'으로 이어진 공유할 수 있는 어떤 '지점'이 존재한다.

'1인 2종교 사회'라고 강조할 수 있을 만큼 다종교사회인 한국의 수도 서울의 한복판 광화문에는 소수의 복음주의자가 태극기와 성조기, 심지어 이스라엘기를 들고 '깃발 페티쉬'를 선보인다. 바로 이들처럼 '예수천당 불신지옥'을 강조하는 자들이 바로 상주론자들이다. 불교의 교학은 고정불변하는 아뜨만(ātman), 즉 아我가 있다는 것을 주장하는 브라흐만교를 비판하며 '이것이 있으므로 저것이 있다…'라는 연기법을 근간으로 탄생하였다. 과장하자면 불교 교학은 이 상견론적 견해를 비판하면서 오늘날 우리가 알고 있는 이론의 정교화를 이루었던 셈이다.

오늘날의 단견론자들과 불교적 중도를 실천하고자 하는 자들 사이에 공통 지점을 찾을 수 있는 것처럼, '죽어서 천국이나 지옥으로 가는' 믿음을 가진 '고정불변하는 자아(ego, soul)' 등이 있다고 믿는 상견론자들 사이에서도 공통 지점을 찾아낼 수 있다. 이 '공통 지점'에 대한 논의에 앞서 빠뜨리지 말아야 할 부분은 아我를 비판하는 무아無我 이론을 강조하는 불교 교학 '밖의 풍경'이다.

기원전 5세기 무렵 인도에서는 전통적인 브라흐만교의 교학에 반기를 든 자유 사상가들인 리쉬(ṛṣi, 仙人)들의 활동기로, 이 일대 변혁기는 업과 윤회에 대한 각자의 견해에서부터 창조주인 브라흐만(brāhmaṇa)과 자아인 아뜨만에 대한 관계까지 자신의 이론을 자유롭게 개진하던 시대였다. 이 시대의 리쉬들은 전통적인 교리인 '진리의 말씀'이라는 『베다(Veda)』의 해석인 『우빠니샤드(Upaniṣad)』를 통해서 『베다』에 대한 자신들의 독특한 해석을 이루었다.

이 시대의 가장 대표적인 논쟁은 '자신이 지은 것을 자신이 반드시 받느냐?'라는 문제였다. 달리 말해, 인과의 성립을 인정하는 쪽과 부정하는 쪽 사이의 격한 대립의 시대였던 것이다. 그리고 이 대립의 결과로 인과의 성립을 부정한 쪽은 인도 사상계에서 영원히 추방되었다. 바로 그들이 제대로 된 논의마저도 남기지 못한 채, 오직 비판의 대상으로만 언급되고 있는 업을 부정하는 자인 로가야타(路迦耶陀, Lokāyata, 順世外道), 즉 짜르바까(Cārvāka)다. 전통적인 브라흐만교가 불교와 육사외도라는 외적 충격을 흡수하며 힌두교로 변화하는 과정에서도 불교는 동물 희생제 등을 배격하면서도 불에 대한 숭배를 용인하는 등의 타협점을 찾으려 했다. 이런 '안의 풍경' 즉 인도 사상사가 아뜨만(ātman), 즉 고정불변한 속성을 가진 영혼 등이 죽음 이후에도 존재하는가에 대한 구체적인 논쟁사였기 때문에 '밖의 풍경'은 논할 가치조차 없었다. 그렇지만 오늘날의 시대정신은 '밖의 풍경'이 아닌 '안의 풍경' 가운데 정중앙에 있다.

이것은 정향적正向的인 중도를 '향한(toward)' 실천행은 오늘날 우리 인류가 직면한 여러 문제를 해결하기 위한 극복의 테제로써 작동할 때, 현대의 단견론을 있게 한 과학적 세계관을 안티 테제로 상정하게 한다. 이 지점, 즉 과학적 세계관이라는 'A'라는 하나의 테제를 상정하고 그것을 부정·극복하는 것, 즉 '~A'가 오늘날 중도 철학의 실천행이다. 그리고 이 실천행 또한 극단을 배제하는 가운데 이루어지는 중도의 실천행이어야 마땅하다.

시대정신의 공통분모
–공동체의 선과 어머니 지구 가이아(Gaia)의 문제

'윤회!' 즉 이번 생의 이전이나 죽음 이후마저도 논리적으로 설명해야 하는 인도 논리학은 증명이 필요한 과학적 세계관과 전제조건 자체가 다르다. 특히 '고통에서 벗어남'이라는 실천 테제를 중심으로 직조된 불교의 교학적 체계는 성인의 가르침마저도 진리로 인정할 것을 강조하는 성언량聖言量(āgama 또는 śabda)을 올바른 논리적 판단자라고 강조한다. 이것은 증명을 요구하는 과학적 세계관에서 상상할 수 없는 일이다.

이런 기본적인 차이가 존재함에도 당대의 한생, 즉 이번 생의 문제에 대해서는 '이미 알고 있는 것을 통하여 아직 모르는 것을 알아가는' 지적知的 경로는 같다. 이 지점에서 과학적 세계관의 발전은 전통적 교의인 연기법을 토대로 세계와 나를 해석하고자 하는 불교보다 훨씬 더 능동적인 자세로 세계를 해석한다. 그리고 그 결과로 현생인류는 이전 인류가 상상할 수도 없을 만큼의 물질적 풍요를 누릴 수 있게 되었다.

유발 하라리(Yuval N. Harari)는 그의 대표적인 저작 『사피엔스(Sapiens)』에서 인간이라는 종의 고유한 특징을 갖춘 것은 직립보행의 결과였다고 주장한다. 그의 주장에 따르자면, 우연히 시작한 직립보행 이후, 산도産道가 줄어들어 신생아가 좁은 산도를 통과하기 위해서는 미발달한 뇌를 가지고 태어날 수밖에 없게 되었으나, 공동체의 공동 육아 시스템 속에서 생존 정보를 습득하는 뇌가 발달하게 되었다고 한다. 이 첫 한 걸음이 고유한 DNA에 따르는 다른 종들과 달리 자신의 의지에 따라 자연을 개조할 수 있을 만큼 지적 발전을 이룬 것이다. 원시인류부터 공동체에 의해서만 생존할 수 있는 조건을 물려받은 것이 현생인류로, '축의 시대(Axial Age)'를 관통하면서 다른 조건 속에서 정형화한 것이 오늘날까지 이어져 오고 있다.

이것은 우리가 공동체를 지향할 것인지, 그렇지 않을 것인지에 대한 선택의 문제가 아니라 우리 인류에게 '주어진' 조건이다. 우리가 어떤 시대 속에서 자신의 자유의지에 따라 선택했다고 주장할 수 있지만, 그 선택이라는 것은 이미 선행한 여러 조건 속에서 각기 다른 변주를 울리고 있었던 셈이다.

한국 사회의 양극단은 어디서 비롯된 문제인가?

어떤 사회든 이 세간인 이상 문제가 없을 수 없다. 이것을 '상수'로 두고 그 해석의 '변수'를 통해 살펴볼 때, 즉 어떤 것이 오늘날 가장 근본적인 문제인가를 논할 때는 그 단면이 되는 지점을 어떤 자세로 파악할 것인지가 중요하다. 다른 것은 몰라도 '한국 사회문제 진단을 위한 전제'는 지난 세기에 쌓인 압축 성장과 민주화에 대한 여진인 것만은 분명하다. 그리고 이것은 선행한 역사의 결과인 만큼 결코 퇴보가 아니다. 그러므로 이 '압축의 시대'가 상징하는 역사적인 과정을 긍정적인 자세로 찾아보면 될 것이다.

제일 먼저 눈에 띄는 것은 공동체 선을 추구하고자 하는 목적의 상실이다. 이것은 '두레'라는 농촌의 공동체 정신이 해체된 이후, '잘살아보세!'라는 새마을운동이 초가집 지붕 갈기에서 아파트 평수 늘리기 쪽으로 간 이후, 즉 급속도의 도시화·산업화가 진행된 이후 인간성(humanity)의 고양을 위한 인문학(humanities)이 한쪽으로 밀려난 이후 지금까지 이어져 오는 가장 근본적인 문제다.

익명성 속에 숨은 자들의 민낯

인류를 인류답게 만든, 즉 자연을 개조할 수 있는 지적 활동의 산물인 '뇌의 발달'이 공동 육아라는 공동체를 통해서만 생존할 수 있었던 조건에서 비롯되었음에도, 산업혁명이라는 대량생산의 시대에 접어들면서 개개인을 공장 벨트 위의 부품처럼 취급하는 경향성은 극도로 강화되었다. 이 현상의 후발주자인 한국의 압축 성장은 세계 어떤 곳과도 비교할 수 없을 정도의 초고속으로 진행된 만큼 그에 따른 개별화 현상도 극도로 심각해졌다. 이것을 상징적으로 보여주는 것이 바로 인터넷 악플이다. 파편화된 개인이 가진 익명성은 세계 최고의 초고속 인터넷망인 5G 시대에 성적 욕망을 비롯해 온갖 부정적인 감정들을 여과 없이 쏟아내면서도 아무런 죄책감을 느끼지 않게 한다.

불교의 인과론, 즉 '내가 지은 것은 내가 받는다'라는 선인선과善因善果, 악인악과惡因惡果를 생각하면 익명성은 애초부터 존재할 틈이 없다. 비록 '들키지 않더라도' 자기가 내뱉은 말이나 인터넷에 쓴 악성 댓글의 업력業力은 그것을 지은 자기 자신이 받기 때문이다. 그렇지만 오늘날 세태는 자신이 지은 일인 업을 죽음 이후까지 밀고 나가기는커녕 자신의 존재 가치마저도 사회적 옳고 그름으로 판단하는 경향성만 강화하고 있다. 사법적 위법 여부를 자신의 가치 기준으로 삼는 순간, 즉 법적 판단을 자신의 옳고 그름으로 파악하는 순간, 인간성(humanity)의 마지노선은 이미 임계점을 지나 인간(human) 존재에 대한 회의마저 품게 한다.

세계의 해석에 대한 각기 다른 견해를 가졌음에도 인간성의 고양이라는 같은 목표를 가진 이들이 함께할 수 있는 것은, 즉 익명성 속에 숨은 사회악에 대한 '공동의 대항 전선'은 도덕적 가치의 상실에 대항하는 것이다.

'상대를 인정하지 않고 자기주장만 내세우는' 사회현상 또한 빼놓을 수 없는 문제로, '싸워야 할 외부의 적'을 찾지 못하면 자기들끼리 다시 편을 나누어 싸우려 한다. 자신의 도덕적 가치를 자신의 내부 기준점에 찾으려 하지 않고 '밖의 적'을 통해 찾으려 하기 때문이다.

이와 같은 문제를 해결하기 위해서는 먼저 경쟁교육이라고 불리는 오늘날의 교육 시스템의 재정립을 생각해볼 수 있다. 그것은 기계를 다룰 수 있는 숙련공을 마련하기 위한 자본주의 교육의 탄생 배경 이전부터 존재해왔던 인류공동체를 위한 것이어야 할 것이다. 그리고 이것이 바로 인문학(humanities)의 본래 목적임을 상기할 필요가 있다.

인간이 없어져야 더 편한 어머니 지구 가이아(Gaia)

또한, 자연의 정복자나 착취자인 인간이 아닌 '더불어, 함께' 사는 인간으로서 우리 종의 위치를 새롭게 정립해야 할 것이다. 이것은 지금까지 정복과 개발과 대상으로만 여겨졌던 어머니 지구, '마더 가이아(Mother Gaia)'의 심각한 훼손·파괴에서 비롯된 문제다.

전통의 불교적 관점에서 보자면 꽃을 피우는 씨앗과도 같은 직접적인 원인은 인因이고 땅, 물, 햇빛 등과 같은 간접적인 조건은 연緣으로, 이 둘이 모인 인연만이 생멸 등의 변화를 낳는다고 한다. 대승불교에 들어와서는 이 인연을 좀 더 확대하여 주체와 대상 사이의 상호 관계까지 밀고 나가 인간 관계망까지 상호 간의 조건이 되는 '내가 곧 너!'라는 생각을 가지게 되었다. 이것이 곧 대승의 핵심 가운데 하나인 보살 사상의 자비심으로 '중생에 대한 자애와 연민(Loving kindness and Compassion)'이다.

비록 이와 같은 조건의 변화를 강조하였을지라도 불교의 세계관은 삼계육도에서 '일생일식一生一識', 즉 식識을 가진 유정의 전변만을 강조했을 뿐, 이것을 일체의 자연환경까지 확대하지 못했다. 이와 달리 자이나교에서는 식물에도 식이 있다고 주장하며 극도의 금욕주의를 추구하는 모습을 보이기도 했다. 그렇지만 이런 자이나교의 주장은 뿌리나 가지 나누기, 접목 등을 통해서도 성장하는 식물들의 특징 때문에 일생일식의 이론에 어긋나는 단점이 있다. 이처럼 조건에 따른 주체의 무한 변화를 강조하는 인도 원류의 사상도 인류 생존의 기본이 되는 물과 공기와 같은 기본적인 물질들의 제한성을 크게 염두에 두지 않았다. 그리고 이것은 전 시대가 낳은 모든 사유의 공통분모였다.

그렇지만 환경 재앙이라는 새로운 조건은 상상 그 너머의 것으로, 인류 전체의 생존을 위협하고 있다. 오늘날 전 세계는 지구 온난화, 숨을 쉴 수 없을 정도의 대기 오염, 미세 먼지 등 환경문제를 비롯한 자연재해나 기상 이변 등을 피해갈 수 없는 처지에 맞닥뜨려 있다.

학부에서 환경공학을 전공한 필자는 교양 필수로 환경생태학을 배운 적이 있었다. 인간이라는 종은 어머니 지구인 대지의 여신 '가이아(Gaia)'에 기생하는 충이라는 첫 시간의 충격이 아련하게 남아 있는데, 아직껏 이 '숙주와 기생충'이라는, 즉 'Host and Parasite'만큼 자연과 인간에 대한 관계를 잘 설명하는 것을 보지 못했다. 공기와 물 등 자연이 주었던 무수한 '공짜'들은 무한한 것이 아니라 사실 제한된 것이었으며, 그 한계는 점점 다가오고 있다. 그 결과인 '지금 아파하는 어머니 지구'라는 더는 미룰 수 없는 조건의 변화는 곧 우리 의식의 변화를 요구하고 있다.

이 변화에 탐욕, 욕망, 갈애 등 그 이름을 무엇으로 부르든 간에 인간의 욕망 자체가 번뇌를 일으키는 첫 번째 독毒이라고 주장하는 전통적인 불교 교학이 그다지 큰 도움을 주지 못함 또한 겸손하게 인정할 필요가 있다. 불교의 세계관에 따르는 '우리'는 소수이지 다수가 아니다.

이것이 이런 시대를 살아보지 못한 '시대의 아들'들이 전 시대가 남긴 유산을 새롭게 해석해야 하고 '공동의 대항 전선'을 펼쳐야 하는 이유이다. 과학적 세계관을 따르는 이들이 직면한 우리 종의 생존 문제에 과학기술의 발달뿐만 아니라 '욕망의 절제'까지 밀고 나갈 수 있기를 바라지만 이 또한 쉽지 않은 중도의 실천행이다.

"네가 바뀌지 않으면 아무것도 바뀌지 않는다."

인식 주체에 따라 대상이 달리 해석되는, 즉 인식 주체의 능동성을 강조하는 '일체유심조一切唯心造'의 유식학의 경론 어느 구석에 나와도 이상하지 않은 이 인용은 실천하는 의사의 표본으로 유명한 이국종 전 아주대병원 중증외상센터장을 롤 모델로 하였다는 SBS 드라마 「낭만닥터 김사부」에 나오는 대사다. 김사부의 전체 대사는 다음과 같다.

"진짜 복수 같은 걸 하고 싶다면, 그들보다 나은 인간이 되거라. 분노 말고 실력으로 대갚음해줘. 네가 바뀌지 않으면 아무것도 바뀌지 않는다."

복수가 아니더라도 더 나은 인간이 되기 위해서 우리는 다른 인간을 비롯해 어머니 지구를 대하는 자세부터 바꾸어야 할 것이다. '무엇이 문제인지 모르는 게 진짜 문제'이니 말이다.

유정(들이 추구하는 열반 적정이라는) 목적(을) 성취해 주는 힘은
믿음, 확고함, (정법에 대한) 환희심(喜), 그리고 (불필요한 것들을)
버리는 것(捨)입니다.
(이 가운데) 믿음은 고苦의 두려움과
그것(선법)의 이익을 사유하는 것으로 생겨납니다.•

요즘 옮기고 있는 책 『입보리행론』의 이 게송에서는 정진력을 믿음과 그 믿음에 대한 확고한 의지, 그리고 이것에 대한 기뻐하는 자세와 이 길이 아닌 것들을 버릴 것 등을 강조하고 있다.

개인적으로 경론의 의미를 명확하게 밝히는 교학불교, 불교와 뇌과학·사회학·서양철학 등과 비교 연구하는 응용불교, 그리고 현실적인 문제를 해결하는 실천불교 등 불교의 세 가지 층위를 살아 있는 나무에 빗대고는 한다. 즉, 교학불교는 나무의 뿌리와 같고, 응용불교는 줄기와 가지, 그리고 실천불교는 이 나무에서 열리는 열매와 같다는 식이다.

이와 같은 구분법을 통해 오늘날의 중도 철학을 살펴보면,

• 졸역, 샨띠 데바, 『입보리행론』「제7 정진품」[458. (7-31)]번 게송.

먼저 그 뿌리의 허약함이 눈에 띈다. 이론적으로 정향적인 중도는커녕 정치적 중앙파와 구분도 못 하는데 올바른 실천행이 나올 리가 없다. 이 '기울어진 운동장'을 평평하게 만드는 중도적인 삶은 언제나 지향적이어야 한다. 즉, 중도를 위한 무게 추의 이동, 그것이 곧 중도의 실천인 것이다.

다양한 세계관의 중첩 속에서 불교를 불교답게 하는 연기의 다른 이름인 중도는 곧 삶의 실천 테제이지만 교학불교의 허약한 뿌리는 연기·중도·공사상을 현실과 한 걸음 떨어진 죽어 있는 나무나 잿빛 이론처럼 만들었다. 그리고 이 '과학의 과잉' 시대에 '욕망의 절제'는 불교적 교리의 현대화를 위해서가 아니라 환경 대재앙을 앞둔 지구라는 행성에 사는 인류라는 종의 멸절을 위해서 모두가 공감해야 할 공통분모로, 바로 당대를 사는 우리가 지금 갖추어야 할 확고한 믿음이다.

도법 스님과의 중도를 주제로 한 대화 끝에 내린 결론은 항상 깨어있는 지혜, 즉 공성의 지혜란 얼마나 구체적이야 하는지에 대한 생각과 대승의 근간인 자애와 연민이 관통되는 것이 곧 중도의 실천행으로, 이것이 곧 '게송 하나'에서 언급한 연기실상, 즉 공성을 체화하는 삶이라는 점이다. 각기 다른 조건 속에서 실천이란 진리가 구체적인 만큼 녹록하지 않은 일이다. 그렇지만 이와 같은 지향성마저 잃어버릴 때 그것은 오늘날 우리가 실천하고자 하는 중도와는 아무런 상관이 없는 '담장 너머'

의 일로 전락해버릴 것이다.

서두에서 언급한 '장면 1'의 그 '단박에 깨칠 수 있다'라는 법에는 관심이 없다. 그저 '장면 2'의 결론은 아무래도 '왜 사냐?'가 아니라 '어떻게 사냐?'라는 문제를 다시 생각해보는 것 정도다. 이미 있는 어떤 문제, 바로 그것을 바로잡으려는 실천, 그것이 바로 중도의 실천행이라는 생각과 함께.

中道

중도,
세상 밖으로
나오다

초판 1쇄 발행 2024년 3월 4일

지은이 도법 · 신상환
펴낸이 김미숙
편집인 김성동
책임편집 박석동

펴낸곳 도서출판 어의운하
등록 제406-2018-000137
주소 10893 경기도 고양시 일산서구 덕이로 250, 102호
전화 070-4410-8050
전송 0303-3444-8050
이메일 you-think@naver.com
페이스북 facebook.com/you-think
블로그 blog.naver.com/you-think

디자인 동경작업실

ISBN 979-11-977080-7-7 (03220)

어의운하